霸气女皇
董明珠

全球最大空调企业格力成长内幕

Aggressive empress
Dong Mingzhu

魏昕 刘云菲◎著

SPM
南方出版传媒
广东经济出版社
—广州—

图书在版编目（CIP）数据

霸气女皇董明珠：全球最大空调企业格力成长内幕/ 魏昕，刘云菲著. .—广州：广东经济出版社，2017. 10
ISBN 978 - 7 - 5454 - 4588 - 6

Ⅰ. ①霸… Ⅱ. ①魏… ②刘… Ⅲ. ①董明珠 - 生平事迹Ⅳ. ①K825. 38

中国版本图书馆 CIP 数据核字（2017）第 219014 号

出 版 人：姚丹林
责任编辑：蒋先润
责任技编：许伟斌
装帧设计：回归线

出版发行	广东经济出版社（广州市环市东路水荫路 11 号 11 ~ 12 楼）
经销	全国新华书店
印刷	湛江日报社印刷厂 （广东省湛江市赤坎康宁路）
开本	730 毫米 × 1020 毫米　1/16
印张	21. 75
字数	322 000 字
版次	2017 年 10 月第 1 版
印次	2017 年 10 月第 1 次
印数	1 ~ 6 000
书号	ISBN 978 - 7 - 5454 - 4588 - 6
定价	48. 00 元

如发现印装质量问题，影响阅读，请与承印厂联系调换。
发行部地址：广州市环市东路水荫路 11 号 11 楼
电话：（020）38306055　37601950　邮政编码：510075
邮购地址：广州市环市东路水荫路 11 号 11 楼
电话：（020）37601980　营销网址：**http://www.gebook.com**
广东经济出版社新浪官方微博：**http://e.weibo.com/gebook**
广东经济出版社常年法律顾问：何剑桥律师

引言

一个外来之词

2012年1月，一部名为《铁娘子》的影片在英国公映。影片是由奥斯卡影后梅丽尔·斯特里普担纲主演，讲述了英国历史上唯一一位女首相的传奇故事。它以玛格丽特·希尔达·撒切尔的老年生活为主线，将她对参政、竞选首相、马岛战争、下台等重大历史事件的回忆穿插其间，用撒切尔的眼睛带领观众重温了20世纪下半叶时期的英国。

事实上，国际最早出现的“铁娘子”之说，一般也指向英国第49任首相——玛格丽特·希尔达·撒切尔。

而在现代商业发展历史不长，且崇尚贤妻良母传统的中国，人们更多地将“铁娘子”视为外来之说。所以，不妨先就这位享誉国际的首位“铁娘子”说起。

撒切尔的“铁娘子”之名，史料认为与20世纪风云变幻的国际形势密不可分。

1975年，撒切尔出任英国保守党党魁，1979年率领保守党重夺政权，并出任英国首相。随后，她又领导保守党在1983年和1987年的大选中接连胜出，使得保守党的执政时间长达18个年头。1990年，撒切尔未能击败党内的竞争对手，便辞职下台。但是，她留在英国政坛上的浓烈色彩并没有随之消去。

在英国人看来，撒切尔执政时留下了突出印象。其中，除了赢得令英国人至今仍骄傲不已的那场“马岛战争[①]”，还有撒切尔与美国里根政府的并肩合作，赢得并结束了20世纪的冷战。而在英国国内，撒切尔强力推行将国营企事业私有化的政策，则被认为迫使工党放弃了老旧的社会主义，促使英国整体走向了市场经济，开创了英国经济的全新局面。

后来，撒切尔的继任者约翰·梅杰政府以及工党托尼·布莱尔政府，总体上依然沿行了她所推行的经济变革举措。所以，权威的国际评论者们一致认为，“撒切尔主义”在英国政坛上，一直延续到2008年世界金融危机的爆发才得以中止。

迄今为止，玛格丽特·希尔达·撒切尔仍是英国普选以来连续执政时间最长的首相[②]，也是英国迄今唯一的女首相、英国主要政党唯一的女性首领。她的政治哲学与政策主张被通称为“撒切尔主义”，不仅给英国的经济、社会与文化发展带来了既深且广的影响，也对20世纪的国际秩序变化产生了不可估量的影响。

著名媒体《南方周末》曾有文这样写道：

“毫无疑问，她是一位政治强人，她的敌人有工会、苏联、阿根廷、国营企业、北爱尔兰及福利制度……她全线出击，坚强无比；她勇敢、执着、狂热、决绝，却也时时展现优雅而迷人的魅力；她不遗余力地维护资本主义精神，也维护这个国家的利益、尊严与梦想。”

---

① 马岛即指马尔维纳斯群岛，靠近南美洲大陆的南端，由东、西两个大岛和200多个较小的岛屿组成，面积约1.2万平方公里，距阿根廷本土500多公里，距英国本土1.2万公里。1982年4月2日凌晨，经过精心策划的阿军登陆马岛并攻占了机场和港口。接着，阿方用空投方式，使岛上阿军总兵力迅速达到4000人。驻守马岛的200名英国守军只进行了一点象征性抵抗后，即在总督雷克斯·亨特率领下全部投降。英国首相撒切尔夫人如坐针毡，她在英国议会的紧急会议上说：“我们所以要在这个时候开会，是因为英国的领土主权多少年来第一次受到了侵犯……福克兰群岛的居民的生活方式是不列颠的，他们是对英王效忠的。”于是，英国议会决定成立以撒切尔为主席的战时内阁，并决定由英国海军少将约翰·伍德沃德率领一支强大的特混舰队开赴马岛，把它重新夺回来。此后，在撒切尔的强势带领下，英军历经74天赢得了这场战争，并重新占领了马岛。

② 2013年4月8日，撒切尔夫人因中风病逝，终年87岁，骨灰被安葬在切尔西皇家医院墓地、亡夫丹尼斯的坟墓旁边。

“撒切尔招人爱慕，也被人憎恨。支持她的人把她捧上天，反对她的人把她踩成bitch（贱人）。她去世当天，有人在她伦敦公寓门口哭泣悼念，也有人大张旗鼓地在街头开香槟庆祝。4月9日，《每日镜报》的头版标题是‘分裂国家的女人’，而《每日邮报》的头版则是‘拯救英国的女人’。”

“人们对撒切尔的唯一共识，恐怕除了‘女人’，就是她对自认为的国家利益的坚定捍卫。‘她是一个爱国的首相，她的每一步都在为英国争取利益。’英国现任首相卡梅伦这样评价自己的前辈。”

的确，20世纪末期，英国国力的复苏与撒切尔密不可分，以至于她的对手把“铁娘子”的名号送给了她。这一切，主要缘于撒切尔的高调反共。

国际政治风起云涌的20世纪80年代，撒切尔与美国总统里根一道，在大西洋两岸树立起新自由主义的旗帜。里根曾亲切地将撒切尔称作“政治上的灵魂伴侣”，而撒切尔则将里根称作“生命中第二重要的男人”。

在20世纪那场令人窒息的冷战中，撒切尔通过积极配合并影响冲在最前线的美国，不失时机地提高英国的影响力。她甚至公开自称，自己就是里根在北约国家里最主要的啦啦队员。事实上，就是在撒切尔当英国首相期间，英国是欧洲唯一在核武装力量和常规军事力量方面都对北约防务做出重要承诺的北约国家。

1976年，在一次演讲中，撒切尔这样批评苏联：“当我们把一切放在大炮前面时，他们（苏联人）却把大炮放在黄油前面。”此后不久，苏联的《红星报》开始描述撒切尔的刻板与无情，并送给了她“铁娘子”的名号。

冷战结束后，当年送出“铁娘子”名号的《红星报》记者加夫里洛夫曾这样回忆：当时听完撒切尔的演讲，就突发奇想，决定把撒切尔和德国的铁血宰相俾斯麦相提并论。“俾斯麦的称号是铁血宰相。但我无法用一个男性化的词汇来形容撒切尔夫人，因此我把首相一词换成了娘子。”

而撒切尔在获得这一名号后，又这样展开了另一场演讲：

“女士们、先生们，今晚，我身着红色雪纺绸晚装、妆容精致、头发齐整地站在你们面前……西方世界的铁娘子。是我吗？冷战斗士？好吧，是我，如果他们想这样解读我对生活最根本的自由价值的捍卫。”

在被贴上“铁娘子”的标签后，撒切尔的国际形象仿佛高大起来，她自己也似乎特别享受这个荣誉，并视其为自己的选举资本。作者雨果·杨在人物传记《铁娘子》中，即曾这样评论：国际舞台上的撒切尔“用尽每种女性特质在男性主导的世界中寻求一席之地”。

玛格丽特·希尔达·撒切尔曾经4次访问中国，其中的两次均与香港问题有关。1977年，撒切尔曾作为反对党领袖首访中国。不过，对于绝大多数中国人来说，印象里最为深刻、也最为津津乐道的，还是中国领导人邓小平与这位享有“铁娘子”之冠的国际政治女强人，面对面地就香港问题进行交锋的经历。

1981年9月底，中国政府宣布了关于台湾回归祖国实现和平统一的九条方针政策。1982年1月10日，邓小平在接见海外友人时进一步概括说：“九条实际上就是一个国家，两种制度。”

同年1月，英国官员访问中国时，获悉了中国政府的明确态度：1997年一定收回香港，主权问题没有讨论余地，但会保持香港的繁荣。

听到中国的强硬表态，英国政府显然着急了。

1982年4月，曾担任英国首相的爱德华·希思访华，并与邓小平达成了就香港问题进行谈判的意愿。当年7月，刚刚带领英国赢得了马岛战争的撒切尔，在获悉自己的前任与中国领导人的谈话内容后，立即在首相府召开专门会议，着手研究并布局香港的问题，并决定亲自出访中国。

与希思有所不同的是，撒切尔似乎希望从一开始就占据主动，她甚至想挟马岛战争胜利的余威，对中国强硬起来。

1982年9月22日，英国皇家空军的一架专机在中国首都机场降落。不久，精心着装的撒切尔走下了飞机舷梯。这便是她的第二次访问中国。

9月24日上午，在人民大会堂新疆厅，撒切尔先与邓颖超有过短暂交谈，随即便前往福建厅。正是在这里，她首次见识了“绵里藏针”的邓小平。

若干年后，有权威资料披露，双方会面前曾有过这样微妙的

“寒暄”：

撒切尔对邓小平说：“我作为现任首相访华，看到你很高兴。”

邓小平回应：“是呀！英国的首相我认识几个，但我认识的现在都下台了。欢迎你来呀。”

当日9时，会谈正式开始。

撒切尔先发制人，她以“铁娘子”之势摆出强硬姿态，打出了“3个条约有效”和“维护香港繁荣稳定离不开英国”这2张牌。

这位风头正劲的“铁娘子”语气强硬地表示，有关香港的3个条约，白纸黑字写在那里，任何人都不能抹杀这一事实。“既然这些条约仍然存在，那么就必须得到遵守。如果中国收回香港，必然会对香港带来灾难性影响，破坏香港的繁荣。”

“铁娘子”如此表态，显然是想告诉邓小平，要想维持香港的继续繁荣，就必须继续让英国进行管理。

然而，“绵里藏针”的邓小平却不以为然，他用斩钉截铁的语气回应道：“香港是中国的领土，我们一定要收回来的！”

事实上，就在此次正式会谈之前，邓小平已经公开表示过，“香港不是马尔维纳斯，中国不是阿根廷。”他显然意有所指。

正式会谈中，寸步不让的邓小平向“铁娘子”继续强调：“中国在这个问题上没有回旋余地。坦率地讲，主权不是一个可以讨论的问题。”

后来的权威资料披露，当时的邓小平向撒切尔坚定阐明：在不迟于2年的时间内，中国将要正式宣布收回香港的决策。而之所以中国还要等一两年才正式宣布收回香港，是希望在这段时间里同香港各界人士广泛交换意见，也希望能听取英国政府提出的建议。

习惯了高调强势的撒切尔，并未料到在中国遇到的谈判对手会比自己更坚定。

一番激烈的交锋过后，邓小平建议双方能达成一个协议，即“双方同意通过外交途径开始进行香港问题的磋商。前提是1997年中国收回香港，在这个基础上磋商解决今后15年怎样过渡得好以及15年以后香港怎么办的问题”。然而，“铁娘子”没有甘心，她拒绝了以“1997年中国收回香港”为前提。

经过了又一番的争执，中英双方同意发表一个不作任何实质性承诺的会谈公报。而后，“铁娘子”撒切尔脸色凝重地往大会堂外走。她根本没有预料到，小个子的邓小平会是这样的强硬。她甚至私下里对时任驻华大使柯利达抱怨：“邓小平太残酷！”

也就是在此行之际，这位享誉国际的“铁娘子”上演了全球聚焦的历史一幕。

走出人民大会堂宽阔大门的撒切尔，踩着高跟鞋，顺着高高的台阶向下。不知道是内心难以平复，还是一时眼神大意，忽然一脚踩空，瞬间跪倒在了大会堂台阶下面的地上。走在她身旁的柯利达及其他英国随从，则用最快的速度围上前去，把她扶了起来，这才避免了“铁娘子”在国际媒体前更多的尴尬。

尽管如此，撒切尔跪倒在人民大会堂的一幕，还是在那个时间里聚焦了中外媒体的眼球，并让人们遐想至今。

随后的若干时间里，迫于客观形势，撒切尔率领的英国政府不得不在谈判中实行退却。直到1984年9月，历经22轮的谈判，中英双方关于香港问题终于达成了共识。1984年12月19日下午5时30分，被毛泽东誉为“钢铁公司”的邓小平与英国的“铁娘子”撒切尔，共同见证了中英关于香港回归中国的联合声明签字仪式。

又是若干年后的一天，撒切尔在谈到香港时还透露说，香港回归当天，她很伤心。

撒切尔的这一表示，被中英历史学者一致称为是“铁娘子”少有的几次“感情流露”之一。

只不过，这位“铁娘子”的霸气、伤心，或“感情流露”，都已成为20世纪的历史。本书将要向读者们详细呈现的，却是中国当下一位实实在在的重量级“铁娘子”……

目 录

CONTENTS

第3章　小人物颠覆大行规　/　55

没有规矩，不成方圆。在解读这句话时，人们几乎都是从正面诠释的。然而，中国在塑造自己的市场经济进程中，由于机制尚不健全，不少行业都形成了一套带有不同特色的游戏规则。正是这种游戏规则，或明或暗地制约着从业者，直至成为一个行业健康发展的障碍。

然而，如同常说的“初生牛犊不怕虎”一样，凭着倔强和“不知者无畏”，她不仅捅破了一个行业的行规，更颠覆了整个行业的游戏规则……

第4章　冲出故都，望眼蓝海　/　79

一个优秀的业务员可以靠勤奋与口才去开拓市场，但是一个卓越的业务员除了用勤奋与口才开拓市场，更难得的是用谋略、用智慧去开拓市场。营销中产生的灵感，驱使着董明珠开辟了一个无人涉及、无人竞争的市场领域，为海利在安徽市场的迅速扩张打下了宝贵的基础。

如果对应于著名的“蓝海理论”，1992年完胜安徽市场的董明珠，无疑先行于那个年代的众多同行，提前实践了自己的“蓝海战略”……

第7章 躲不开的明枪暗箭 / 143

整肃一词，通常意指整饬、肃清。在葛洪《抱朴子·酒诫》中即有，“迟重者蓬转而波扰，整肃者鹿踊而鱼跃”之说。如今，整肃便意味着纪律整齐严肃，更有革新、立规矩之意。

从古至今，任何革新必然会触动部分人的利益，甚至因此引起他们的抗拒和怨恨。决意革新运动的董明珠，在董事会给予部分财权的支持下，一开始便呈现出了大刀阔斧之势。然而，时间不长，各种“小鞋”也常在不经意间扔向了董明珠。直到有一天，“董明珠贪污公款”的风声也甚嚣尘上起来……

第8章 江湖盛传的“董营销” / 173

有人的地方就有江湖，有江湖的地方必有侠客。随着市场经济的引擎被打开，中国便以数倍于欧美发展速度向前突飞猛进。20世纪最后10年，市场经济的日新月异，使得中国加入WTO的谈判进入了白热化，国内市场竞争的残酷性也日益凸现。至于家电市场，外国品牌虽然还占据着一定优势，但国内品牌的成长更是生机一片。这期间，已然掌握着格力营销权杖的董明珠，充分展现了她那柔中显钢的本色秉性，以四两拨千斤的艺术手法，掀起了一场空调市场的营销大戏……

第9章 “铁娘子”炮打“美巨人” / 211

一个是中国空调业连年销售的老大，另一个是门店遍布全国的连锁老大，而它们的最大共同之处，便是都有着一个倔强强势的销售总管。就是这样两个强势的巨头，在2004年3月上演了一场轰动全国的争斗，影响至今。自那时起，业内外权威人士便纷纷撰文：两强争斗的本质，是传统区域代理模式和新兴连锁销售模式的对碰，是迅速发展的中国制造商和渠道零售商争夺渠道控制权的全面较量。

回望当年，那场争斗的火焰是由局部烧起，再蔓延全国的……

第10章 霸道同行，真假“冤家” / 247

在英文词汇中，有一个单词“co-opetition”，直译是“合作竞争”，意译可以是“小冤家”。无独有偶，中国也有一句“同行是冤家”的俗语。众所周知，现代市场经济成形于西方。然而，中国自古便有“三十六行行行出状元”的商业哲理。而所谓“同行是冤家”，便是一种中国式的经济学语言，字语虽简单，内涵却极为丰富。它所表达的，是同行间的两个经营主体所形成的某种剪不断、理还乱的市场竞争关系。

按此逻辑，本书主人公董明珠和她主导的格力，在同行间又会是怎样的呢……

第1章

『董姐』与『铁娘子』之说

在坊间，她被称为『营销女皇』『格力女皇』；在人民大会堂，她多次手举国家最高荣誉奖有力发誓，『我就是要让全世界尊重中国制造』；而在国际商圈，她则代表了珍贵稀有的『中国铁娘子』霸气形象。

然而，如同一枚硬币的两个面，2010年以来，声名远扬的『董小姐』也争议不断，多次被舆论推至风口浪尖。2014年底，她因『两个骗子在一起，是小偷集团』之语，瞬间惊愕了整个舆论圈；2017年伊始，『董明珠被免职』更是让业内坊间喧闹了大半年……

一 “董姐”被免职事件

在一个致力于市场经济建设和发展的国家，企业人被免职再也寻常不过了。然而，发生于2016年底的一则企业人事任免，却在中国企业界产生了地震效应，继而引发整个社会舆论，直至行文此书之际。

事情还得从2016年10月18日说起。

这一日，网络上突然流传开了一则“通知”——《关于董明珠同志免职的通知》。“通知”内文显示，明星企业家董明珠已于当月被免去了格力集团董事长的职务。

在此之前，董明珠相继担任了珠海格力电器股份有限公司经营部部长、副总经理、副董事长，2007年出任格力电器股份有限公司总裁。2012年5月，格力电器创始人朱江洪[①]卸任格力集团董事长、党委书记和总裁职位，董明珠接过了格力集团董事长的指挥棒。

随后，各大主流媒体从珠海市国资委得到了相关证实，董明珠确已不再任职格力集团，只担任格力电器的董事长兼总裁和法定代表人。

就格力集团和格力电器而言，前者属珠海国资委全资所有，所以集团董事长属于市属干部；而格力电器属股份制公司，没有所谓的行政级别。

另据相关文献显示，就在董明珠被免的前几日，广东省纪委、省委组织部、省监察厅、省国资委联合下发了《关于促进国有企业领导人员廉洁从业禁止违规兼职的通知》。细心者不难发现，该《通知》对国有企业领

---

① 朱江洪，1945年11月出生于广东省珠海市，1970年毕业于华南理工大学机械系。1992年，参与组建格力电器公司并出任总经理；1997年4月，获中华全国总工会颁发的“全国五一劳动奖章”；1998年1月，当选为广东省人大代表；1999年，被推选为中国家用电器协会副理事长；2000年，被国务院授予“全国劳动模范”荣誉称号；2001年4月至2012年5月，任格力电器公司董事长。

导人员兼职问题做出了全面规范，着力防止利益冲突的用意甚为明显。

还是在2016年10月底，在格力电器股份有限公司会议室，董事长董明珠主持召开了临时股东大会。与以前不同的，董明珠当场发火，还直言“这场格力股东大会是至今为止唯一一次她进场没有鼓掌的”。

这里，不妨先简要还原下。

2016年8月，格力电器公布了收购银隆及配套募集资金的相关方案：格力电器将以130亿元估值发行股份收购银隆，交易完成后，格力电器将持有珠海银隆100%股权，格力电器的多元化格局将全面展开。

与此同时，格力电器还公布了非公开发行股份募集配套资金的方案：格力电器拟通过锁价方式向格力集团、格力电器员工、银通投资集团等8名认购方非公开发行股份募集配套资金，募集资金总额不超过100亿元。

以上方案公布后，即有质疑的声音。概括起来，质疑主要集中在：格力账上本身有数百亿元现金，为何还要增发新股募集资金？为何在短短数月之内，珠海银隆的估值就能翻倍？董明珠是不是想借助此次增发，进一步增加在格力电器的话语权？

关于此类质疑，董明珠此前曾有过解释：格力收购银隆后要扩大新能源电池等业务的生产规模，需要一定的资金储备，同时顾及格力在业绩和账面资金方面的考量，因此选择了增发募资的方式。

而在10月28日的股东大会上，董明珠就上述质疑意见作了进一步说明。她的说明主要概括为如下几个方面：

（1）银隆是一个金子，“不仅我认识，相关部门也认识到，现在很多地方都在招商引资，作为凤凰引入，这是事实摆在这里。”

（2）格力空调市占率已经达到40%，企业必须要扩张，银隆3年要有所成就，“3年要做1000亿元，做不出来我肯定干掉他（银隆董事长魏银仓）。”

（3）收购银隆是对投资者负责任，“不负责任的话，3年前就跟比亚迪合作了，特斯拉也找过我们合作。”

然而，当天股东大会表决结果显示，包括《关于公司本次发行股份购买资产并募集配套资金暨关联交易符合法律、法规规定的议案》在内的15

条议案，遭到了否决。而《关于公司向特定对象发行股份购买资产方案的议案》等10条议案获得通过。

于是，董明珠谈到了投资格力的价值。

“到现在为止，我出门都是一个人。别人说为什么？这么大的企业，为什么不能请两个人，帮你洗洗衣服都是好的。我说那是浪费。要车票，要住宿，我在外面10天，就多10天的房租。难道我花不起吗？花得起！何况花的又不是我董明珠的钱。但我认为这是利。能为企业多挣一分钱的利，我们就都应该节约下来。你投资格力，千万不要跟我聊股价什么的。你应该聊这个企业能不能发展100年。应该研究这个东西，才真正有价值。”

而一位参会人士透露，其间董明珠提高了说话的声调：

“格力没有亏待你们！我讲这个话一点都不过分。你看看上市公司有哪几个这样给你们分红的？我5年不给你们分红，你们又能把我怎么样？”

“给你们越多，你们话越多。两年给你们分了180亿，你去看看哪个企业给你们这么多？格力从1个亿、从1%利润都没有、甚至亏损的企业做到今天，达到13%的利润，是靠你们得来的吗？是靠我们的心。”

据说，董明珠发脾气的时候，现场鸦雀无声。而不少业内人士则分析认为，这可能才是董明珠当天发火的主要原因。

如此这般，“董明珠被免职”而引发的各种舆论及猜想，也便有了各自合乎情理的原因了。

回望近30年来，董明珠把格力当成了全部，她舍弃了一个女人对于家的渴望，早已习惯了一个人的生活。

然而，董明珠又不是孤独的，她不仅拥有千万计的粉丝，她掌舵的格力更是口碑于世界，居位家用电器类全球之冠。

2年前，董明珠曾以“中国制造”为题发表了一篇重磅演讲。

“中国有很多的品牌在收购的过程中被消失了，比如中华牙膏。中国制造在很长的时间里没有自己的品牌，在世界上也被认为是低质低价的代名词。我也曾经和政府部门力争：它今天是世界500强企业，明天未必是；我们今天不是世界500强，明天未必不是；我相信我们有一份执着的精神，有一天一定能成为世界500强。”

董明珠果然没有食言。

2015年5月，格力依靠自己的自主品牌和技术，成功晋级世界500强之列。根据格力电器2014年财报，公司年产家用空调6000万台套，实现营业总收入1400.05亿元，同比增长16.63%。综合衡量年销售额、利润、总资产和市值，《福布斯》将格力电器列于“世界500强”第385位。

同时，格力还名列全球家用电器类榜单第一名；而在中国，更已连续当了20年的空调业界“大哥”了。

所以，用脚后跟去想也不难理解，为什么有那么多的人想知道，把自己身家都交给了格力的董明珠，究竟得到了什么，又为什么在“网红”之际突遭免职。

先来看一份较有信服力的资料：截至2016年第3季度，董明珠持有的格力股权为4429.35万股，其中大部分来自2006年格力推出的股权激励。通过这种股权激励，董明珠于2006年、2007年、2009年分别获得150万股、250万股、226万股股权激励，认购价格分别为5.07元、3.87元、4.49元，共耗资共2743.64万元。

与董明珠一同受到激励的，还包括朱江洪等格力电器高管及中层管理人员。

此外，董明珠理所当然地还从格力电器领取薪水。2005年，格力电器首次在年报中披露高管年薪。时任董事、总经理的董明珠年薪55万元，仅次于董事长朱江洪的60万元。2007年董明珠年薪首次突破100万元，2009年涨至210万元，2年后翻倍达到475万元。2014年，董明珠年薪达到任职以来最高峰，为720万元。

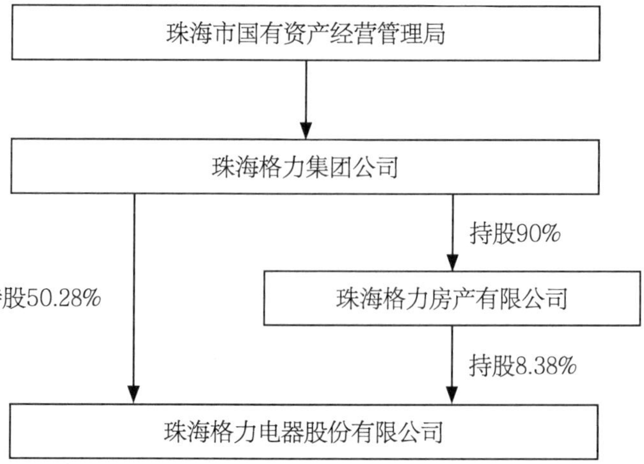

随后的2015年，董明珠薪水下降至698万元。而在次年的全国两会上，董明珠自曝：其个人年薪降为500万元，税后到手则为200多万元。

当然，仅靠这些公开的数字，也不能让人们潜意识里对格力和董明珠的猜测完全释然。

究其根本原因，还是我们不得不承认的两个基本事实：一是中国的优秀企业确实不多，能够彰显中国话语权的世界级中国企业依旧较弱；二是数年来中国企业界掀起的“董小姐”和“营销女皇”传奇，让格力代表的“中国制造”背负了国人太多的强国情结。

中国的市场经济已走过30余年的兴旺历程，造就和成长的企业数以万计。然而，实力能够驰骋世界，且引领科技前沿的中国企业，还不能与当下的中国经济规模和影响力形成比例。即使是经历了2008年世界经济危机的大淘洗，中国可以称雄全球的企业依然屈指可数，其数量远远不够。

正因如此，当格力在2015年首次晋升“世界500强”的时候，国内外主流媒体才会那么多的关注；当格力数年占据最大制冷设备企业之位的时候，国人才会将其视为中国强盛于世界的一张亮丽名片。而因此生出的每一个话题，自然会第一时间聚集国人眼球，令舆论风生水起。

随着“董明珠被免”的舆论甚嚣尘上，2016年11月，格力也给出了官方回应：

“董明珠基于国家的相关规定及本人意愿，主动辞去格力集团董事长一职，仍继续担任格力电器的董事长兼总裁，专注于推动格力电器的发展。这是正常的工作变动，珠海国资委也将一如既往地支持董明珠的工作！”

同年11月19日，上海外滩金融峰会举行，董明珠身着黑色长裙，肩披浅色围巾，进行了一个超短的演讲。

董明珠有些动情地表示，这些日子接到了很多支持自己的电话。“这种支持，其实是对中国制造的支持和关注。我这两天成了‘网红’。‘网红’的原因有很多方面，但是我看到的‘网红’背后，是大家都在关注中国制造的未来。”

正是这种鲜有的性情转变，又给了舆论进一步解读的空间。

2016年、2017年转换之际，仍被舆论聚集的董明珠接受央视《对话》栏目的专访，再次就格力人事职位的变化给出了回应。

“人总是在挑战中前进的。我被免职格力集团董事长，有各种不同的声音。有了解我的人会问，为什么把董明珠免了？这不应该。当然也有别的声音在幸灾乐祸。但是大部分消费者是支持我的，因为他们用过我的产品，对我是了解的，所以消费者们对我的关爱，让我非常感动。”

“我对这个国家和消费者是有所交代的，我可以用问心无愧来形容我自己的行为。因为我1995年回到格力做部长时，这个企业是完全亏损的企业，我用1年的时间将它扭亏为盈。因为我制定的营销策略和管理制度，格力电器从1997年就没有在银行贷款过1分钱，所以我觉得我是问心无愧的。但是我们不能守在我们的功劳簿上看过去，而不去想未来。”

虽然5个月已经过去，笔者至今还清晰记得有如此一幕。

董明珠没再掩饰自己的动情：“20多年来我很少流泪。我哭过，还是因为我生病，想到我儿子时候哭过。但是那次看到那么多短信跟我说，‘我们支持你’、‘董小姐你要挺住’等话时，我很感动，无论结果是什么样都觉得自己值了！”

“我一定要搞清楚，因为那天股东大会上的99%多股东都投了赞成票，那么投反对票的人的目的是什么？我觉得我一定要研究明白。投反对票的人的目的可能是多方面的。但是我不管他，这不会影响我的心情，我一定要战斗，我一定要把银隆汽车、储能电池和动力电池做到极致，为我们国家强国之本做一件事。”

……

2017年2月的一天，董明珠现身“为中国实业代言”的启动仪式。

面对中国中车集团董事长刘化龙、娃哈哈集团董事长宗庆后、TCL集团董事长李东生、新希望集团董事长刘永好、中国建材集团董事长宋志平、航天科工集团董事长高红卫、中国长安汽车集团股份有限公司董事长徐留平等50位中国实业界领袖，众多实业企业代表和行业协会代表，以及国资委副秘书长彭华岗、工信部装备司主管领导杨拴昌等各路人物，董明珠再次谈到了自己“被免职”的话题。

“我们要回顾过去，不忘初心，然后展望我们的未来，我们该干什么。既然代言了，就一定要在这个领域里走在别人的前面，挑战自己，改变自己，面对过去的成绩不满足，名副其实做中国实体经济的代言。”

当董明珠坦言“如果没有格力，谁也不会认识董明珠”的时候，偌大的场面静得出奇。仿佛在此一瞬间，女性的原本性情，又还原了董明珠独一无二的女企业家传奇。

后文自有详情。

二 人劝“不要锋芒毕露”

董明珠“被免职”引得各方神经敏感，坊间沸沸扬扬，不仅与格力数年来在国人心中奠定的“中国制造”代言者身份息息相关，更与业内外长期形成的习惯共识密不可分。换作舆论的话说，“格力=董明珠，董明珠=格力。”

所以，“董明珠被免职”引发的话题，是不可能在短时间内结束的。

2017年6月，原本低调示人的格力创始人、原董事长朱江洪，突然打破数年来的沉寂，面对媒体高调谈及自己和他的继任者董明珠。

当月28日上午，有“格力之父”之称的朱江洪在北京中国企业联合会办公大楼举行了个人新书发布会。

朱江洪在书中提到：“有媒体在炒作‘没有朱江洪就没有董明珠’，这句话或许有一定道理。因为我，她走上了企业的各级领导岗位，站在格力这个大舞台上，才有了她大展拳脚的机会。当然，她个人也很努力，对工作尽职尽责，不断磨炼，不断成长，最终成为全国知名的企业家。至于后面那一句‘没有董明珠就没有格力’，恐怕就值得商榷了。一个人能力再大终究是有限的，做企业不是一两个人所为，应该都是团队的力量，况且，这句话也不符合格力的史实。实际上，在格力发展的每一个重要的历史节点，都离不开格力员工的努力，从质量的整改与提升、新产品的开发与制造、关键技术的攻关与突破到企业重要政策的制定与实施等等，都体现了公司领导层和格力员工特别是骨干员工的拼搏与奉献。没有他们，就不可能有格力的今天。”

正是这句客观不经意的一句话，第一时间就被部分媒体加工成为：“‘没有朱江洪就没有董明珠’，这句话或许有一定道理。‘没有董明珠就没有格力’不符合格力史实。”

如此解读，不仅让外界感觉到朱江洪和董明珠两人间存在着颇大的矛盾，更给所有人留下了足够大的舆论空间。

果然，半个月后的7月17日，《证券日报》报道称，格力将在珠海召开创始人朱江洪与格力老员工的见面会，主题为“格力缘”。活动环节包括朱江洪新书签名、老员工代表致辞、朱总讲话、老领导讲话、朱总问答、拍照合影和晚宴等。

与此同时，众多媒体都跟进发布，这场见面会拟定于2017年7月23日举行，且在距珠海格力电器公司总部不远的铂尔曼酒店进行。见面会活动主办方是格力老员工俱乐部，内容是“聆听属于我们的故事”。

于是，各种舆论开始解读认为，此次见面会是朱江洪2012年卸任后，5年来首次与格力电器老员工的“叙旧”。

就在各路解读眼看再次汹涌喷发之际，“朱江洪与格力老员工见面会”快速反转了。

2017年7月20日，朱江洪向媒体证实，原计划的格力老员工见面会的确取消。“他们（格力员工）提议搞的，他们说要见我，说出钱请我吃饭，那我同意。同意了之后，这个事情完全变味了，变成我召集他们了。”

如《每日经济新闻》即刊文说：朱江洪向记者表示，“已经取消了，我个人取消的。没必要嘛，媒体乱炒作，炒它干吗。”

尽管此事引发的各种猜想及舆论，以朱江洪亲自公示真相告一段落，但围绕“董明珠被免职”引发的话题，似乎依然暗流涌动。

有舆论甚至联想到了2015年6月的“2015正和岛岛邻大会”。其中便有如下文字表述：[①]

在那次大会上，董明珠出席并发表了演讲。她在介绍格力制度的变革时表示：“当时格力电器不是直接的裙带关系，但朋友关系、熟人关系特别多。首先以最高领导为代表，作为高管自己并没有意识到，但他从广西

① 《中证网》《每日经济新闻》，2017年7月21日。

带来的人认为自己有这样的后台，就可以为所欲为。”

这个演讲被一些人认为是“董明珠与朱江洪矛盾首度公开化”。

据《第一财经日报》报道，随后的2015年10月，朱江洪现身顺德职业技术学院。恰逢格力电器2015年上半年业绩遭遇近年来首次下滑，朱江洪在接受媒体采访时曾表示：“企业文化就是领导的文化，渗透着‘一把手’的气息。如果‘一把手’变化，原来的企业文化也可能会随之变化。作为创立者，我不好评论，只能由市场、由消费者来评价，大家拭目以待。”

类似的舆论联想，在撰写本书时，笔者确实看到了不少。只不过，有意编撰或主观臆想的味道，却处处都能闻到。

2015年，一家杂志举办年会，邀请了部分知名商界人士进行演讲，董明珠和另一位知名度差不多的企业家被安排在相邻的两个分会场。然而，令举办方措手不及的，这两个相邻的分会场却天壤之别。董明珠演讲的会场不仅座无虚席，站着的听众还挤满了过道；而隔壁那位有着同样知名度的企业家，会场里听众寥寥。为了缓解尴尬，主办方不惜悄悄地号召员工及朋友，赶赴这位企业家的会场支援撑场。

为什么会这样呢？

借用坊间一句流传甚广的话，“她走过的路，草都不长”。

就像下面这篇文章写的那样：

有人说：她走过的地方，寸草不生。她霸道强悍，六亲不认；她发起疯来手机都敢从座位上扔下去；她打赌的钱都按亿算起。对于董小姐有无数的争议，但不可否认的是，她取得的成功是大家有目共睹的。

虽然2016年第一网红非papi酱莫属，如论2016年第一网红企业家，除了董明珠，也是没谁了。

董明珠痛骂国产电饭煲，两会期间请人吃饭，开微信公号——董明珠自媒体，上格力手机开机画面，为格力电器代言，甚至成为转型之下的中国制造业的最佳代言人，甚至就在马上要召开的里约奥运会也有格力的身影。

董明珠单为格力一年省下的公关费近亿元。董明珠频繁登陆央视《对话》、《遇见大咖》、两会等主流庙堂，其做销售的励志传奇在微信朋友圈广为流传，与雷军从对赌到两会的互动，董明珠总能制造足够的话题。

……

格力集团董事长董明珠向来以言辞高调激烈著称，其一举一动、一言一行总是受到媒体的高度关注。

然而，这篇文章也同时承认，格力的业绩在20年时间内，得以从2000万元做到1000亿元，销售空调从2万台飞升至4000万台，都与“商界铁娘子”的董明珠密不可分。

2015年1月31日，“首届中国家居建材品牌发展论坛”在广州举办。正是在此次论坛期间，一则《声明》成为众多媒体议论的话题。

该《声明》显示：董明珠将发表讲话并参加发展论坛，经论坛主办方与格力电器签订协议约定，出席媒体不得报道和宣传董明珠在论坛上的讲话。“如特别需要报道，必须将‘格力电器’、‘格力空调’或者‘格力董事长董明珠’等字眼替换为‘空调行业领军企业’或‘空调行业的领军企业掌舵人’等，请各大媒体朋友谅解并配合。”

随即，业内和坊间出现了一种特别的声音：“有媒体和舆论抓住董明珠的某些话放大报道，使得格力的企业形象遭到挑战。这次格力采取了一种防御手段——虽然手段并非合理，也略显霸道。”

另有资深前辈透露，在舆论对格力及董明珠的议论达到巅峰之时，曾有人花了几个小时，劝董明珠“不要再那么锋芒毕露”。

毕竟，有董明珠出现的地方，必然会有“女强人”“女汉子”“铁娘子”等特殊符号，直至那句流传开来的惊世奇语——“董明珠走过的路，草都不长。”

三 与强盗谈判的“铁娘子”

之所以有人要劝董明珠“不要锋芒毕露”，肯定是先有人认为她“锋芒毕露”了。“锋”，常作“锋利”讲；“芒”原指谷类种子壳上的细刺，此处则比喻枪头、矛尖；“毕”，自然有“都”“完全”和“全部”的意思。所以，“锋芒毕露”顾名思义，指的是刀锋和矛尖都露出来。若将其用在人的身上，自然比喻此人的锐气和才干全都显露、透露了出来。

在名著《三国演义》中，有个名叫诸葛恪的人，是诸葛亮兄长诸葛瑾的儿子。此人小时候就展现出了才思敏捷、天赋过人的特质，大家都认为他的才能超过了其父诸葛瑾。然而，诸葛瑾并不以此感到高兴，反而觉得这个儿子可能会给家族带来不幸。因为，在诸葛瑾看来，诸葛恪性格急躁、刚愎自用，太喜欢表现自己。果然，诸葛恪掌权后，便独断专行，引起众怒，最终被人设计杀死，而他的家族也因此遭到了灭顶之灾。

知古而鉴今。

显然，一个人的“锋芒毕露”存在着两方面的寓意。对于竞争者，它意味着主动进攻和决不退缩；而对于同行或身边的非竞争者，则意味着强势、独断和自我中心主义。本书里，笔者认为，董明珠身上所谓的“锋芒毕露”，更多地符合了开篇“引言”所定义的“铁娘子”一词。

自前文所述“铁娘子”撒切尔之后，国际竞相出现了多位“铁娘子”式人物。她们虽然相貌不一，行业也大多不同，但钢铁般的个性及果敢的行事风格，都成为国际舆论的基本共识。

在详述董明珠“铁娘子”风采前，20年前在原外经贸部的工作经历，使得笔者愿意在这里多费些笔墨，简要回顾一下另一位“铁娘子”——吴仪。

作为全球经济社会发展的一面旗帜，中国在创造世界经济发展奇迹的同时，自然也制造了多位个性不一的“铁娘子”人物。其中，中外公认的首位“铁娘子”，非原国务院副总理吴仪莫属。

生于1962年的吴仪，历任原外经贸部部长、国务委员、卫生部部长、国务院副总理，中共第十五届中央政治局候补委员，第十六届中央政治局委员，曾是中国政府在对外贸易领域首席谈判专家。

2007年12月的一天，第三次中美战略经济对话[①]闭幕。其后双方召开的记者会上，美方代表、时任财政部长的保尔森这样致意：“我要代表我的同事，感谢我们即将退休的伙伴——吴仪女士，她是一位中国人民的杰出代表。”

向来习惯了以自我意识为前提的美国重量级人士，之所以有着这样的感慨，根本原因就在于他们一直面对着这位果敢、睿智的对话伙伴，一位个性鲜明的中国女性。用西方主流舆论的话说，正是在谈判中表现出来的“铁娘子”作风，吴仪为中国赢得了国际上广泛的尊敬。几乎所有与吴仪交过手的谈判对手，都公开或私下里对其赞赏有加，美国财长保尔森则在公开场合形容吴仪“魅力天成”。

这一年，作为中美战略经济对话的主要开创者之一，吴仪已经主导着中国涉外经贸谈判长达16年之久。

1986年的一天，中组部来到北京燕山石化进行人事考察，其对象便是时任党委书记吴仪。不过，直至1991年，吴仪才真正进入了公众视野。

这一年的5月，吴仪调任对外经济贸易部副部长。2年后，对外经济贸易部又更名为对外贸易经济合作部，吴仪履新首位新部长。

随后，吴仪又主持外经贸部5年。在她任职外经贸部的7年间，正是中

① 中美战略经济对话，是世界上最大的发展中国家和最大的发达国家之间在经济领域的战略性对话安排。此种磋商机制设立于2006年9月，由前中国国家主席胡锦涛和时任美国总统布什共同发起，是中美间最高级别的一种磋商机制，在中美两国轮流举行。2006年12月14日至15日，首次对话在北京举行，时任中国国务院副总理吴仪和美国时任财政部长保尔森分别作为两国元首的特别代表共同主持。2009年4月1日，中美两国元首在伦敦参加二十国集团金融峰会期间，又一致同意建立中美战略与经济对话机制。2015年6月22日至24日，第七轮中美战略与经济对话在美国华盛顿举行。

国对外经济贸易快速发展的一个时期，吴仪本人也亲身经历这个时期的风雨历程。“从坐镇知识产权谈判到加入世贸组织的上百场谈判，都是她亲自操刀。”曾任吴仪秘书的王锦军如此回忆。

1991年底，也就是吴仪进入外经贸部不到半年的时候，中美展开了首轮知识产权谈判。关键时候，吴仪被委以重任，匆忙之间她飞赴美国。

谈判一开场，担任美国贸易代表、在国际贸易谈判圈中有“铁女人”之称的卡拉·希尔斯便出言不善：“我们是在和小偷谈判。”

面对习惯了自大且露出无理之色的美国对手，吴仪显露出了自己的机敏和犀利：“我是在和强盗谈判。请看你们博物馆里的展品，有多少是从中国抢来的。”这一回应让美方顿时一愣——这个女人不简单。

谈判场上如此机敏而又有理有据的应对，本书的主人公似乎也在骨子里潜存着。这些后文自有详述。

当然，一个令人尊敬的谈判对手，绝不是吵架吵出来的。“她硬得合情合理，硬得符合历史事实，她一贯干脆利落的风格，也是她人格魅力之所在。”吴仪的另一位老下级亦曾如此评价。

随后的几个月里，吴仪与对方你来我往，经历多番较量，凭借独特的个人风格，终于在1992年1月17日结束了中美知识产权的艰苦谈判。

当双方在协议书上签完字后，言辞犀利、软硬兼施的吴仪不仅没有让国际舆论反感，反倒让更多的对手尊敬起来，有外国媒体甚至称吴仪为“很会修理傲慢美国人”的中国女人。而吴仪的美国谈判对手，同样有着“铁女人”之名的卡拉·希尔斯，则由衷地称赞她“既是国家利益坚定的维护者，又是坚韧的谈判者。”

吴仪“中国铁娘子”的风范就此扬名于国际。

2003年，吴仪就任国务院副总理，更多的任务压在了她的肩上。特别是此后中美间三届战略经济对话，吴仪都被认为是“顶着明显的火药味而来”，却无一次例外地让中美双方顺利地达成“很多共识”。连美国贸易代表办公室原中国问题专家罗伯特·柯西迪也公开评价，“当中国与国际社会之间存在难题，他们就把这个难题交给吴仪。”

在国际上有着“中国铁娘子”称号的吴仪，更有着“工作狂”的一面。

一次，在西雅图参加国际会议期间，《国际商报》曾刊文介绍了吴仪一天内的行程：从早晨8点30分到晚上22点，共参加了7个活动，包括重要会议，会见记者，与美国商务部长、贸易代表会谈，与企业家见面等等，几乎没留一点儿间隙。尤其令人难以想象的是，已身为国务委员的吴仪，有次忙得竟以一包方便面充当午餐。

“中国铁娘子”在全球刮起的八面旋风，吴仪独领风骚数年。在此期间，自然还有其他一些中国女性人物扬名于世界。

然而，紧随吴仪之后，且有着世界知名度的“中国铁娘子”人物，董明珠是最有共识的一位了。这是因为，吴仪“铁娘子”的诸多风采，同样在董明珠的身上展露无遗。或许，这也是有人劝其“不要锋芒毕露”的总体原因吧！

当然，相信所有读者都明白，董明珠和吴仪2人，无论是生活，还是工作，领域千差万别。董明珠是个企业人，只不过企业人常有，而企业家并不常有；精明的企业家常有，而富有思想的女企业家则中外少有。

董明珠时逢中国特别的年代，她顺应并接受了这个火热时代的锻造。就在笔者写下这些文字的当前，董明珠还头冠联合国“城市可持续发展宣传大使”，与此相伴的，便是地球人都知道的中国家电巨头——格力。

四 中国格力与世界第一

2015年的5月，全球知名的《福布斯》[①]发布了2015年“全球上市公司2000强”排行榜。榜单延续了近年来的一大特点，中美两国的企业巨舰占据着举足轻重的分量，尤其是中国公司后来居上的表现势头，继续令全球业界惊羡。

然而，吸引全球财经界眼球的，还有本年度榜单中的另一个亮点——中国的珠海格力电器公司。

2015《福布斯》全球上市公司2000强（部分）

排名	公司	国家 / 地区	销售额（亿美元）	利润（亿美元）
1	中国工商银行 /ICBC	中国大陆	1668	448
2	中国建设银行 / China Construction Bank	中国大陆	1305	370
3	中国农业银行 / Agricultural Bank of China	中国大陆	1292	291
4	中国银行 /Bank of China	中国大陆	1203	275
5	伯克希尔哈撒韦 / Berkshire Hathaway	美国	1947	199
6	摩根大通 /JPMorgan Chase	美国	978	212

① 《福布斯》为美国福布斯集团（Forbes Inc.）的旗舰刊物，距今已有近百年的历史，是美国最早的大型商业杂志，也是全球最为著名的财经出版物之一。《福布斯》为双周刊杂志，其文章语言简练，内容均为原创。该杂志的前瞻性报道为企业高层决策者引导投资方向，提供商业机会，被誉为“美国经济的晴雨表”。

（续表）

排名	公司	国家 / 地区	销售额（亿美元）	利润（亿美元）
7	埃克森美孚 /Exxon Mobil	美国	3762	325
8	中国石油 /PetroChina	中国大陆	3334	174
9	通用电气 /General Electric	美国	1485	152
10	富国银行 /Wells Fargo	美国	904	231
……	……	……	……	……
380	喜力控股 /Heineken Holding	荷兰	255	10
381	卡塔尔国民银行 /Qatar National Bank	卡塔尔	61	29
382	爱迪生国际 /Edison International	美国	134	17
383	阿联酋电信 /Etisalat	阿联酋	133	24
384	CSX 公司 /CSX	美国	127	19
385	格力电器 /Gree Electric Appliances	中国大陆	212	21
386	挪威电信 /Telenor	挪威	175	16
387	丸红株式会社 /Marubeni	日本	741	12
388	浦项制铁 /Posco	韩国	618	5.63
389	EXOR 公司 /EXOR	意大利	1583	6.37

2015年“全球上市公司2000强”排行榜单显示，来自中国的珠海格力电器股份有限公司一步跨越了116名对手，以令对手惊叹的效率昂首挺进了全球500强，排名福布斯第385位。与此同时，格力电器又一次让“中国制造”骄傲了一把，因为它还摘得了家用电器类榜单全球第一的特殊桂冠。

作为全球公认的知名排行榜，《福布斯》“全球上市公司2000强”榜单中的企业，被认为是全球规模最大、实力最强和最具影响力的国际巨头。《福布斯》在进行企业排行榜的评选时，通常选取了企业年销售额、利润、总资产和市值4个指标，并赋予每一个指标相同的权重。因此，这一排行的权威之处就在于，它不是企业某个单项的考评，而被公认为是企业综合实力的均衡评估。或是如此，每当《福布斯》公布自己一年一度的相关排行榜时，都能在国际上引起一番轰动。

正是有着被公认的科学与权威性，格力电器在《福布斯》排行榜上的亮点也就更值得中外研究者们细致研究了。

俗话说，千里之路怎可一蹴而就？格力今天的业绩，与其多年坚持自主创新的精耕细作密不可分。当然，关于格力历史进程中的点点滴滴，自是后文需要详述的内容，此处只就《福布斯》排行榜集中交代。

纵观格力的发展历史，虽然不足30余年，却是可圈可点。如果说中国海尔是改革开放以来中国制造走向全球的缩影，那么格力电器便是中国制造成功实现技术国际化跨越的成功典范。

21世纪初，格力在中国白色家电领域崭露头角以来，随后便以令人不可思议的速度占有了全国霸主之位。紧接着，格力又在强力领导者董明珠的掌舵之下，在近年间成为该行业迈入千亿俱乐部的典范企业。

2005年，在本书主人公董明珠和格力人的艰苦打拼下，格力家用空调销量突破1000万台（套），实现了世界第一的目标，被媒体喻为全球家用空调“单打冠军”。自此，“格力空调，领跑世界”的时代来临了，创造了产销量连续10年领跑全球的佳话，用户超过了3亿。

2014年，格力电器实现营业总收入1400.05亿元，净利润141.55亿元，不仅是中国首家实现千亿的家电上市企业，也是中国首家年净利润、税收双双超过100亿元的家电企业。

至于此次挺进全球500强，显然是格力的品牌影响力在全球消费者的心中生了根，更是国际业界及舆论对格力实力的全面承认。用格力权威人士的话说，格力此次在福布斯榜单上“高歌猛进”的表现，不仅仅意味着格力进入了全球超强实力企业俱乐部，更预示着格力自此开启了一个新纪元——“拉升新标杆、拓展新空间、实现新跨越”的历史发展时期。

而格力人之所以有着这样的底气，就在于包括格力掌门人董明珠在内，近年来都身体力行地践行着——“唯有掌握核心技术，中国企业方能立足世界”的“精耕细作”。

据权威人士讲解，格力的“精耕细作”主要体现在：客观分析国际国内经济形势，主动适应经济发展新常态，积极采取新的工作思路，精心推动格力由一个专业生产空调的企业向多品牌的集团性先进企业转变。

如果细心观察一下格力近年来的战略布局，不难发现：格力目前仍以空调为主业，继续深耕家用空调的国内市场，精心拓展国际市场，依托家用空调基础延伸至商用空调领域，正快速提高商用空调的市场占有率；与此同时，格力以技术为导向拓展多品牌发展方向，在稳固空调市场的同时着手布局智能环保家居战略。

格力的上述特色，也引得不少国内外权威者关注。其中的一大共同点便是：董明珠领导下的格力，在主线不变的前提下，正在拓展上游核心产业，布局格力的特色产业。

国内权威财经媒体则撰文认为，对于中国制造业而言，格力目前已经毫无争议地成为“通过技术创新、人才培养及文化建设实现自身发展、甚至带动行业转型升级”的样板企业。

2016年5月，《福布斯》按照四个指标筛选出全球新一期2000强公司名单，分别为营业收入、利润、资产和市值，其中市值计算截止到2016年4月22日的收盘价，涵盖所有发行在外的普通股。

榜单结果显示，2016年入选“福布斯全球2000强”的企业来自于63个国家，入选的公司共创造了35万亿美元的营业收入、2.4万亿美元的利润、162万亿美元的资产以及44万亿美元的市值。

不过，由于全球经济增长放缓，美国、中国和其他国家的物价下跌、股市低迷影响商业和股票，上述四大指标均遭遇了下跌，市值更是同比下跌了8%。

受此大环境影响，格力电器在本年度2000强排名降至685位，其营业收入1005.64亿元，利润为125.32亿元。

2017年5月，《福布斯》继续发布了“2017年全球上市公司2000强排行榜”。榜单显示，在市场与政治不确定性进一步加强的一年中，全球主要公司仍在继续发展，公司市值总体较之前上涨10%以上。

进入最新一期榜单中的公司，来自全球58个国家和地区，较2016年的62个国家和地区数量有所减少。上榜公司营业额总计为35.3万亿美元（约合人民币242.1万亿元），利润为2.5万亿美元，资产总值为169.1万亿美元，股票总值48.8万亿美元。

综观整个榜单，中美两国企业进一步引领风骚。

榜单中，美国公司数量继续保持最多，达565家；中国大陆263家（含港企），紧随其后。中美两国上榜公司总数，共占2000强数量40%以上。排名前10的公司中，中国工商银行继续独占榜头，第3名为美国伯克希尔·哈撒韦公司，其余大多来自中美两国，丰田是前10名中唯一一家中美之外的公司。

本年度首次进入榜单的公司中，排名最高的是中国邮政储蓄银行（第55名）。在2016年9月的首次公开上市（IPO）中，融资81亿美元，为同年最大规模IPO。美国首次上榜公司中，最受关注的是snapchat app的运营商、美国snap公司，其股票总值达240亿美元，排名第1693位。

排名第83位的美国亚马逊公司，2017年首次进入前100名，较2016年的237名有大幅上升。与此同时，中国的阿里巴巴集团也升至第140名。

与2016年相比，如果加上中国台湾地区的46家上榜企业，中国上市公司上榜总数达到了309家。而在2016年的上市企业排行中，中国企业仅有172家上榜。于是，《福布斯》在评论中说道：“时隔一年，中国企业的进步有目共睹，可以说‘中国制造’的名声是越来越响了。”

显然，一向代言“中国制造”的格力和董明珠，自在其中。榜单显示，格力电器排名第364位。其营业收入达到153亿美元，利润21亿美元，总资产和市值均为272亿美元。

2017《福布斯》全球上市公司2000强（部分中国企业）

排名	公司名称	国家/地区	销售额（亿美元）	利润（亿美元）	资产（亿美元）	市值（亿美元）
1	中国工商银行	中国内地	1514	420	34732	2998
2	中国建设银行	中国内地	1342	350	30166	2005
6	中国农业银行	中国内地	1157	278	28160	1492
8	中国银行	中国内地	1131	249	26115	1413
16	平安保险集团	中国内地	1066	95	8010	1008
21	中国移动	中国内地	1068	164	2189	2253
25	中国石油化工	中国内地	2557	70	2167	1051
34	交通银行	中国内地	530	101	12092	622
42	招商银行	中国内地	445	94	8551	664
52	中国人寿保险	中国内地	828	29	3887	980
55	中国邮政储蓄银行	中国内地	480	60	11894	552
63	兴业银行	中国内地	443	81	8721	451
64	上海浦发银行	中国内地	401	80	8428	505
71	中国建筑工程总公司	中国内地	1408	49	2014	432
72	中信泰富	中国香港	491	56	9336	414
75	中国民生银行	中国内地	402	72	8487	437
78	中信银行	中国内地	397	63	8535	431
98	鸿海精密	中国台湾	1352	46	804	544
102	中石油	中国内地	2148	12	3449	2045
……	……	……	……	……	……	……
364	格力电器	中国内地	153	21	272	272

2016年7月13日，另一负有盛名的企业排名出炉了，即《财富》[①]（中文版）“中国500强排行榜”。当年，500强企业上榜的年营收门槛为96.08亿元。数据显示，此次上榜的500家企业，总营业收入约为30.77万亿元，较上年增长1.2%；净利润达2.74万亿元，增长约1.5%；营业收入和利润增幅较上年（分别为5%和6%）均出现明显下滑。

就在全球经济环境处于深度调整状态之际，格力作为“中国制造”和实体经济的代言人，排在此次500强榜单中的第58位。

2016年《财富》“中国500强排行榜”前60名

排名	上年排名	公司名称（中文）	营业收入（百万元）	利润（百万元）
1	1	中国石油化工股份有限公司	2,018,883	32,207
2	2	中国石油天然气股份有限公司	1,725,428	35,653
3	3	中国建筑股份有限公司	880,577.13	26,061.9
4	4	中国工商银行股份有限公司	697,647	277,131
5	6	上海汽车集团股份有限公司	670,448.22	29,793.79
6	5	中国移动有限公司	668,335	108,539
7	7	中国中铁股份有限公司	624,104.14	12,257.67
8	11	中国平安保险（集团）股份有限公司	619,990	54,203
9	9	中国建设银行股份有限公司	605,197	228,145
10	8	中国铁建股份有限公司	600,538.73	12,645.48

① 《财富》（Fortune Magazine）是一本主要刊登经济问题研究文章的杂志，由美国人亨利·鲁斯创办于1930年，现隶属时代华纳集团旗下的时代公司。自1954年推出“全球500强排行榜”，《财富》杂志便在全球经济界产生了巨大影响。其后，《财富》杂志举办了一系列引人注目的财经论坛，如著名的“《财富》全球论坛”，其中1999、2001、2005、2013、2017年的年会分别在中国上海、香港、北京、成都、广州举办。如今，这一排名已成世界知名企业用来判断自身实力、规模和国际竞争力的重要指标，也是世界经济状况极具权威性的晴雨表。能列入世界500强，对企业来说不仅仅是一种荣耀，也意味着企业的无形资产会在一夜间获得数以亿计的增长。1992年，中国银行首次进入财富排行榜。

（续表）

排名	上年排名	公司名称（中文）	营业收入（百万元）	利润（百万元）
11	10	中国农业银行股份有限公司	536,168	180,582
12	13	中国人寿保险股份有限公司	511,367	34,699
13	12	中国银行股份有限公司	474,321	170,845
14	15	中国人民保险集团股份有限公司	406,011	19,542
15	14	中国交通建设股份有限公司	404,420.45	15,696.28
16	17	中国中信股份有限公司	349,197.6	35,029.26
17	16	中国电信股份有限公司	331,202	20,054
18	—	联想控股股份有限公司	309,826.14	4,659.08
19	18	中国联合网络通信股份有限公司	277,048.53	3,471.59
20	22	中国太平洋保险（集团）股份有限公司	247,202	17,728
21	44	中国中车股份有限公司	241,912.64	11,818.4
22	24	国药控股股份有限公司	227,069.43	3,760.65
23	23	中国冶金科工股份有限公司	217,323.97	4,801.56
24	28	中国电力建设股份有限公司	210,921.29	5,236.48
25	—	中国能源建设股份有限公司	205,692.95	4,235.67
26	29	招商银行股份有限公司	201,471	57,696
27	30	万科企业股份有限公司	195,549.13	18,119.41
28	27	交通银行股份有限公司	193,828	66,528
29	25	江西铜业股份有限公司	185,782.49	637.22
30	145	物产中大集团股份有限公司	182,573.22	1,384.54
31	45	京东商城电子商务有限公司	181,286.96	−9,378.02
32	21	中国神华能源股份有限公司	177,069	16,144
33	19	中国海洋石油有限公司	171,437	20,246

（续表）

排名	上年排名	公司名称（中文）	营业收入（百万元）	利润（百万元）
34	26	宝山钢铁股份有限公司	164,117.14	1,012.87
35	31	新华人寿保险股份有限公司	158,453	8,601
36	36	中国民生银行股份有限公司	154,425	46,111
37	40	兴业银行股份有限公司	154,348	50,207
38	41	上海浦东发展银行股份有限公司	146,550	50,604
39	32	美的集团股份有限公司	139,347.12	12,706.72
40	35	万洲国际有限公司	137,722.76	5,103.97
41	49	苏宁云商集团股份有限公司	135,547.63	872.5
42	90	中国太平保险控股有限公司	134,604.8	5,312.56
43	47	恒大地产集团有限公司	133,130	10,460
44	39	华能国际电力股份有限公司	128,904.87	13,786.05
45	43	厦门建发股份有限公司	128,088.56	2,641.35
46	69	东风汽车集团股份有限公司	126,566	11,550
47	46	上海建工集团股份有限公司	125,430.71	1,870.54
48	51	大连万达商业地产股份有限公司	124,203	29,971
49	59	中国海外发展有限公司	124,053.77	27,908.2
50	33	中国铝业股份有限公司	123,445.87	206,32
51	48	保利房地产（集团）股份有限公司	123,428.78	12,347.58
52	67	碧桂园控股有限公司	113,222.64	9,276.48
53	50	中国南方航空股份有限公司	111,467	3,851
54	52	中国国际航空股份有限公司	108,929.11	6,774.01
55	61	上海医药集团股份有限公司	105,516.59	2,876.99
56	55	TCL 集团股份有限公司	104,877.63	2,567

（续表）

排名	上年排名	公司名称（中文）	营业收入（百万元）	利润（百万元）
57	71	腾讯控股有限公司	102,863	28,806
58	34	珠海格力电器股份有限公司	100,564.45	12,532.44
59	42	中国建材股份有限公司	100,291.59	1,019.36
60	68	中兴通讯股份有限公司	100,186.39	3,207.88

2017年8月初，《财富》（中文版）又发布了最新年度的“中国500强排行榜”。

榜单显示，2017年中国500家上榜企业的总营收约为33.54万亿元，较上年增长9%；净利润达2.8万亿元，增长约2.2%。营收和利润增幅较上年均明显回升。

此次榜单前100名中，靠前的科技界知名企业有：中国电信，排名17；联想控股，排名18；中国联通，排名19；京东商城，排名21；美的集团，排名38；腾讯控股，排名43；苏宁云商，排名44；阿里巴巴集团，排名49；海尔股份，排名58；格力电器，排名63；TCL集团，排名64；中兴通讯，排名68；中国通信服务股份有限公司，排名79；国美电器控股，排名85；百度，排名92；京东方，排名95；四川长虹电器，排名96。

面对国际舆论对格力的认可，董明珠则有着如下表示：“格力理解的国际化，是靠品牌和技术深度赢得全世界消费者的过程，而不是简单地依靠低价策略肤浅扩张。”

本书即将付梓之际，根据国际公认的《福布斯》数据，格力电器仍是全球最大的集研发、生产、销售、服务于一体的专业化企业；格力空调，则是中国空调业唯一的“世界名牌”产品。

不过，鉴于笔者的从业习惯，我们在为格力感到高兴的同时，也不得不继续呼吁——作为一个世界大国，“中国制造”面临升级换挡的关键当口，发挥引领和示范作用的格力式民族企业还是太少，中国需要一个能体现大国实力的产业纵深和品牌矩阵。

五 “唯一的中国女人”

2013年2月，《哈佛商业评论》网发布的一个排行榜引发了全球商界关注，尤其是中国的媒体和舆论。

此榜名为“2013年全球100位最佳CEO”，并不是首次发布。之所以引起了中国媒体和舆论的集中关注，主要原因就是榜单中的一个中国女人——董明珠。

不妨先看看腾讯网的一篇报道——《董明珠：唯一入选全球最佳CEO的中国女性》：

“最新一期的《哈佛商业评论》公布全球100位最佳CEO，高居榜首的是已逝的苹果创始人乔布斯……珠海格力电器公司董事长兼总裁董明珠榜上有名，成为中国制造业领域唯一上榜的企业领袖，同时也是中国唯一入选的女性CEO，排名第98位。”

此篇报道在最后写道：“2012年，董明珠执掌大权的格力电器以空调一项单品荣登中国家电千亿俱乐部，2013年这个传奇的铁腕女子又将如何布局谋篇，实现5年后公司销售突破2000亿元大关的承诺，值得期待！”

仅就此篇报道的题目，人们大致可以解读出董明珠进入该榜单的标杆性意义了。

《哈佛商业评论》的这一排行，主要是根据1995年以来获得任命的首席执行官在任职期间实现的股东回报及市值增幅进行排名。此榜单的人物分布，基本能够反映当年全球企业的实力差距。如榜首人物即是已故的苹果首席执行官史蒂夫·乔布斯，而属于美国的CEO也有34位之多，其次为英国12位。榜单中，属于中国大陆的首席执行官只有3位，除了董明珠外，另2位分别是中国国航前首席执行官李家祥、中信证券董事长王东明。

短短5个月后，2015年7月，福布斯中文版又推出了“2013年中国最佳CEO”[①]。在入选的50位CEO之中，一位人们日益熟悉的女性又一次让人津津乐道，她依然是本书的主人公——董明珠。

当年，中国广播网为此发布了题为《董明珠成为福布斯“中国最佳CEO”三甲中的第一位女性》的报道：

“入选‘2013中国上市公司最佳CEO’榜单，民生银行行长洪崎位列第一，中国旺旺的董事长蔡衍明第二。前三甲中第一次出现了女性，格力电器的CEO董明珠排名第三，她也是前十名中的唯一女性。”

与此同时，众多媒体纷纷发表评论。

如：“在今年最佳CEO前三甲中珠海格力电器的CEO董明珠位列第三，这也是前三甲中的第一次出现女性。2012年，格力电器营业收入首次破千亿元大关，这也是一直强调‘靠业绩说话’的董明珠交出了一份令投资人满意的成绩单。”

另有分析文章如此写道：“董明珠，格力电器CEO，2001年上任。从基层业务员到总裁，不管是营销还是产品，董明珠一直在寻求创新和突破。格力累计选拔、培养5000多名科技研发人员，兴建2个国家级技术研究中心，300多个实验室，发明创造8000多项专利，年科研投入超40亿元。最近3年复权股价增长190%。最近3年薪酬总额达1202万元。2012年，董明珠带领格力成为家电行业唯一实现千亿目标的上市公司。”

稍有留心的人不难发现，在进入上述排名榜之前，董明珠于2001年起担任格力电器公司总裁兼副董事长。2012年5月，董明珠接替格力创始人朱江洪，开始担任格力电器董事长兼总裁。

虽然媒体之前已经披露，董明珠进入格力时只是一个打工妹式的营销员，但是当她从朱江洪手中接过格力的帅印之际，包括国际主要财经媒体在内，众多舆论还是纷纷给予了高度关注。作为长期关注财经的笔者，至

① 中国最佳CEO榜：福布斯中文版自2005年起开始制作“中国最佳CEO”榜单。2012年开始，福布斯中文版将考察对象拓展到在主要海外市场上市的中国公司，而在此之前只考察A股公司。

今仍然清晰记得，当时身边就有很多人纷纷探问——一个打工妹怎么能够做到这么大企业的一把手呢？

即使到了今天，上一疑问仍然存在于众多人的内心之中。而回答这一疑问，显然正是本书后文的一大核心任务。

事实上，如同上文所述，董明珠接掌格力帅印之后，格力电器公司的业绩实现了长期高速增长。公开数据显示，2012年格力电器实现营业总收入1000.84亿元，同比增长19.84%；净利润73.78亿元，同比增长40.88%。这2组数据意味着，格力电器已连续8年位居全球空调业销量之冠，更成为中国首个靠单一产品类别实现年营收破千亿的家电企业。

再简要看看作为上市公司的格力表现。

自2007年高位暴跌之后，国内股市大盘到2015年初仍低迷不振。尽管如此，格力电器的股价却整体保持着持续增长。还以2012年为例，当年国内200位基金经理评选的50家国内“最受尊敬上市公司”中，格力电器就连续两年荣登榜首。

与此同时，在国内外经济风云变幻、不确定性因素明显增多的大环境下，包括不少曾经立誓“工业强国”的实业家在内，竞相转向地产、投资等方向图谋发展，董明珠却能够摒弃短期诱惑，始终秉承她心中的那份“工业精神”，主导格力坚守实业和专业化的经营战略，推动格力电器凭借科技创新和专业化雄踞制冷行业的巅峰。她的这份坚守，不仅赢得了业界的广泛好评，也换来了格力在国际范围内的盛誉。

当然，围绕格力和董明珠的标志性收获不止于此。最近的一个，便发生在刚过去不久的2015年4月。

当月28日上午，2015年的全国劳动模范[①]和先进工作者表彰大会在北京人民大会堂隆重举行。与往年有所不同，此次表彰大会是我国继1979年

① “全国劳动模范”是国家授予在社会主义建设事业中做出重大贡献者的荣誉称号。其获得条件主要包括：热爱祖国，坚决贯彻执行党的基本路线和各项方针政策，模范遵守国家法律法规，具有优秀的思想品质和职业道德，推进产业结构调整中和在岗位“创新、创先、创优、创最佳”中做出业绩者；崇尚科学；在环境保护、发展经济等方面做出贡献者；敢于探索，勇攀高峰者；社会主义物质文明、政治文明、精神文明建设及其他方面做出重大贡献者等。

后时隔36年再次进行的对劳动模范进行表彰的最高规格大会。中共中央总书记、国家主席、中央军委主席习近平在会上发表了重要讲话，国务院总理李克强、全国人大常委会委员长张德江、全国政协主席俞正声都亲自出席，另外的三位中共中央政治局常委刘云山、王岐山、张高丽等也都悉数出席。

此次大会对2968名在各行各业做出了突出成就的全国劳动模范和先进工作者进行了表彰。其中，一位来自企业界的CEO级女性人物又聚焦了舆论的眼球，她还是董明珠。就在此次大会召开之前，同样是在人民大会堂，董明珠还被授予“三八红旗手标兵”的荣誉称号。

时过几十年后，国家再次用最高规格表彰劳模，自然引来了中外媒体的高度关注和广泛解读。

如新华社在一篇通稿中说，中国再次以最高规格表彰劳模，目的就是要向全社会传递劳动最光荣、劳动最崇高、劳动最伟大、劳动最美丽的理念，彰显党和国家尊重劳动、尊重知识、尊重人才、尊重创造的工作方针。

《中国企业家》就董明珠获得上述荣誉则给出了这样的评论：从“世界十大最具影响力的华人女企业家”“全球商界女强人50强”“全球100位最佳CEO”到如今的“全国劳动模范”，可以说，光环一直围绕着这位把自己的一切奉献给用“科技改变生活”这项伟大事业上的“铁娘子”。

而一位熟悉董明珠的格力老人更有着如下评价：从1990年成为格力的基层业务员，董明珠靠着勤奋和诚恳，不断创造出各种销售神话，创下最高年销售额3650万元的记录，到其成为格力经营部部长、副总裁、总裁、副董事长、董事长……正是把企业当成了自己的家，把“打造百年企业”作为毕生的事业，董明珠才有了今天令人惊羡的成就。

至于董明珠自己，面对接连而至的荣誉和头衔，是这样公开回应的：

“荣誉的获得是对企业的肯定，对我个人的鞭策，荣誉获得与否，都不会因此减轻自己的责任。总要有一些人通过无私奉献，为别人带去更多的便利，带给他们生活的变化，就像共产党解放了全中国，曾有那么多无名英雄、烈士默默无闻地奉献……做企业要坚持自主创新，强调原创性，以对消费者负责的精神，着力于用创新改变世界、服务全人类。”

的确，董明珠似乎只活在格力的世界里，她几乎所有的时间都奉献给了格力，以至于不少媒体都认为她没什么朋友。

2016年9月，在《财富》评选出的“全球50大最具影响力女性”榜单中，中国大陆共有10名女性入选。其中，董明珠名列第11位。

《财富》在评论董明珠时，用了如下的一段文字：

随着中国经济的降温，中国市场的空调销售也表现疲软。去年，作为中国最大的空调厂商，格力营收同比下降了29%，至159亿美元。然而，格力董事长及总裁董明珠表现得很自信。她提出了业务多元化发展的战略，并从手机入手。董明珠表示，格力手机1代是一款“用3年都不会坏的手机”。这款手机配备了空调和家庭安防控制系统。尽管董明珠表示，这款手机的销量将达到上亿台，并与小米展开竞争，但格力手机1代2015年并未上架销售。今年6月，格力推出了格力手机2代。目前，格力还计划开发环保型汽车。然而在给出数据证明之前，董明珠在这一榜单上的排名不会上升。

就在《财富》公布“全球50大最具影响力女性”榜单的3个月前，《福布斯》杂志也曾评选出了“2016全球最具影响力女性排行榜”。在这份榜单中，包含了32名公司高管、12名国家领导人和11名富豪。其中，德国总理默克尔蝉联榜首，紧随其后的是希拉里·克林顿、美国联邦储备委员会主席杰妮特·耶伦。

至于进入排行榜的中国女性，共有9名。其中，时任格力电器董事长的董明珠排在了第63位。

六 "董姐"的"铁娘子"时代

今天的收获，仰仗昨日的付出。

在外界看来，董明珠的盛气凌人，似乎不容挑战。无数国人尚还记得，她曾在央视的舞台上讲得雷军在亿万观众面前一时说不出话来；在此之前，她更是一度不顾众人的阻拦，把广州市财政局送上了法庭。甚至在有些时候，即便与国务院总理面对面，董明珠也难掩秉性，不改直来直往的"铁娘子"个性。

只不过，在"铁娘子"的标签之后，董明珠却有着一般人无法想象的付出。这种付出，也包括了针对她的各种质疑与争议。

2015年2月，《中国企业家》的一篇文章曾写道："回望近2个月，董明珠正在经历她作为企业家以来最受争议的时期——虽然围绕董明珠的争议从来不断，但是2014年10月份之后，关于董明珠的各种争议达到历史峰值。"

此处所说的峰值，主要是指围绕着董明珠集中出现了众多焦点性的事件和轰动性的话题。除了已持续10年之久的"格力增长乏力"论，2014年后的董明珠几乎与"世纪大赌局""小偷集团""格美大战""苏美大战"等多个爆炸性的词汇紧密相连。用一位业界权威人士的话说，"董是一个至为理性的人，同时是一个至为感性的人，是二者的混合体。什么样的事情发生在董明珠身上都不奇怪。"

董明珠的"混合体"，既是一个女人某种天性的自然流露，更是"铁娘子"个性的后天使然。

不过，这种后天的"铁娘子"个性，还要追溯到2004年发生的一次公众性事件。正是此次事件之后，董明珠才开始成为一个真正的公众人物，而中国的商圈里也开始流传着一种说法——"'董姐'走过的地方，寸草不生。”

这里的“董姐”，显然是同行们送给董明珠的玩味称呼，却预示着中国的家电行业迎来了新风格的格力。

2004年2月，展露出某种垄断势力的家电销售巨头国美，又一次上演了“价格屠夫”的一幕——擅自将格力空调降价销售。已在业界如雷贯耳的董明珠，当时正在北京参加全国人代会。在获悉这一情况报告后，她便断然下令：停止向国美供货。

同样习惯了某种霸气的国美自然不买账。

3月9日，国美北京总部便向全国销售分支发出“把格力清场、清库存”的指示。格力与国美的矛盾骤然升级，双方关系也急剧恶化。

此时的格力，已连续9年占据着国内空调销售量第一生产商的位置；至于国美，则已是有着130多个连锁商城、中国最大的家电零售巨头。所以，双方关系紧张伊始，便受到了业内外的广泛关注。不少业内人士更是直言，格力与国美对抗的背后，实为两个强势人物的意志博弈——董明珠对阵黄光裕①。

对于黄光裕，虽非本书详述之内容，但从《财经》杂志对其的简短评述，亦可见其非同一般：“熟悉黄光裕的人，多称许其精明、大胆、顽强，每天工作16个小时以上，但同时多对其‘路子野、下手黑’的作风存有疑忌。”

不过，这一次黄光裕面对的是董明珠。

显然，董明珠对与国美决裂有着清醒的判断，她对于自己在这场对抗中占有的优势也信心十足。

当时的国美虽然规模宏大，渠道实力雄厚，但是在格力的销售额中，

---

① 黄光裕，1969年5月生，广东汕头人，被誉为中国家电零售业连锁模式的创始人，中国现代潮商代表人物之一。据公开资料显示，少时黄光裕穷窘，曾捡拾废品补贴家用。1987年，黄光裕于北京始创国美电器，并在较短的时间内声名鹊起。到20世纪末，国美连锁已发展成为业内顶级大鳄，而黄光裕本人则于2004、2005、2008年三度问鼎“胡润百富榜”之大陆首富，2006年排名“福布斯中国富豪榜”首位。2008年，轰动一时的“黄光裕案”发生，两年后其被判有期徒刑14年。2013年，身陷囹圄的黄光裕仍以200亿元人民币的资产名列“胡润百富榜”第39位。截至2015年8月，各类关于黄光裕在狱中调控其商业王国的消息还不时见诸报端。

它所贡献的份额还不到1%。正是对这一数字的心知肚明，董明珠意识到即使没有国美的合作，格力的销售额并不会受到多大的影响。除此之外，尽管国美占据着实力的优势，却依然不乏行业竞争者。

事情的演变似乎正是按着董明珠的预料进行的。

当年3月9日国美发布对格力清场后不到半月，另一个家电连锁销售巨头大中电器[①]便主动找到了格力。当年3月20日，大中电器与格力便签下了一份年度协议，包销1.8亿元空调，总销量约8万台。而在此协议前1年，格力在大中的销售额只有区区1000多万元。

消息一经披露，黄光裕更是火上加火，他的霸气思维进一步显现。

一位了解内情者就曾向媒体披露，当格力与大中电器的合作协议曝光后不久，黄光裕在国美的一次经销商会议上直言："其实咱们谁也离不了谁。你若拿我黄光裕平衡我的对手，我就有办法去平衡你的对手。你对我有越大的信任，我就给你越大的信任。你能给我付出，我就带头扶持你的品牌。这就是做事的规矩。"3年后的2007年底，黄光裕并购了大中电器，中国内地家电连锁行业进入了国美、苏宁的双寡头时代。

然而，2006年3月，当40亿空调的采购大单摆在面前时，董明珠依然不为所动，国美和苏宁皆吃了闭门羹。她明确地坚守："我要定一个合理的价位。我用这价位跟你进行营销，你不销我可以到别的地方去卖。"

轰动一时的格力与国美之争，董明珠与黄光裕双雄的首次博弈，在中国家电行业的发展史上留下了厚重的一笔，一些研究机构和院校甚至以此作为商业案例。至于各类媒体来说，"刀光剑影"则成为众人对"格美之争"一致的形容词汇。而董明珠其人，则从此多了一个看似亲切、却透着无限霸气的称号——"董姐"！

只不过，今天的董明珠在谈及10年前发生的那一幕时，已是淡然一笑："其实，争端爆发后我和黄光裕彼此都没见过面。"

---

① 大中电器即北京市大中家用电器连锁销售有限公司，是北京家电连锁企业的领跑者，起源于1982年4月，由张大中注册成立的"张记电器加工铺"发展而来，年销售额100亿元左右，市场占有份额常年稳居北京家电市场之首。2007年12月，大中电器并入国美电器集团，实行双品牌运作。

当然，关于“格美之争”的更多细节，本书后文自有专门章节交代。而其后的董明珠，也确实没有辜负“董姐”的称号，连续上演了一幕幕“铁娘子”的霸气好戏，直至本书即将付梓之时。其间详情，自然也由后文讲述。

“格美之争”8年后的2012年5月25日，格力电器召开了2011年度股东大会。这既是一年一度的股东大会，也是格力企业和董明珠个人同时翻开各自全新历程的一次大会。

3天后的5月28日，格力电器发布了公告。公告宣布，董明珠全票当选为格力电器董事长并获续聘担任公司总裁。而在此前的5月10日，董明珠才刚刚获任格力集团董事长之职。次月，朱江洪离任，董明珠正式履新格力集团董事长，成为双料董事长。

至此，坊间开始流传，格力已由此前的“朱（江洪）董（明珠）配”进入了“董时代”。

不过，从销售员一路走过来的董明珠，在获得高票信任之后，并没有因此而意气风发，她深知自己肩上已然加码的无形压力。

《中国经营报》在当年的一篇报道中即曾这样写道：

格力“董时代”言之尚早。除了必将召开的临时股东大会可能产生的变局外，格力如果要进入“董时代”，董明珠还要过好业绩、公司治理结构及个人工作重心、年龄等4道坎。

这篇文章中所说的“业绩坎”，主要是指格力电器2012年初提出的全年营收规模要突破1000亿元、2015年进而突破2000亿元的“3年规划”。而之所以称其为董明珠的“坎”，文章着重指出了当年格力依然面临着一些不确定的形势。个中详情，仍由后文交代。

而对于众多的格力人来说，格力电器的“董明珠时代”，也并非以朱江洪的离开为起点。虽然朱江洪自卸任后，再未踏足格力公司半步，但传承似乎是董明珠顺其自然的事情。“董总本来就是一个主导者，不存在另一个时代的开始，格力身上一直有董总很深的烙印。”格力一位颇有分量的高管之语，从某个侧面真实地代表了很多格力人的心声。

尽管如此，那个时候的格力，至少在形式上看起来从“朱董配”进入到了“董明珠时代”。而之前主抓技术的朱江洪和擅长营销的董明珠，在长期打拼过程中形成的配合默契、相得益彰的锋利之势，也的确被董明珠进一步融合到了极致。

所以，当年离任时，朱江洪不忘继续强调“科技救企业，质量促企业，效益兴企业”的观点。就此，他的继任者、新掌门人董明珠则公开表示，“如果营销做得好，但没有技术核心支撑的企业就是骗子，虽然短期是可以收益，但长期来看是不可持续的。营销和技术是缺一不可的。”

今天回过头去看，董明珠是这么说的，也是这么实践的。就像她的前任朱江洪写下的那幅字——“献身企业忘自我，棋行天下女豪杰”。

一个企业的创业者和引领者愿意挥毫如此盛赞自己的继任者，这在中国企业界、甚至全球商界，都不多见。

而这一切，还得从27年前说起……

第2章 『跳海』的单身母亲

董明珠曾将自己的成功归因于坚持如下原则——把钱放在第一位的人只能赚眼前的钱，赚不到以后的钱；只有把事业放在第一位的人，才能赚一辈子的钱。然而，董明珠命运的转变，却又是从对金钱的实际需求开始的。20多年前，正是为了能给家人赚来更多的生活费用，年近四旬的董明珠才不顾单身母亲的孤独，义无反顾地跳进了深浅不知的下海大潮中，从此竟一发而不可收……

一 讨生活南国独下海

在我国长江下游的富庶地区，坐落着国家重要的门户城市——南京。这里春秋短、冬夏长，冬夏温差显著，四季各有特色，皆宜旅游。因此，长久以来即有“春游牛首烟岚”“夏赏钟阜晴云”“秋登栖霞胜境”“冬观石城霁雪”之说。

南京简称宁，有着6000多年文明史、近2600年建城史和近500年的建都史，是中国四大古都之一，素有“六朝古都”“十朝都会”之称，是中华文明的重要发祥地之一。新中国成立后，南京被作为江苏省会。

1954年，董明珠就出生在南京。她是家中最小的孩子，在她的上面还有6个兄弟姐妹。小时候的董明珠是一个文静可爱、少言寡语的女孩，她总是微笑着倾听别人说话，她的口头禅是“好啊”“可以”“没问题”等词，看起来很少会跟别人顶牛。然而，据此认为董明珠个性柔顺、内心软弱，那就错了。

随着年龄的增长，外表文静的董明珠开始显现出了一股犟劲，骨子里日益呈现出好胜、不肯服输的本性。

还是刚上初中的时候，已出落得相当漂亮的董明珠却依然单纯、羞涩，有时甚至显得保守。一次，学校组织学生到长江之畔游泳，董明珠觉得泳衣太暴露，心生羞涩而不愿意学游泳。可是，看着同学们都在水里扑腾，她又觉得自己不如人，太丢人了。当辅导员老师走过来的时候，她便认真听起老师的讲解，一股不服气的劲头儿暗从心起。

于是，辅导员老师还没讲完，董明珠便呼呼地换了泳衣，什么也不顾似地跳下了水。结果，她一下子就沉了下去。此时的董明珠挥舞着双手，开始大声呼救，幸亏岸边有不少人，她才被人救了上来。

对于常人来说，此次溺水的经历定会留下心理阴影。然而，董明珠却不尽然，她不仅没有害怕，反而激发出了十足的斗志。第二天，董明珠便收拾了一番，信心十足地来到了游泳池，一心学起游泳来了。

就这样，内心不服输的董明珠从少女时代走进了青年时代。直至她结婚生子，为人妻母，董明珠的生活一直都显得平静又美满。不过，成家后的平静日子，董明珠并没能过得太长。

婚后第三年，也就是董明珠刚过30岁的时候，她的生活突发变故。两岁的儿子仍在牙牙学语，情深意笃的丈夫却意外病逝，原本幸福美满的一家，转眼之间就变成了孤儿寡母。突如其来的打击，令周围的人都替董明珠捏一把汗，很多人甚至认为她会就此一蹶不振。然而，董明珠默默接受了现实，她独自一人带着儿子，暗地里咬紧牙关，承受着生活和工作的双重压力。

这样的生活持续到了20世纪90年代初。

那个年代的中国，新一轮的改革开放之风劲吹。在邓小平南方谈话精神的鼓舞下，中国各地掀起了一股公职人员下海的风潮。如同一些媒体公开报道的那样：

> “一九九二年，又是一个春天，有一位老人，在中国的南海边写下诗篇……”当年，一曲《春天的故事》唱响大江南北，正是迎着那股春风，大批官员和知识分子在20世纪90年代积极投身民营工商界，开启了继20世纪80年代后的第二次下海经商潮。

此时的董明珠已经36岁。在外人眼里，她似乎已经适应了与儿子相依为命的平淡生活，少年时期孕育出来的那股倔劲儿不可能再有了。而事实上，对于绝大多数的中国妇女来说，这时想得更多的可能还是怎么新建立一个家庭。然而，外表看起来平静的董明珠，内心并不安静，她骨子里的那股狠劲并没有消失，而是被她生生地压抑了几年。

显然，董明珠同样受到了下海风潮的影响。她越来越觉得自己需要去挣一笔钱，给孩子和自己提供更好些的生活条件，而不是接受别人的同情。“要别人的同情是没有意义的。”若干年后，功成名就的董明珠回忆当年的情景曾如此说。

经过一番慎重的考虑，董明珠做出了自己的决定——辞掉自己某研究所的工作，留下8岁的儿子给年迈的母亲照看，只身南下广东。

像当年的大多数人一样，董明珠南下的首选之地也是深圳，她落脚在深圳一家生产化工产品的企业做管理工作。这时候的董明珠，对自己的将来并没有一个明确的想法。她只是希望能找到一个宁静的工作环境，能实实在在地挣些钱，安安稳稳地照顾一家人的生活就可以了。

落地深圳后不久，受一个朋友的托付，董明珠到珠海办事。正是这一次的珠海之行，给董明珠未来的人生之路铺就了一个大大的意外。

在珠海期间，董明珠偶然看见海利空调器厂（格力空调前身）在招业务员。细看一下她发现，空调厂给业务员的提成工资挺不错，卖出100万元的货就可以拿到2万元的提成。这个数目深深地吸引了董明珠，而对于尚不富裕的20世纪90年代的绝大部分国人来说，似乎也具有不小的诱惑力。

不过，董明珠也有着顾虑。当时的社会环境中，业务推销员必须能喝酒、能拉拢各方关系，董明珠却滴酒不沾。不仅如此，人们对业务员还存有偏见，很多人视业务员为低学问群体，习惯把他们与社会上的混混划为一体。而董明珠自己是做管理的，如果改行做业务员，名声怕是要不好听了。

想到此，董明珠对自己能否做得了业务员，一时又心生不定。

就在董明珠一时拿不定主意的时候，一则科研消息给了她最后的勇气。该消息宣称：从20世纪80年代中期起，地球气候在悄悄发生着变化，每年以0.1℃~0.2℃的速度上升，天气会变得越来越热。

一番寻思后，董明珠越来越肯定，天气将会越来越热，人们的生活水平也会越来越高，空调产品进入寻常百姓家只是个迟早的问题，未来一定会大有发展的潜力。她甚至暗地里盘算，如果海利空调器厂的产品好卖，自己获得的提成肯定少不了，一年中自己怎么也能卖100万元的空调。果真如此的话，自己在空调厂里干不仅有前途，还很有“钱”途呢！

就这样，只身南下打工的董明珠又做出了一个影响其人生和中国家电行业的选择——应征海利空调器厂业务员。

二 为“钱途”一线入海利

业务员并不是特指销售员。按照现代企业管理的要求，业务员是指在组织中担负具体专项经济业务，如生产、计划、销售、采购、财会、统计、物价、广告等具体业务的工作人员。例如，负责采购的人员，负责销售的人员等等。业务员一般无固定工资，按销售额提成。

20世纪90年代，绝大多数生产厂家对于营销业务人员还有着如下不成文的要求：男营销业务员，必须能吃能喝能忽悠，且须八面玲珑；如果是一个女营销人员，则需要青春貌美，能“公关”。结合当时社会的实际情况，所谓的“公关”内容很丰富，不仅包括会喝酒、善说等，更有极端的指向认为要懂得和客户制造“暧昧”。

或许如此，那个年代的人们，才会对这样的故事见怪不怪：某厂招供销科长，厂长请4个入选者吃饭。饭局中，厂长暗中考察4个人选，发现有一个人不但能说，还最能喝。于是，这个最能喝、又最能说的人，便被选任为该厂的供销科长。

反观董明珠，则与人们公认的业务员标准相距甚远。她本性上不仅不能喝酒，做事过于讲原则，而且从心底里还不认同所谓的业务员标准。除此之外，在外人看来，董明珠要做好业务员还存在如下方面的问题：

其一，董明珠不懂空调业务，甚至连空调机的各种名称都说不出来，完全是一个外行；其二，董明珠当时对商场的运营机制也不懂，“供应链”是怎么样的，“出货入货”又要如何，对于她来说完全称得上是新鲜事物；其三，董明珠缺少必要的专业培训与学习机会，她唯一的学习途径只能是跟着老业务员，一开始就得自己在实践中摸索。

那种尴尬之情，在若干年后董明珠的一部自传中有着这样的描述：“对于我来说，营销完全是一个陌生的行业。在当时，既没有可以给我学习理论的机会，也没有可供我借鉴的经验，因而注定要边摸索边往前走。”

尽管当年的董明珠是个外行，但中国适逢新一轮经济增长周期，市场上的业务员正面临着紧缺的局面，所以她还是顺利地成为海利空调器厂一名业务员。

当一些老业务员开始替董明珠捏一把汗的时候，董明珠却认为，自己不懂商场和产品并不是多么可怕，关键是自己有决心与信心做好业务员这份全新的职业。就这样，董明珠义无反顾地跳进了20世纪90年代的商业大潮，从此没有回过头。

董明珠获准加入的时候，海利空调器厂还只是珠海拱北将军山下的一家小厂，厂长即为后来的格力董事长、董明珠的前任朱江洪。当年的海利空调器厂投产不久，规模不大，牌子也不响，产品还是组装，年生产能力约为2万台，年销售额只有2000～3000万元之间。

那个时候的海利厂，共有20多个业务员。这也就意味着，业务员人均每年要销出100～150万元的空调，才能保证工厂的正常运转。按照厂里的规定，业务员卖出100万元的产品，其获得的提成为2万元，而工资、差旅费、请客送礼等费用全包括在内。而这样的业务量，在空调尚未被百姓人家认可的当年，其难度可想而知。

20世纪90年代初，中国百姓常用的制冷产品还是以风扇为主，空调产品的主要用户是一些较大的企事业单位和机构。其中，大机关、工矿企业和第三产业占到了使用量的7成还多，其次便是医疗卫生、科教文卫等单位。就连今天人们眼里不差钱的金融保险、邮电等单位，能使用上空调产品的比例也很低。因此，对于广大的普通百姓来说，空调属于高档次的奢侈品，短时间内可望而不可即。这种状况直至1993年，才开始出现较大范围的改变。

尽管如此，已经做出选择的董明珠脑子里并没有“退缩”二字。当完全不懂营销的她进入厂里后，被安排跟着一个老业务员边干边学习，主要负责北京及东北的销售市场。跑了一段时间市场后，董明珠深刻地体会到了业务员工作的不容易，而所有的业务员当时也只有一门心思——把东西卖出去。

1991年7月，正值盛夏酷暑，董明珠接到公司的任务，要去天津出差跑业务。此前，带董明珠的老业务员已经去了天津，所以她只能一个人北上。

那个时候的火车，没有现在大家都熟悉的提速，更没有什么“C”“G”等高铁了，从广东到天津需要1天1夜的行程。坐上火车后，董明珠碍于面子，总觉得一个女人在火车上吃东西不好看，愣是忍着饥饿坐了1天的火车，直到饿得前胸贴着后背。异常闷热的车厢里怪味多多，又饿又乏的董明珠直想呕吐。

好不容易到了天津，下车后的董明珠被微风一吹，感觉似乎稍微好点儿了。看着前来接站的老业务员师傅，董明珠话没说几句话，便眼冒金星。老同事见她神色不对，关心地问：“你怎么了，脸色都不对？”

好强的董明珠没好意思说自己没有吃饭，她虚弱地摆摆手，希望能就近找一家旅馆，好好休息一下。

看着董明珠很差的脸色，接她的同事估计她是中暑了。接着，大家用了半个钟头才找到了一家价钱合适的旅馆。后来的情景，董明珠曾有过这样的回忆文字：

站在柜台填住客登记表时，我的汗像水一样流下来，双手发抖，两脚像踩在棉花垛上。我说：“我不行，请帮我填一下。”

我摇摇晃晃地向沙发走去没走几步，突然眼前一黑，就失去了知觉。后来听他们说，我猛一下子跌坐在了地上，他们摇了好一阵我才睁开眼。其实我是听到他们的喊声的，就是说不出话来。

进到房间后，董明珠便昏沉沉地睡了过去，一觉睡到第2天天亮。当她伸手摸摸头一天被摔的地方时，依然火辣辣的钻心痛，好心的同事让她留下来休息两天，被她婉言谢绝了，愣是一瘸一拐地坚持走路。

后来，董明珠在回忆当时的心情时这样表示：我想到自己刚开始跑业务，这点小伤就叫苦叫累的可不行，所以就忍着疼痛与同事们一起赶到了北京。

看似大大咧咧的董明珠，其实是个内心极为细致的人。

当时，北京有个大制冷展示厅，专门做空调。当一行的老同事与展示厅的经理侃生意经的时候，董明珠便四下环顾，细心观察。展示厅里的空调品牌不少，国内外都有，而展示厅的经理说话也很神气，在董明珠看来甚至有点拿腔拿调。

董明珠依然记得，当自己的同事希望展示厅的经理能多签一些海利空调的时候，那位经理是这样回应的："你们海利一般般，但是放在我们的展示厅里应该没有问题，一定能给你们卖出去。搁在这里代销吧！"

正是这段对话，让董明珠掌握了入行后的首条生意"经验"——一定要鼓励商家多签商品。按照她后来的解释，商家如果签了200万意向性协议，最后不会好意思只做20万的生意。

接下来的第三天，董明珠一行又转到了沈阳，她的坐骨神经开始疼痛得厉害。在老同事的带领下，董明珠去医院拍了片子，结果让她们都吓了一跳——骨裂了！

董明珠被告之，骨裂的位置不能打绑带，只能卧床休息。

倔强的董明珠更多的还是想着卖空调，她不想错过当时那段推销空调的好天气，根本就躺不下来。于是，董明珠便每天多睡一点，火车上就改坐卧铺，钱尚未挣到，开销却一时大了起来。

就这样，董明珠愣是拖着病体跑来跑去，直到一段时间后弯腰就疼得厉害，提些稍重的东西也变得困难起来。用她自己的话说，"那一次，我首次领略了做营销工作的辛苦。"

三 卸面子底层勤折腾

初步体验了业务员不容易的董明珠，却坚信自己的选择，她对空调行业未来巨大潜力的洞见依旧清晰。有销售行业的权威人士曾撰文认为，“男怕入错行，女怕嫁错郎”，销售也怕入错行。换句话说，当销售员身处一个日薄西山的行业时，无论他再怎么努力，结果也只能是繁景不会再现；反之，其结果自然也可想而知了。

如此顺势而生，才在若干年后成就了属于董明珠的那份传奇。

既然不愿意退缩，董明珠就继续天天跟着老业务员东奔西跑，她需要更多、更实际地了解情况，用最短的时间熟悉营销员的工作。在内心里，董明珠仿佛更多了一些斗志，她渴望尽快进入角色，渴望尽快掌握所有跟空调有关的知识，骨子里开始流露出一种令人敬畏的犟劲儿。

董明珠在第一时间想到了“面子”的问题。

其实，所谓的面子，凡人都会讲究，只不过有的人看得重，有的人则看得轻。当然，面子或多或少也跟个人的自尊心有着某种关系。经过一段时间后，面子情结本来很重的董明珠开始明白，要想以后有面子，现在就不能要面子。

于是，董明珠开始主动调整自己。既然厂里安排她跟着老业务员师傅熟悉业务，她就老实地跟在老业务员后面，虚心学习，用心观察。当师傅下车间的时候，她也跟着下车间；当师傅会见客户的时候，她也跟着见客户，她要尽量做到和师傅“形影不离”，不再过多地去考虑人家烦不烦。为此，一度闹出了误会，一些不明真相的人还以为两人是对象。

滴水汇成江海，成长就在不经意之间。

经过一段时间的学习与磨炼，董明珠的业务能力在实践中迅速提升，并初步形成了自己的路数。

其中，董明珠明确了自己做业务的底线——赚的钱要能养活孩子和自己。为此，董明珠很是看重业务提成。为了让自己和孩子过上好日子，她必须尽可能地把空调卖出去，至少是前文提到了那个100万元的目标。

如前所述，此时的海利处于刚起步阶段，和东南沿海许多家电企业一样，允许采用代销的模式，也就是厂里先发货，销售商家卖完后再给厂里结账。所以，董明珠和其他业务员一样，每到一个城市，就逐一拜访百货商场，连专门经销家电的商店也不放过。

跟着老业务员师傅，董明珠频繁地上门拜访那些已经在经销海利空调的客户，寻求他们保持海利产品的经销状态，扩大海利产品的营销面；而对于那些可以或潜在能够经销海利空调的家电商场，他们更是不厌其烦地和商场营业员侃空调，聊空调，直至亲自找到经理人去软磨硬泡，为的只有一个目的——多签海利的销售订单。

就这样，大半年的时间过去了。董明珠已经对空调市场有了一个较为全面的了解，并懂得了空调产品的基本技术原理，掌握了空调安装的技巧。她甚至可以指导客户，什么房间适合什么型号的空调，哪个位置安装空调最佳，以及使用和维护空调等方面必需的常识性知识。

更为重要的，董明珠越来越显现出一个营销员的潜力。在与不同区域、不同性格的形形色色的商家人员打交道与博弈的过程中，她不仅懂得了怎样区分应对，甚至面对不同品行的经销商时，董明珠也日益应对自如。这一切，让最早替她担心的一些老业务员们刮目相看。

此时的董明珠，似乎可以适时独立了。

不久，董明珠果真一个人跑起了市场。正是在“独跑”的起始阶段，董明珠精心细致，她用自己平时收集和观察到的细微之处，向各类商家强调海利空调的优势。

有一次，董明珠用自己平时细心观察得来的方法，竟然帮人解决了一个空调的技术问题，信心更是大增。接下来的日子，董明珠便运用自己所学，从空调所用材料入手，为每一个客户细细讲解空调的组装原理，以及安装需要注意的问题。一段时间后，她进一步发现，这种相对具体和专业的营销技法，不仅能赢得客户的好评，还常常能让商店的经理们信服认可。

此时的董明珠，越来越坚信：世上没有不会的，只有不学的。

著名明星企业家王石曾写过自己的成功公式，其中占比为9成的那一项便是勤奋。也正是靠着不知疲倦地奔波在不同城市的大街小巷的勤奋劲儿，外加人们传说中的一些聪慧，加入海利后的董明珠，竟然在当年就促成了300多万元的生意。

无怨的付出，必然有喜人的收获。

一个原本不被人看好的半路营销员，加入当年便完成了300多万元的销售，这在海利的营销史上并不多见。完成了上述销售数字，董明珠获得了6万多元的提成收入，这在那个年代实在令人羡慕。

当然，董明珠自己也着实得意了一番。提成收入让她和孩子的生活有了很好的保障，而她的“董营销”之名也开始在海利成为新业务员鲜活的榜样。

若干年后，不少研究者在谈到“董营销”这一现象时，将其总结为“顾问式营销”，董明珠对它的实践更多的具有个人秉性的特点。

所谓的“顾问式营销”，是指销售人员以专业销售技巧进行产品介绍的同时，运用分析能力、综合能力、实践能力、创造能力、说服能力完成客户的要求，并预见客户的未来需求，提出积极建议的销售方法。

显然，从一个外行转换为业绩突出的空调营销人员，董明珠的成长是迅速的。其中最为关键的，评论者们大多认为董明珠具有不一般的学习能力。在很多人看来，董明珠的快速成长不仅得益于老业务员的师徒相授，更在于她善于从实践中总结自己，从而在最短的时间内让自己实现了“顾问”的身份转变。

而在笔者看来，对好生活的质朴向往无疑是驱动董明珠甘于奔波的原始动力，而对于社会生活发展趋势的清晰性判断，则让董明珠有了一般营销人员不具有的立体性思维。所以，当她与海利日益相互融合的时候，“董营销”的出现似乎也就在情理之中了。

而当时间足够的时候，董明珠那种不停奔波于实践，并从实践中提炼真知的倔强，终将推动着“董营销”转向了“营销女皇”。

此为后话。

四 女职员被迫耍心机

转眼，董明珠营销员的第一年就过去了。

1991年伊始，董明珠信心坚定，她拿出了和上一年同样的用心，开始了自己空调营销员的工作。

一段时间后，海利的产品市场出现了一些问题，其中较为突出的是安徽市场。用当年熟悉内情的一些人说法，海利在安徽的市场几乎是陷入了窘境之中。危机之下，上一年营销表现突出的董明珠进入了海利管理层的视线，她被派往安徽市场去平定乱局。

既然是处理危机，危局之下必然存有机遇。

尽管有着上一年的非凡表现，但董明珠毕竟还是初出茅庐。接到转战安徽的任命后，她心里喜忧参半：喜的是自己这么快就有了可以独当一面的天地，忧的则是安徽地区远没有江浙一带富庶，市场潜力怕是要打个折扣。

所以，一阵兴奋之后，董明珠禁不住暗自担忧：空调在全国都被人们视为奢侈品，在一个内陆的穷省推销这样的奢侈品，到底能不能打开局面呢？再想到自己终归还是个营销新兵，上一年积累下来的那点经验能不能让自己独当一面，仍还是个未知数……

虽然有着这样的顾虑，董明珠还是按照厂里的任命和领导的要求，登上了去往合肥的列车。

一路上，董明珠似乎无心欣赏列车外面的风景，她看着不断向身后掠过的树木，还有平坦广袤的中原大地，不时地陷入沉思。她甚至在内心里有些茫然，也不知道自己对未来的独挡一面究竟有没有底。茫然之后，她只能给自己鼓劲，骨子里的那股倔劲儿驱使着她相信：没有爬不过去的山，没有蹚不过去的河。

到了合肥，董明珠才明白，实际情况比她想象的还要难做。她首先要处理的事，就是人们常说的最棘手、最难的事——追债。

20世纪90年代初，中国的市场机制远不如今天健全，更谈不上什么成熟。各种市场主体之间，相互拖欠、彼此扯皮的现象层出不穷。更要命的，不少企业为了能销售自己的产品，不得不采取先发货、后付款的策略。这无疑给那些心术不正的商家提供了可以卡、压、骗的便利，甚至得以趁机大量占有他人货物，占用其他企业货款拒不结算，极大地干扰了企业间的经营，破坏了市场体系的建设。

不幸的是，海利在安徽就遇到了这样一个客户。

据了解，合肥一家经销商拖欠了海利42万元的货款，其负责人的口碑不太好，人称心术不正，喜欢耍无赖。虽然海利的销售员多次催要，但均无果而返，成为一块难啃的欠债硬骨头。

掌握了这些情况，董明珠一夜都没有睡好，她思来想去，自己该怎么办呢？

第2天，董明珠早早就起来了。梳洗的时候，她看着镜子里自己的容颜，不由得感叹岁月留下的痕迹，少女时那张柔和圆润的脸，已经变得棱角分明。一时间，董明珠不禁又想起了自己因病去世的丈夫与尚且年幼的儿子……或许自己的生活就应该这样吧，为自己、为家人、为海利已然没有了退路，只有迎难而上。

董明珠暗下决心："誓死也要把钱追回来，这是很重要的一步。"

梳洗完后，董明珠拿起包走出了门，她决定直接找到这家经销商的负责人。在她看来，讨债要钱的事儿，找不到一把手大多会不了了之。

来到欠债经销商的门店，董明珠发现它的经营并不差，几百平方米的店面颇有气势，几十个员工忙忙碌碌，一派繁忙的景象。可它为什么欠债不还呢？

董明珠找到总经理办公室，一个微微发福的中年人正坐在宽大的板台后面。她静了静心思，满脸堆着笑，客气地叫了一声："×总，您好！"

这位负责人并不知道董明珠是哪家公司，他仔细地打量了一下董明珠，也微笑着说："你是哪个公司的？"

董明珠不失时机地递过去一张名片："我是海利的董明珠，刚派来安徽，负责这边的市场。这次来您这里是因为不熟悉前任业务员的业务情况，为了办好交接，也为了我们能有一个新的开始，我想把双方在前一段时间里合作的情况了解下，对一下账。您看怎么样？"

听完董明珠的话，板台后面的负责人明白，董明珠是代表海利来要钱了。

果然，这位老总瞬间就变了脸："什么？对账？"

只见他从老板椅上弹了起来，用很惊讶的口气说道："我代销人家几百万、上千万的产品，都还压在库里，也没有谁说要对什么账呀。你的产品才多少啊？"

想着之前业务员的教训，董明珠还是耐着性子说："产品的多少是另一回事，如果不对账的话，我怎么知道我们的产品卖出去多少，库存多少呢？我们就没有办法确定安徽市场的投放数额。"

听到董明珠说到这里，这位老总不失时机地截住董明珠的话头："实话跟你说吧，你们海利的产品根本就卖不动！"

"不管能不能卖动，我刚接手这边的业务，一定要先把账目弄清楚，不能糊里糊涂地做下去呀！"董明珠开始据理力争。

就这样，双方一番争执下来，眼看董明珠没有让步的意思，这位老总便摆了摆手，推辞地说："对不起了，我还要出去一下，今天就先到这儿吧！对账的事下回再说。"

明知道对方是借口，董明珠也不好第一次就把关系弄僵，她只能做出让步，打道回府了。

由于之前多少已经了解过这家代销商的口碑，接下来的几天里，董明珠几乎天天找到这位老总，坐在他的对面，耐着性子地讲道理。老总也摆出了一副很有耐心的样子，似听非听。而无论董明珠多么的苦口婆心、费尽心机，这样的面对面讲道理情景，每次都要进行到商家下班时止。

终于有一天，这位老总心烦了，也不想再面对缠人的董明珠。他命令前台不要再放董明珠进来，采取了避而不见的策略。

不过，这位老总没有想到，正是他的这种"避而不见"彻底惹恼了董明珠，她骨子里的那股倔劲儿不可抑制地冲了出来。

董明珠冲破前台的阻拦，径直来到了这位老总的面前。或许根本没料到，老总一阵惊讶过后，不得不面带笑容地说："哎呀，你真是太厉害了。"随即，他又老调重弹起来："不过你来得真是不巧，我有一批生意马上要谈，我们的事改日再说吧！"

忍无可忍的董明珠盯着这位老总虚假的笑容，一字一顿地说："×总，42万元，对我们海利来说不是小数目！你要知道，我们厂里多少工人在等着这笔钱养家糊口吗？"

或许是意识到了董明珠强忍的愤怒，这位老总不禁有点心虚了："42万元很少了，有一个公司给了我300万元的货，到现在也没有结账呢！"

对于董明珠来说，见过耍无赖的人，却没见过耍无赖得如此强盗的人。

心中压抑的怒火让董明珠已不顾得什么客户关系了，她愤怒地指着这位老总的鼻子，大声说道："别人是别人，海利是海利。我只想问你，海利的空调你卖了没有？卖了就给钱！没卖就给货！不能就这样拖着，我们拖不起！"

董明珠如此一面，还真让那位老总有点发怵了，他眼前的董明珠简直就像一只咆哮的母狮子，哪里还像一位业务员？

不过，无赖总是有着无赖的变通本事，眼见拖、赖都打发不了董明珠，他又换上了一副苦相："我们公司的资金周转很紧张，能不能缓两天再谈？"

"不行，海利的空调对账跟你们的资金周转有什么关系？到底是卖不动，还是卖了不给钱？今天得说个明白。"董明珠穷追不舍。

接下来的日子，对于董明珠来说，不仅是耐心和毅力的考验，更是心计的比拼。

×总又改策略了，他不来办公室了，采取了回避战术。然而，"魔高一尺，道高一丈"，×总显然小看了董明珠。

经过一段时间的碰撞，董明珠看透了对方无赖的手段，也越发激起了她骨子里的犟脾气。她要因势而变，学会了"泡"。

自此，董明珠天天就去对方的办公室等人。她坚信，只要对方还想继续经营，就一定会在办公室出现的。

功夫不负有心人，×总最终没能熬过董明珠的“泡”。双方一见面，董明珠便厉声说：“你要么还钱，要么退货。否则，从现在开始，你走到哪里我就跟到哪里。不信咱们走着瞧！”

亏心的人总会是心虚的。

听到董明珠这样的话，×总顿时有些惊慌。他完全相信，董明珠这样的秉性，说得出来也能做得出来。如果真的那样，自己在业内的名声不仅会臭了，生意也甭想做了。

前后掂量了一下，×总似乎也找不到别的退路，觉得不退货怕是不行了。于是假装很大气地说，“我算是服你了。你再给我发来50万元的货，我把以前的货款全部给你。”

已经领教过×总的董明珠明白，对方一定又要打什么主意。她决定也来个缓兵之计，换了口气说：“可以按你说的办。不过，你得先把这笔账给清了，然后我再发货。”

“行啊，你一定要看那就看吧！”见没骗过董明珠，×总不得不如此说。

接下来，在保管员的带领下，董明珠走进了这家代销商的仓库。呈现在董明珠眼前的仓库，就像一个废品收购站，商品不仅毫无规则地堆在那里，有的还没有了包装。她心里不禁暗想，这样的经销商岂止是无赖，简直毫无管理水平，又怎么可能发展起来？

以后绝不能和这样的经销商有生意往来。

忍着内心的不满，董明珠一一清点了货物，她觉得绝不能再和这样的经销商有生意往来，便直接告诉×总说：“明天，我要把这些空调拉回去，全部运走。”

第二天一早，董明珠便带着租来的车赶到仓库，然而，她还是被无赖的商家算计了。只见对方仓库的铁门紧锁，保管员都不知去向。无奈之下，她又赶到×总办公室，对方倒是真在。

“昨天不是说好拉货的吗？为什么仓库没有人？”董明珠直接质问。

×总露出了阴阴一笑："过国庆节放假，保管员回家了，3天后才能回来。"

无论董明珠如何愤怒，此时的她也无可奈何。忍住气，她回到了住处，只盼着国庆节能早点过完。

节后的第一天，董明珠就又来到这家公司，×总又故技重演——玩起了消失。见此情景，董明珠也使出了老办法——办公室蹲着，她决定要像口香糖一样黏着这位×总。

被逼无路的老总只好再次露面，却又使出了拖延计："没有车，明天再说吧。"

这一次，董明珠直接斥责×总："你当面讲的给我货，怎么又说话不算数了？从现在起，你走到哪里我就跟到哪里！"

×总退缩了。

董明珠当机立断，马上雇了一辆5吨的东风车及几个工人，直奔仓库。可能是被董明珠的气势吓住了，×总并没有紧盯着董明珠。于是，出现了这样的一番景象——董明珠不但把仓库里所有海利生产的空调搬上了车，她还趁人不注意，把一些不是海利的产品也搬上了车，直至她估计车上的货物够了42万元货款的时候，才罢手。

关于这一幕，若干年后董明珠在自己的一部传记中有过解释：既然×总无底线地耍花招耍无赖，为什么我不可以惩治他一下？

装好货后，临出仓库大门的时候，董明珠还余怒未消地对着站在门口的×总大声说道："从今往后，再也不和你这种人做生意！"

接下来，董明珠马不停蹄，她硬是带着司机经过一天一夜的千里奔袭，把整车的货物都送回了珠海的海利厂部。当海利的职工看着满满一车的空调回到厂里时，都震惊了。这其中，更有工厂的创建者朱江洪。

在朱江洪的经验里，这家代销商的欠款已经是一笔无法盘活的死账，却让一个进厂才两年的营销员生生地变回来了一大车货。更让人不可思议的，这位营销员不仅完整地拉回来了原本希望不大的42万元货物，盘点过后竟还多出来了数万元货物。

如此一幕，在朱江洪的脑海里留下了太深的印迹。他不禁由衷地感叹：“人才啊，董明珠是一个人才！”

后来，功成名就的董明珠在谈起当年这一幕时，其中的艰辛和委屈依然禁不住会涌上心头。为了追讨这些货物，董明珠愣是用了足足40个日夜，直到她带着要回来的货物进了海利的厂门时，两行热泪忍不住夺眶而出……

就这样，董明珠算是完成了自己营销员人生中首次正面讨债。而在此期间，还发生了一个小插曲。

由于拉回来的货物在结算完后还多出了几万元货物，董明珠于是打电话给了那位耍无赖的×总：“×总，上次退回来的货物退多了，还有几万块钱的货你可以到海利的厂部来拉。”

此话一出，那位百般刁难过董明珠的×总呆了，自己向来习惯了为难他人，万万没有想到董明珠也会反手一击，不动声色地惩罚了自己。尽管恨得咬牙，×总却也无可奈何，他只能在心底里暗暗骂娘，雇了一辆车，灰溜溜地跑到珠海，把多余的货品拉回了合肥。

“把多的货还给他，是我不想占他便宜。让他来珠海拉走多的货，是对他不诚信的惩罚。”若干年后，当有人谈起这件事情的时候，董明珠如此解释。

朴素的营销学理论告诉人们，如果把营销放在公司运营的整个链条中看，它承载着一个重要的使命——销更多的产品，回更多的款。

然而，对于董明珠来说，合肥首次追债的经历更给了自己一个警示：一个不管看起来前景多么好的企业，如果把太多的货物与资金压在了销售商那里，将会无法避免被拖垮的命运。

或许正是这样不平常的经历，为董明珠后来大刀阔斧地对海利营销体系进行改革埋下了因子，直至再后来海利与众不同的“先付款、后发货”销售制度的诞生。

第3章 小人物颠覆大行规

没有规矩，不成方圆。在解读这句话时，人们几乎都是从正面诠释的。然而，中国在塑造自己的市场经济进程中，由于机制尚不健全，不少行业都形成了一套带有不同特色的游戏规则。正是这种游戏规则，或明或暗地制约着从业者，直至成为一个行业健康发展的障碍。

然而，如同常说的『初生牛犊不怕虎』一样，凭着倔强和『不知者无畏』，她不仅捅破了一个行业的行规，更颠覆了整个行业的游戏规则……

一 心谋全局的业务员

合肥讨债的不平凡经历，在刚刚主政安徽市场的董明珠脑海里留下了极为深刻的印记。不过，她所经历的一幕，也只是那个时期中国企业成长过程中真实一面的缩影。

1991年，63岁的朱镕基从上海赶赴北京，出任国务院副总理，主持中国的经济工作。迎接这位经济内行的，却是全国经济呈现出来的“疲软”一面，以及最为突出的企业欠债问题。

由于市场疲软，产成品积压，生产中流动资金不足的矛盾很尖锐，企业、单位之间互相拖欠货款和前清后欠的情况十分严重，你欠我，我欠你，斩不断理还乱，进而发展成为全国性的所谓“三角债”，日益困扰着中国整体经济的健康运行。

根据历史资料显示，1991~1992年间，所谓的“三角债”规模一度发展到占银行信贷总额1/3的地步。当时，全国“三角债”累计达到了3000亿元左右。1991年6月底，在工商银行开户的1万企业，“三项资金”（即产成品资金、发出商品货款和应收货款）占用达3523亿元，其中产成品占用达1306亿元。

受此影响，许多企业不能正常运转，频频告急。这其中，还包括不少当时全国的重要企业。

1991年5月，中国当时现代化程度最高、投资最大的上海宝钢，也曝出因“三角债”困扰，累积欠账20亿元，占到了流动资金的1/3，到了不清欠就难以生存的地步。为了拯救这个大企业，当时的国家计委与全国清欠办不得不出面帮宝钢要债。令人大跌眼镜的，即使是这样的清欠规格，效果也很不明显。无奈之下，宝钢把113家欠账的大户名单公示在了《中华工商时报》上，引起了媒体和舆论的热炒。最后的结果，便是媒体意外地成为宝钢讨债人。

其实，从市场经济发展的角度看，形成“三角债”的主要原因，主要在于如下几个方面：首先是建设项目超概算严重、当年投资计划安排不足和自筹资金不落实，造成了严重的固定资产投资缺口，形成对生产部门贷款和施工企业工程款大量拖欠的不良局面；其次是企业亏损严重，挤占了企业自有资金和银行贷款，进而加剧了企业间的相互拖欠；再次是企业产品不适销对路或根本无销路，产成品占用资金上升，形成“投入—产出—积压—拖欠—再投入—再产出—再积压”的恶性循环；最后便是国内商品交易秩序紊乱，结算纪律松弛，信用观念淡薄，从而让“三角债”问题雪上加霜。

正是在这种背景之下，“三角债”的问题便上升到了需要国务院出面解决的层次。

1991年6月1日，时任国务院总理的李鹏主持国务院总理办公会议，专门研究清理“三角债”问题，决定把清理“三角债”作为搞好国有大中型企业、提高经济效益的一个突破口。

随即，就任国务院副总理的朱镕基便赶赴“三角债”纠结最深的东三省，亲自坐镇，现场清欠。正是在此期间，朱镕基显现出了国人至今还印象深刻的“铁腕”一面。他用长途电话、传真、电报向全国各地政府下达了一道口气强硬的“军令”：

各地务必在1999年9月20日21时以前，将你省（区、市）固定资产投资拖欠注入资金情况（银行贷款、自筹资金和清理项目数），报至国务院清欠办公室。如果做不到，请省长、自治区政府主席、市长直接向朱镕基副总理汇报，说明原因。

与此同时，朱镕基还明令新华社、《人民日报》、中央电视台、中央人民广播电台等核心媒体给予监督，详细披露各地清欠的进展情况。此后的半年多里，朱镕基限时清欠，令出必行，让各地官员无从躲避。

公开资料显示，截至1992年5月，全国总计清理固定资产项目4283

个。困扰了中央和各地政府、企业数年的“三角债”铁链终于被解开了。

话题回到董明珠的身上。

处理完与×总的债务后，董明珠又马不停蹄地回到了安徽。返程的路上，董明珠的心情并不轻松，怎样解决回款的问题一直在她的脑海里缠绕着。她不是不知道全国“三角债”的问题，轰动一时的“宝钢讨债”事件她也清楚，但货款不清，不但给自己和海利其他业务员带来了实实在在的压力，更让整个企业的运转背着越来越大的包袱。

想着想着，董明珠暗自下定决心：必须解决欠债的问题，不能让之前的教训重演。

那么，究竟该怎么解决呢？

一番思虑过后，董明珠似乎找到了一个好办法——何不先付款后发货，改变之前的游戏规则？

可是，她转念又不得不提醒自己，连“老大哥”春兰与华宝都默认已经形成的市场规则，海利还只是一个小厂，市场上的“无名小辈”，能被经销商接受吗？说不定会被人讥笑吧？

尽管连自己都觉得“先付款后发货”操作起来太难，但是董明珠还是觉得，为了工厂的利益，自己必须执行“先付款后发货”的想法。

真可谓，好的业务员并不少见，少见的是能心怀全局的好业务员。

二 小人物怒破老行规

天下熙熙，皆为利来；天下攘攘，皆为利往。

既然决心已定，董明珠明白，自己接下来要做的，首先是找到一个可以执行“先付款后发货”的介入方法。

毋庸置疑，“先付款后发货”的商业往来，必须有个前提条件——货以稀为贵，且市场叫座。对于经销商而言，产品必须要好卖，且能带来实利。当某种货物一销而空并产生了实实在在的利润，经销商肯定会积极主动地付款。所以，对于海利的产品来说，核心问题便是让经销商知道自己的产品会很好卖。

想到此，董明珠不由得精神一振，觉得这是事在人为的事，通过努力能够促进海利产品的销售，进而达成好卖的目的。

与此同时，董明珠潜意识里还提醒自己，这事不宜冲动，需要讲究一点策略才行。如果简单地发布公告，要求经销商接受“先付款后发货”的新制度，结果会有两种——合作或拒绝。而就当前的市场情况来看，被拒绝的可能性明显较大，一旦新制度被经销商们拒绝了，想要再返回来则难上加难。

董明珠灵机一动，何不先找到一家容易接受的经销商，打开突破口，进而通过示范，达到降伏其他经销商的目的。这个念头一出，董明珠竟也打了个冷战，她再次庆幸自己没有凭个性冲动，而是耐住了性子。否则，万一考虑不周，哪怕一步差错，自己和海利产品就有翻船的可能。

接下来，董明珠决定先摸摸底。一回到安徽，董明珠便开始了客户拜访。她一口气跑遍了合肥、淮南、芜湖、铜陵、安庆一带，经过细致的比较，决定选择淮南作为新制度的试验地。

在淮南，董明珠找到了一家代理海利产品的经销商。几句寒暄后，她便将“先付款后发货”的想法提了出来。不出所料，董明珠话刚完，这家经销商的负责人就变了脸色，“这是不可能的事，不但没有这样的规矩，而且从来没有过这样的先例。”

接下来的场景便不难猜测了。任凭董明珠磨破了嘴皮子，对方毫无妥协之意。眼看继续下去也无用，董明珠无奈之下只能另选他人。

这一回，董明珠选择了一家没有做过海利产品的商家。

这是一家主要卖电器的商场，处于淮南市区繁华地段，生意还不错，店面也还行，有点财大气粗的样子。

董明珠找到这家商场的经理，一番自我介绍后，说：“我们海利的产品质量是不错的，在别的商店销量也不错，比如说你们淮南的……”

听了董明珠的推荐，经理也大大方方地表示：是骡子是马拉出来遛遛，既然你说得那么好，先拿几台来试试吧。

听到经理这么说，董明珠开始小心地问：“那你们的付款方式是怎么样的呢？”

商场经理站了起来，他带着董明珠，很牛气地指着店里的产品说：“这是春兰的空调，这是华宝的空调，我们都走代销，卖完货结账。而且，它们给我的价格还有比较大的弹性。”

这位经理所说的价格弹性，指的是当年还不成熟的市场环境中，厂商给出的产品价格全国并不统一，不同的经销商往往价格不一样，甚至给同一地区的经销商产品价格也会有不同。正是这种不规范，给不少投机商人利用地区间差价套利提供了条件，不仅扰乱了市场，也最终损害了企业自己的声誉。

商场经理后面的话让董明珠心里凉了半截，但是她还是坚持着说：“我们能否换一种合作方式，先付款后发货？”

说完这句话，董明珠心里其实一点儿底都没有。而那位经理更是一愣，一时竟怔怔地看着董明珠不再说话，仿佛看到了一个天外来客。几秒钟后，经理才把眼睛一翻：“对不起，那请便吧！”

又碰了一鼻子灰，董明珠回到住处。冷静下来的她不仅没有气馁，反而暗自发狠：一家不成找第二家、第三家，总会有成功的时候。

第二天，董明珠早早爬起来，简单地梳洗了一下，便接着寻找能够接受她新规则的经销商。第一家碰壁，第二家碰壁，第三家、第四家……就这样，连着几天的努力也都一一碰壁。一段时间下来，董明珠真有了头破血流的感觉。

这一天，刚碰过壁的董明珠沮丧地走出了一家经销商的大门。炎炎夏日晒得她又烦又躁，路过一个冷饮店的时候，董明珠竟然意识到自己需要冷静冷静，免得继续下去会徒劳无益。于是，她进去要了一杯冷饮，然后坐下来边喝边想，反思这几天来的所有经历和心得。

难道代销制度真的是一条已然打不破的铁规则吗？难道先付款后发货真的行不通吗？假如行得通的话，现在为什么推行不下去呢？已经碰壁的这几家经销商又说明了什么呢？

董明珠的脑子里反复盘旋着这样的疑问。

冷饮喝完了，董明珠的心还真是静了下来。一番思虑过后，她再次确认自己推行新规则的想法，只是必须慢慢来，着急万万要不得。她甚至暗暗拟定了一条工作思路——先在一家商场打开缺口，打开缺口的时候必须要做好铺垫，注重研究对方的各种反应，保持原则性的基础上适度灵活，如“先付一半”“交货后付清”等等。

坚定了上述想法，董明珠再次找到了一家家电商场。

这家商场的负责人同样是位女性，董明珠似乎看到了一线希望。在董明珠看来，女人与女人之间的交流可以更容易，可以更直接。更重要的，这个女人长得一副富贵相，胖胖的，面部圆润而且饱满，看上去一定是个性格善良宽厚的人。

董明珠说明来意后，女经理还给她泡了一杯茶。一边喝着茶，董明珠开始推销起自己公司的产品。这一次，她汲取了前几次的经验，一开始并没有提出先付款后发货的要求，而是大谈自己工厂产品的独特、质量是如何过硬、服务又是如何到位等内容。

静静地听着董明珠的陈述，女经理不时地笑笑，偶尔也插话询问。细心的董明珠也发现，女经理虽然相貌宽厚，却不乏商人的精明，每每插入的话都句句击中要害。这种感觉也提醒着董明珠，必须冷静再冷静。

果然，董明珠刚说完，女经理便漫不经心地说：“生意归生意，你说得这么好，我也不能光听你说，对吧？这样吧，你先进20万元货给我，我试销一下再说，好销多进，不好销就不要了。”

女经理的话看似跟其他经销商常说的话无二，基本都表示了对海利产品的不太信任。这其实也是当时的实际情况，因为海利的牌子尚无法与春兰等品牌看齐，在市场中仍处在二三流的角色。

女经理的话让董明珠不免有点紧张了，她接下来就必须谈付款的方式了。

董明珠暗暗下定决心。她喝了口茶，镇静了一下，便斗起胆对女经理说：“我们工厂有规定，必须得先付款后发货。”说完这话，董明珠索性紧盯着女经理，观察着她的表情变化。

果然，这是一个让女经理很意外的话题，她怔了一怔。董明珠马上接着说：“不过，我凭直觉，觉得你是比较可靠的人，政策可以放宽一点，你可以先预付一半的货款，我马上安排发货，如果你卖不完的话，我们无条件地把多余的货款退回来。”

这一次，董明珠时机的拿捏很是精准，话语的设计更是细心于胸。

女经理听了董明珠的话后，想了一想，并没有马上回答。一会儿后，她反问董明珠：“话虽然这样说，可是我们第一次打交道，你又拿什么来保证呢？”

话虽说仍有拒绝的味道，但董明珠明显地感觉到了某种期待已久的希望。转念她也想，人家说的没错，自己拿什么来保证刚才的承诺呢？

简短考虑后，董明珠狠了狠心说：“这样，如果你不放心的话，可以在合同上把条件都写明，然后加上失信的惩罚性措施。我们愿承担法律责任。”之所以这样说，董明珠觉得，这是打破传统市场规则、重立海利规则的重要机会，为了拓开市场，自己必须先斩后奏，自作主张。

再看那位女经理。

听了董明珠的话后，她又沉吟了一下，并抬头端详了董明珠一会儿，像是在寻找着什么。董明珠明白，这是最关键的时刻，连空气短时间都似乎凝固了，只有商场墙壁上的钟摆在嗒嗒作响。

其实，此时最紧张的应该是董明珠了。一直苦寻新规则能有实际突破的她，心中暗暗祈求，上天开眼，让我拿下这个订单吧，就是付一半款也是一个良好的开端呀！

就在董明珠暗自祈祷之际，女经理说话了："给你20万吧，分两次太麻烦。"

刚听到此话，董明珠瞬间似乎有点儿懵。这样的结果既是她希望的，又是她没想到的，大大出乎原本的预料。她的内心如同黑暗的密室突然打开了窗户，阳光倾泻进来，一扫长时间的灰暗。就像她后来曾回忆说的，那位女经理的话犹如久旱的田地逢上了一场倾盆大雨，惊喜突然袭来，连她自己都以为是听错了，而她又不敢再向女经理求证一遍，怕自己万一激动得失态。

"你等一等，我去银行开支票。"女经理又对尚未回过神的董明珠说。

终于，当董明珠从女经理手上接过来20万元的支票时，她才确定这事是真的了，她终于拿到了实实在在的20万元预付款。

临别的时候，女经理还对董明珠说："董小姐，我相信你，希望你也不要辜负我对你的信任。"

没有过柳暗花明又一村心路历程者，是无法完全体会董明珠当时的内心世界的。面对那位女经理的临别嘱咐，董明珠频频点头，连声说谢谢。

走出那家商场的大门，董明珠双眼都禁不住湿润了，那不仅是成功后的喜悦，更是屡屡碰壁后终被他人认同的一种感动。她暗暗发誓，一定要做好服务，加倍回报这位为她打开了一扇大门的女经理。或许正因为有着这种浓厚的感恩情结，多年之后，即便董明珠"铁娘子"个性张扬，格力却依然行销天下吧！

回住处的路上，董明珠一直在想，这家店将是自己在安徽开拓市场、推行新规的一个样板，只能完美成功。

随后发生的情节也就可想而知了。当董明珠把收来的第一笔预付款交给财务人员的时候，海利工厂又一次被震惊了。大家似乎已经习惯了产品被代销，然后才能结账的固定模式，从来就没有想过先付款再发货的事。同事们不由得纷纷惊叹，虽然入行时间短，董明珠还是厉害，就是不一样。

而海利厂的当家人朱江洪得知这件事后，越发地对董明珠刮目相看，对董明珠给予了大将之风的评价。

董明珠接下来做的，便是实际跟踪服务了。

当海利工厂将货品发给了淮南首开预付款先河的商家后，董明珠马上就进行了跟踪服务。第一时间，她就找到了那位给自己预付款的女经理，用心地与其商量海利产品的营销办法。

如前所述，当年的海利空调并没有什么知名度，虽然产品品质不错，但推销起来还是异常艰难。由于社会知名度缺失，人们更多的还是用怀疑的眼光看待海利产品。正是深知自己产品的客观被动，董明珠才觉得必须要想尽办法帮助商家，在尽可能短的时间内推销出去，否则不仅会让商家失去信心，自己苦心追求、刚开了个头的新规则，必然夭亡。

于是，接下来的那段时间里，董明珠天天跑这家商场，主动帮着站柜台，甚至跟商场的销售员都成了半个同事。

随着熟悉的程度越来越深，董明珠又灵机闪现——何不动员商场经理发动员工们向亲友推荐海利产品的试用，然后通过众亲友的口碑再来做海利产品的宣传，进而提高海利产品的知名度呢?

董明珠这么想是有一定道理的。因为1992年的中国空调仍属于小部分人群消费，虽然市场容量同比有大幅度增长，但绝大部分家庭仍会慎重购买空调产品。所以，对于潜在消费人群而言，产品口碑的相传很是重要，有时甚至会决定一个产品的生与死。

听完董明珠的想法，那位商场经理采纳了。

果然，海利产品的试用口碑很好。在众多亲友的带动下，奇迹也出现了，董明珠那20万元的空调不仅一销而空，那家商场里的其他品牌空调也都畅销起来。如此场景，又一次给了董明珠惊喜。而那位同样高兴的女经理，就势决定加货。

当她找到董明珠的时候，没等董明珠开口，就主动说："你放心，还是老规矩，先付钱给你们。"

董明珠等的就是这一天，她异常高兴。而这段时间的营销心得，则给了她继续拓展自己新规则的信心。

高明的营销，常常通过借用他人之力，形成有利于自己之势。董明珠明白，时不我待，机不可失了。她及时抓住了这家商场成功的示范效应，尽全力做开了文章，意图在淮南地区复制自己的预付款模式。

忘我打拼的董明珠，已然大将之风，她很快就有了更大的收获。因为有着真实的示范效应，她再拓展新的商家时，遇到的阻力大大减小。甚至当一些商家派人去那位女经理处求实的时候，得到的结果也是肯定的——海利产品卖得非常好！

这一下，海利的口碑传开了，其在淮南的市场得以打开。而董明珠开创的预付款制度，也得以快速推广。自此，来自多个商家的订单、支票，便纷纷飞向了董明珠。而一个传统行业的传统规则，也自此被捅破了一个口子。

消息传到海利，所有人都不由自主地竖起了大拇指，而朱江洪则又一次暗暗地为董明珠记起了功。后来的公开数据显示，1992年海利在淮南市场的销售额达到了240万元，甚至超过了不少业务员一个省的销售业绩。而董明珠负责和出色的跟踪服务，也为海利赢得了宝贵的声誉——做海利的产品最放心、最省心、最舒心。这对于无钱做广告的海利来说，实可谓有着重要的战略意义。

若干年之后，一位资深的媒体人曾这样评价董明珠当年在淮南的开创性表现：

充分展现了董明珠的营销智慧，还有她为人处世的应变能力。如果从营销的角度来看，董明珠之所以能够打破固有的游戏规则，根本在于她开创性地运用了利益捆绑策略和集中突破的方法。

在笔者看来，正是许多传统业务员生硬地对立了厂商关系，导致了原本互补、利益一体的厂家和商家关系扭曲，从而形成了双方互信不足，商业规则不够健康的局面，进而阻碍了大市场的良性发展。

当然，这些并不需要本书过多的讨论。

三 “淮南模式”妙不可言

看似不可能的传统规则，终于被董明珠在淮南撕开了第一个缺口。随着成功结果的日益确定，董明珠决定乘势努力，开辟新模式的第二个战场。为此，她把目光投向了安徽南部的芜湖地区。

选择芜湖地区，董明珠有着自己的考虑。

芜湖市位于安徽省东南部，地处长江下游南岸，南倚皖南山系，北望江淮平原，浩浩长江自城西南向东北缓缓流过。自古以来，芜湖就是商贸往来之地，历史上的农业、手工艺业、商业颇为发达。南唐时即“楼台森列”“烟火万家”。南宋以后，特别是到了元朝，芜湖已是一个相当繁荣的市镇，并逐渐成为长江下游地区的重要商埠。明清时期，芜湖已成为全国五大手工业区域之一，保持着浆染业全国领先的地位，并与无锡、长沙、九江并称为全国四大米市。1876年，中英《烟台条约》把芜湖辟为通商口岸，使其成为近代安徽省的开放先锋。

新中国成立以后，尤其是改革开放的大形势之下，芜湖成为安徽省三大旅游中心城市之一，亦是国务院批准的沿江重点开放城市、长江流域区域中心和重要港口城市、皖江城市带承接产业转移示范区核心城市、长三角城市群成员城市、南京都市圈成员城市等。所以，芜湖在安徽省南部显然具有强大的辐射能力，搞定了它也就能基本搞定安徽省东南部地区。

芜湖对于董明珠来说，虽然还是一个陌生的市场，但城市并不陌生。1975年，董明珠就是从安徽省芜湖干部教育学院毕业，并于同年7月就职于南京一家化工研究所的。更何况，有了淮南市场的成功心得，董明珠已然明白，选择一个具有战略意义的地点，往往可以起到事半功倍的效果。

确定了芜湖这一战略性的地点之后，董明珠接下来的事情，便是通盘思考如何才能快速打开芜湖这个陌生的市场，她的脑子开始飞速运转起来。

董明珠清醒地认识到，夏季已经接近尾声，随着暑气的渐渐消失，空调业最好的营销季节也将结束。而天气一旦立秋，空调的销量便会锐减。时间的紧迫，驱使着董明珠需要尽快拿出自己的方案。

一番思前想后，董明珠决定放弃淮南市场的方式，不再一家一家的推广，而是全力以赴攻破一家大型商场，让海利在芜湖市场一炮打响。这便是后来董明珠所说的单刀直入的方式。

于是，一到芜湖，董明珠就开始了摸底工作。

当年的芜湖，有一家国营商场，不仅是当时芜湖市最大的商场，也占据着当地零售业老大的位置，影响力强大。进一步摸底后，董明珠得知，这家企业曾经销售过海利的产品，也就是海利曾经的商业伙伴。有了这些了解，董明珠便决定把这家商场作为自己打开芜湖市场的突破口。

为什么会选择这家商场，若干年后，董明珠在自己的回忆文字中有着这样的解释：

一方面，这家商场显然代表了芜湖零售商业的实力和影响力；另一方面，这家商场与海利有着过往的商业关系，只要不是产品质量引发了什么问题，原有的关系连接起来肯定要比新建容易。

有了这样一番考虑之后，董明珠便好好打扮了一下自己，随后来到了她选定的那家商场。此时的董明珠，已经不像开发芜湖市场那般焦躁，而是多了不少沉稳和自信。

找到了商场的经理，董明珠获得了一次谨慎的握手。随后，双方开始聊了起来。鉴于当初开发芜湖市场时的经验，董明珠一边聊天一边留心着对方的只言片语，以及表情的细微变化。

此时的董明珠，虽然进入营销行业不长，但已经练就了一双智慧的眼睛。很快，董明珠便发现，这是一个谨小慎微、老实诚信的经理人。按董明珠的理解，这样的人既不会给企业带来多大的业绩，但也不会给企业带来多大的伤害。因为老实诚信，所以交往起来会比较容易，只要自己拿出诚意来，对方也一定会以诚信对待自己。

有了这样的认识，董明珠便与这位经理人告别，她暗中已经打定主意，就从这个经理人入手，打开她期待的芜湖市场。

那么，具体该怎么做呢？

为了不再陷入芜湖市场之初的那般被动，董明珠沉下心来，细致地思考着各种方法及可能。最后，她确认了一个基本原则，获得对方信任是合作的基础，进而才能让自己“先付款后发货”的设想成为可能。这也就意味着，消除对方的顾虑与防备心理，是获得信任的前提。

于是，第二天，董明珠便试着与那位谨慎的经理进行深入交流。然而，尚未深入正题，董明珠就觉得自己的面前仿佛横着一座难以逾越的大山。

原来，当董明珠试图进一步与那位经理沟通的时候，她从经理人那里感受到了厚厚的戒备之心。当董明珠一提出“先付款后发货”的想法，那位经理马上警觉起来，并反击董明珠：“我们这么大的商场，肯定是讲信誉的，我们没有欠过你们一分钱，倒是你们还欠着我们商场的钱，什么时候能归还呢？”

经理人的话让董明珠暗自一惊。通常情况下都是商场欠厂家的钱，怎么海利反而欠商场的钱呢？

董明珠觉得必须弄明白。于是她对经理说：“你今天说的情况我回去马上查，会弄清楚并给你一个交代。如果真是我们欠你们商场的钱，我一定会帮你补回来。”

经理闻听此语，脸上顿时有了喜色，但仍很谨慎地说：“那好，我等你的消息了。”

此时的董明珠只能暂时告别，回到住处，她就开始查寻此事。很快，董明珠发现，在之前与这家商场合作的时候，海利的业务员因为疏忽，没有及时与这家商场进行清账，从而造成了海利厂反欠商家款的现状。接着，董明珠第一步做的就是给海利总部打了电话，告之海利财务部门的人核查情况。

很快，海利欠商场钱的情况得到了总部的确认。董明珠便一不做二不休，在她的亲自催办下，海利财务迅速把欠款如数还给了这家商场。于是，接下来的一幕也就在情理之中了。

当谨慎的经理人看到海利原来的欠款如数归来的时候，不由得从心底里对董明珠刮目相看。这一次，他从心底里对董明珠产生了些许感激：“董小姐，真是感谢你的帮助，这么快就把欠款返回来了。”

“这是应该的，做生意就要互相信任。”当时的董明珠如此回应。

此后，当董明珠再继续自己的营销计划时，那位商场经理已经放下了心中那块壁垒，对董明珠有了根本的信任。在这种情况下，董明珠明白，自己的机会来了。她把自己在淮南的成功实践讲了一遍，并主动与经理一起分析，如果按照“预付款”的新办法，商场需要制定怎样的销售新策略。

听着董明珠的讲述，那位商场经理的兴趣也越来越浓，并最终接受了董明珠“先付款后发货”的做法。但是，如同上文所讲，这位经理人依然谨慎小心，他只是先试着订了一批海利的货。董明珠知道，这是商场经理的一次小试验，只有让他看到真正的利润空间，海利的产品才能真正地大批量进入这家有实力的商场。而要实现这个目的，海利的产品只能好卖。

随后，当海利的产品到了芜湖这家商场，董明珠即与商场经理一起商议，她不仅复制了淮南市场的销售办法，还与那位经理碰撞出了多个富有创意的销售策略。几番努力过后，商场里的海利产品销量迅速攀升。

至此，董明珠在芜湖推行“先付款后发货”的新规则初获成功。而那位原本很谨慎的商场经理，眼看着海利产品销售势头良好，又立即追加了一笔订货，当然也是“先付款后发货”。

这样的场景，让董明珠心花怒放，因为它意味着芜湖的市场大有希望。只不过，董明珠没有得意忘形，她更加密切地关注着这家商场的销售情况。

后来的结果出乎董明珠的意料。据公开数据显示，1992年，该商场仅海利空调的销售额就突破了100万元，打破了商场历史记录。

于是，董明珠觉得到了展开自己设想的时候了。她仿照淮南模式，以这家商场为样板，逐一进行推广，结果也如她所愿。就这样，海利在芜湖的市场也彻底打开了。这也就意味着，安徽的东南部市场，都被倔强的董明珠用新规则打开了。

此时的董明珠心思更为缜密，她觉得自己必须趁势追击，扩大战果，拓展并巩固安徽的南部市场。于是，董明珠立即展开了新的布局。

这一次，进入董明珠视线的城市是安徽省南部的铜陵市。

大诗人李白有诗曰："炉火照天地，红星乱紫烟。赧郎明月夜，歌曲动寒川。"此诗描写的，就是千年前铜陵的冶铜场面。铜陵与芜湖一样，同处长江之南，是中国青铜文化的发祥地之一。1956年，铜陵依矿建市，改革开放后即成为一座新兴的工贸城市。

与此同时，铜陵又有着天然的地理优势。它地处上海与武汉、南京与九江的正中心，因而具有很强的市场辐射能力。

尽管加入营销行业的时间并不太长，但董明珠似乎有着先天的市场领悟能力。就像之前选择了芜湖一样，她认为铜陵地区的人们生活比较富足，购买空调的潜在能力较强，海利产品的推销工作将会比较容易。在此基础上，海利在安徽省南部的市场发展也将会大有好处。

于是，在处理好芜湖的业务后，董明珠就来到了铜陵。然而，这一次，董明珠复制"淮南模式"的过程并不顺利。

在铜陵，经过两天时间的摸底，董明珠选择了一家与海利有过业务关系的经销商。而令人啼笑皆非的是，这是一家经营医疗器械的商店。至于为什么会选择这样一家合作对象，后来的格力核心人士曾这样解释，当年国内市场主体的商业模式还处于不成熟阶段，很多经销商采用的方法，就是什么赚钱就做什么。

如前两次一样，董明珠找到了商店的经理，说明了来由。谁知经销商一听她是海利的人，立马责问说："你不来找我们，我们还要找你呢。你们欠我们的钱，拿了钱不给货，你们是怎么搞的？"

怎么会又是这样？董明珠心里咯噔一下，会不会又是账目不清惹事了？

董明珠马上翻开了账本，"应该不会啊，我们发的货超过了你们划来的货款。"说这话时，董明珠没有意识到对方已经很生气，"瞎说，我们这么大的公司怎么会搞错？错的是你们，没有钱就退货嘛。”

眼看经理气呼呼的样子，董明珠知道自己不小心说错了话，连忙缓和语气：“对不起，谁都有可能出错，我们来对一下账好吧？”

商店经理没好气地说：“我没有空！”

董明珠似乎也有了气，但是，她一想到这里的工作尚未开始，也就不能发作了。于是，她选择了吞声忍气，并尽力和颜悦色地说：“不对账怎么知道谁对谁错呢？也有可能是你，也有可能是我，如果是我们的错误，我们马上纠正，绝不耽误。”

眼见董明珠一脸的和颜悦色，商店经理也降低了语调：“说实话，你们的产品不是很好卖，主要问题是品种单一，消费者没有更多的品质挑选；其次是没有什么名气，消费者不认这个牌子。你看春兰、华宝、宝花、小天鹅等空调产品，卖得多好，都不用推，很快就销出去了。”

显然，董明珠听懂了商店经理的抱怨，她也必须承认人家说的是实情。不过，她显然又不能接着商店经理的话往下说，否则会适得其反，只好耐心听着。

商店经理又接着说，现在空调产品多，也不太好做了，不知道做哪一家。他还说，因为电力紧张，买空调要交增容费，还得去防控办申请等等。

董明珠听着商店经理的话，一边应着一边想着。一会儿后，董明珠逐渐有了判断，这个抱怨不停的商店经理，应该是个正派的商人，因为他有着自己为人处理的原则，是一个值得打交道的合作对象。

想到此，董明珠觉得不管怎样，还是先得把双方过去的账目核对清楚。

几天的来回之后，双方终于对清了过往的账目。临近结算的时候，董明珠突然抛出了一个颇为诱人的条件。她对商店经理说：“以前的债咱们可以先放在一边，我们可不可以先谈另一笔生意？”

经理眼神立即变了，两眼焕发神采。于是，董明珠不紧不慢地说出了自己的计划，依然是她在芜湖市场推行的那套计划。

听完董明珠的讲述，商店经理沉吟了一下，还直视着董明珠一会儿。

接下来，他竟然同意了董明珠的方案——“先付款后发货”。

当时，这家商场还经营着陕西宝花的空调。宝花的业务员也相当勤快，隔三岔五地跑到商场来指导营销工作。这个业务员很是能说，很会搞关系，跟商店经理也聊得来，看得出与商店所有人相处得十分融洽。

当海利的产品进到商店的时候，董明珠也亲自动手，拿出了她在淮南和芜湖的心得，开始用心指导这家商店的员工如何推销海利的空调。然而，如前所述，董明珠不会喝酒、不会抽烟，跟经理又没有太多的共同语言，所以她没有把精力放在搞关系上，而是全力以赴地想方设法去推销海利的产品。

平日，董明珠经常待在商场里，她与销售员一起给顾客做推介，很快也和大家搞好了关系。此前，这家商店一年能销售陕西宝花空调100多万元，而海利的只有20万～30万元。但是，董明珠接手后，一番努力过后，海利空调的销量开始直线上升。

而到了当年底，这家商店所售的海利产品金额竟然超过了陕西宝花。这一结果不仅让宝花的业务员大跌眼镜，也大大出乎商店经理的意料。这也就意味着，董明珠又成功地打开了铜陵市场。

这一结果又一次表明，在淮南与芜湖相继成功后，董明珠对自己创造的“淮南模式”独具心得，并且越用越自如。随后，在董明珠的统筹布局之下，海利继续拓展并巩固了其在安徽南部的市场份额。

形成自己独特的商业模式，一直是现代市场经营者孜孜以求的目标。而世界上许多伟大的公司，大多数也是通过复制自己产品或者服务加速成长起来的，如国际餐饮巨头麦当劳、肯德基，IT巨头微软等等。若按照这一理论，当年的董明珠似乎已经领悟到了某种精髓——成功、精准的商业复制。

而在复制上述经销商的合作模式的同时，董明珠还表现出了“中国特色”的营销智慧。

四 本土化的营销智慧

细节做到极致，便成为一种境界。营销也是如此。

董明珠曾说："有时候，一桩生意是在一个人灵光一闪的刹那间形成的，如果捕捉不到的话，它就从你的身边溜走了。如果捕捉到了，它会对整个市场的推广起决定性作用。"

铜陵布局初步告成后，在董明珠的营销意识里，逐渐融入了某种灵活自如的感觉。用一些评论者的话说，那是一种有了灵感的艺术状态，这种状态往往又依附着巨大的经济潜力。

比如刚到铜陵的时候，当董明珠向医疗器械商店的经理寻求合作之际，那位经理曾向她抱怨，空调生意不好做，还得向电力部门交纳增容费，有时甚至要向防控办提出申请等，很是麻烦。

当时听到这话，董明珠并没有特别在意。然而，一段时间后，走在街上的董明珠一时竟回味起了经理的话，继而脑子灵光闪现。

董明珠暗自盘算，既然空调机与供电局、防控办有这么大的关系，如果能让供电局和防控办一起合作经销空调产品，借助政策壁垒，海利不就可以获得竞争上的优势吗？

其实，当年董明珠的这个想法与1993年的任正非很是雷同。

1993年，在任正非的统筹之下，成立有5年的华为公司与一些邮电部门合资成立了默贝克电源公司。这些合资的邮电部门自愿入股，没有任何股份限制。到1997年的时候，默贝克公司在全国共有18个省的电信局股东。1998年，华为先与铁通成立了北方华为，又以共负盈亏、共担风险为原则，分别成立了沈阳华为、河北华为、山东华为、四川华为、北京华为、天津华为、成都华为、安徽华为、上海华为等合资公司。至此，华为成立的合资公司达到了27个，遍布全国各地。

事实表明，任正非的这一部署为华为带来了巨大成功。即使1997年亚洲金融危机爆发，华为的业务发展依然迅猛，当年实现了41亿元的销售额，同比增幅达到60%。

“通过建立利益共同体，达到巩固市场、拓展市场和占领市场之目的；利益关系代替买卖关系；以企业经营方式代替办事处直销方式；利用排他性，阻击竞争对手进入。”这段话便是任正非后来对当年上述布局的解释。

而当董明珠也突获这样的灵感时，当时的她禁不住暗自兴奋起来。以至于后来有评论认为，两个大企业都借用了同一条路，实可谓“英雄所见略同”。

董明珠的突发灵感，自然也与当时的时代环境息息相关。20世纪90年代的中国，在“以经济建设为中心”的鼓舞下，国家对机关事业单位创办经济实体的规定不够严谨，存在不少政策上的漏洞，很多国家机关及事业单位都参与了经营活动，一些经济实体也得以在政策的缝隙中成长起来。

如前文所述，董明珠是一个想到就会去做的人。第二天，她就直奔当地供电局。

在董明珠看来，当年的供电局算是一个实权部门，很适合办经营实体，应该也会有经营实体。当她走进供电局大门的时候，便悄悄向门卫打听有无经营实体，而门卫的回应也让董明珠兴奋起来。

门卫用手一指：“有，有啊，我们单位有一个经济实体。看到了吗？那就是营业部门。”

闻听此言，董明珠马上顺着门卫指点的方向走过去。她看到了一家面积很大的营业部，里面摆着不少家电。更让董明珠欣喜的，营业部里竟然还经营空调。于是，董明珠暗自观察起来。

转了一圈后，董明珠发现，摆放的空调品种不全，还都是质次价高的品种；“电老虎”对顾客还放不下面子，营业员对顾客一副爱理不理的态度，以至于顾客很少。得出这样的判断，董明珠竟一时轻松起来。因为，存在问题的地方，恰恰是董明珠可以打入的地方。

仔细想了一下，董明珠随即来到了一个女营业员的面前："请问，你们的经理在哪里？"

女营业员交叉着手，不冷不热地打量着董明珠，似乎在揣摩着这个女人的来头。

据董明珠后来的回忆，那时的自己完全是一个乡下大嫂的打扮，穿着一双旧球鞋，背着一个旧书包，可谓衣着朴素、风尘仆仆，"怎么看都像一个告状的。"

董明珠看出了女营业员眼中的疑惑，便把自己的工作证递给了女营业员，女营业员看了半天才将信将疑地吐出5个字："经理在楼上。"

上楼的时候，董明珠还在想，电力部门向来"旱涝保收"，习惯了财大气粗，能不能看上海利的空调呢？让董明珠有点意外的是，经理室传出来的那声"请进"倒很温和。

推门而入，董明珠便自我介绍，说明了来意。那位经理一听，马上乐呵呵地笑了起来，还泡上了一杯茶递给董明珠。此时的董明珠，也被一派和气的经理感染了，相互间很快就没有了陌生感。

待董明珠坐下，经理感叹地说："哎呀，董小姐，你来得正好，说实话我们也卖空调，但我们做生意是门外汉啊！不知道你对我们有何建议，尽管提来，不要客气。"

对话以这样的场景开始，甚至有些出乎董明珠意料。董明珠觉得，自己应该客观务实地说出想法，以取得经理的信任。所以，眼见经理这么直接，本性直接的董明珠也就不客气了。

"现在的空调市场，品种很多，做空调得有选择……"话头一打开，董明珠便停不住了。她从空调市场谈到每个空调的品种，再谈经营策略，直至滔滔不绝地讲到电力局如何经营自己的实体。

而那位经理，则一边点头一边听，连插话都很困难。

终于，董明珠回过神来，她有些不好意思地对经理说："光顾着我自己讲了，你别见怪。"

温和的经理哈哈大笑："讲得非常好，你是一个内行。这样，今天我们要下班了，明天我有个会，你后天来怎么样？"

闻听此话，董明珠心中暗喜。她明白，自己的努力和一番用心，赢得了电力局经理的信任。这可是董明珠实施自己新合作计划的好兆头。

也就是从这一天开始，董明珠便成了电力局的常客，她跟经理混得越来越熟悉了。除了时常与经理一起谈论空调市场的运作，董明珠还不时地在电力局营业商场里转圈，留心观察着。

若干年后，董明珠在回忆到当年的情景时，依然会强调，每次去电力局营业部经理那里，她都很小心翼翼。在进房门之前，她都会想好如何跟经理谈，用什么样的话来谈，什么样的话才能吸引经理，如何去激发经理对于经营空调更大的兴趣。

功夫不负有心人。

经过一段时间的磨合与沟通，电力局营业部的经理终于被董明珠说服了。一次谈话后，他对董明珠说："我很想和你做成生意。但是这么大的生意，我一个人不敢做主，我得跟我们的局长汇报一下，再给你答复，怎么样？"

这话显然不算是推脱，董明珠毕竟也在机关里待过。她连忙顺着那位经理的话："好好，我等你的好消息。"

过了不算短的一段时间，铜陵电力局一位局长来商场视察工作，他看到了浑身冒着土气的董明珠。于是，与董明珠已经熟悉的商场经理便及时介绍说，海利空调的董明珠女士正负责安徽的市场。

一番寒暄后，董明珠便及时跟上，大大方方地与局长谈起了铜陵市的空调市场。董明珠从铜陵的工业城市特性谈起，涉及了铜矿资源、人们的生活水平、空调市场的潜在购买力，直至铜陵在长江中下游的特殊地理位置等等。最后，董明珠把话题引到了海利的产品上来，不失时宜地向局长推销起了自己的空调：海利的产品返修率低，质量好，抗干扰。

"好，就这样定了，就进你们的货！"局长眉开眼笑，点头称是。

董明珠异常高兴，但她压抑住了自己的兴奋之情："谢谢您了！"

这个时候，那位已与董明珠很熟的经理也有了底气，二话不说，就把第一笔货款50万元汇到了珠海。

再来看珠海的海利工厂，全厂再次轰动，"传奇董明珠"成了公司上下谈论的话题。

然而，在董明珠的内心世界里，这笔50万元的货款应该只是一个开头，她希望接下来的路能走得更远。

于是，董明珠继续沿用了她之前的做法，必须尽快帮助电力局商店建立起营销模式，唯有模式成功了，电力局的生意才会蒸蒸日上，海利的产品也才会源源不断地销售出去。

其实，这段时间以来，董明珠在商场转圈的时候，就已经开始在琢磨这个问题了。一番思考之后，她采取的第一步，就是对商场员工进行培训。

电力局商场的员工也多为女性，差不多都是电力局内部的职工家属，本事不大，却习惯了养尊处优。至于商场营销，基本上都是一知半解，甚至完全就是门外汉。考虑到这些实际状况，董明珠觉得，如果不能迅速提高这些营业员的销售素质，电力局商场的空调销售很难有好成绩。

接下来的日子，董明珠便天天泡在商场里，反复向营业员们讲解空调的有关知识，引导员工们如何进行空调的营销。费了好大的劲，那些营业员的工作状态终于有了较大的起色。

董明珠采取的第二步动作，就是从头培训电力局的空调安装队。原来，电力局商场的空调卖出后，电力局的空调安装队上门安装还收取手续费。董明珠本着长远角度的考虑，要求安装队不要再收取安装费。一开始，大家都对董明珠的要求不以为然，部分人甚至认为断了一条财路。于是，董明珠又使出了自己的看家本领——说服。

“做空调生意，卖只是其中的一个环节，安装也是一个重要的环节，如果只卖不安装，那产品只卖了一半。空调机不像其他产品，放在哪里都行，一插电就能用。空调安装很重要，安装得好，不仅可以决定空调的寿命，还可以减轻噪音……”董明珠的苦口婆心，终于让电力局的空调安装队有了些许改变。

然而，长期形成的痼疾短时间内是难以消除的，安装队伍的表现时好时坏。情急之下，董明珠便借用民营经销商组织起了一支专业的空调安装队。正是这支安装队的成立，不仅给电力局商场带来了好声誉，还成为解决整个商场空调问题的救火队。

以上两项改革完成后，凭借有利的条件，电力局商场的空调销售业绩开始直线上升。正是这种喜人的局面，给了董明珠继续扩张的心理预期。

铜陵的市场布局虽然费时较长，但是结果令人欣喜。完成铜陵之战后，董明珠又马不停蹄，积极地与合肥、芜湖、安庆等城市的电力系统展开深入沟通，并相继形成了合作伙伴的关系。于是，一番良苦用心过后，不仅仅是董明珠，整个海利人都看到了一幅逐渐扩大的板块市场——海利的产品在安徽几大地区开始深入人心，成为当地百姓器重的一大品牌。

后来的事实也再次证明，作为一个销售员，董明珠的上述做法胜过了当年很多CEO，给名不见经传的海利赢得了宝贵战略机遇。1992年底，海利在安徽的销售额已经突破了1600万元，呈现出爆发式增长的态势。而在接下的几年时间，安徽供电系统的空调销售量更是出人意料地占据了安徽市场的1/3。

第4章 冲出故都，望眼蓝海

一个优秀的业务员可以靠勤奋与口才去开拓市场，但是一个卓越的业务员除了用勤奋与口才开拓市场，更难得的是用谋略、用智慧去开拓市场。营销中产生的灵感，驱使着董明珠开辟了一个无人涉及、无人竞争的市场领域，为海利在安徽市场的迅速扩张打下了宝贵的基础。

如果对应于著名的『蓝海理论』[1]，1992年完胜安徽市场的董明珠，无疑先行于那个年代的众多同行，提前实践了自己的『蓝海战略』……

---

① 2005年2月，欧洲知名的管理学者W.钱·金和勒妮·莫博涅合著了《蓝海战略》一书。他们在书中提出，聚焦于红海等于接受了商战的限制性因素，即在有限的土地上求胜，却否认了商业世界开创新市场的可能。而运用蓝海战略，视线将超越竞争对手移向买方需求，跨越现有竞争边界，将不同市场的买方价值元素筛选并重新排序，从给定结构下的定位选择向改变市场结构本身转变。

一 “海利”到“格力”之变

20世纪90年代初，也就是董明珠进入营销队伍的时候，国内空调市场尚处于买方市场。然而，就在董明珠成功布局铜陵市场两年左右，由于产能的扩张，国内家电市场的竞争开始加剧。

随着各品牌的成本结构趋同，产品技术功能也逐渐趋近，甚至连促销方式都趋于一致，为了获得更多的市场份额，家电厂商开始盲目拼成本、杀价格，并相继演绎出了形形色色的价格战。

这种态势的延续，导致国内家电行业开始显现出“增产不增收”的局面，不仅大幅降低了整个行业的利润率，更影响了家电产业链的健康发展。于是，国内家电行业的发展很快呈现出了两极分化的局面——劣质品牌迅速消亡，优秀品牌高度集中。

海利则是幸运的，因为在布局安徽市场之初，董明珠有意无意间便已种下了海利产品的口碑。而到了1992年底，安徽市场上的胜利则让董明珠相信，“在营销市场上，我将永远是一个胜利者。”

正是在这样一种喜势之下，海利的董事长朱江洪也不得不正视品牌的问题了。

其实，自1991年后，海利的品牌问题就已经萦绕在朱江洪的脑子里了。当时的海利，在朱江洪带领下生产出了一种叫“海乐”牌的风扇，市场很是叫好。为了保持住这种畅销的状况，朱江洪意识到“牌子”二字的重要性。于是，朱江洪便让人去工商局注册相应商标。

然而，情况很是令人意外。

当海利的人来到工商局准备注册的时候，被告之“海乐”已被人提前注册了。这一结果完全出乎了朱江洪的预料，更让他有了一种警醒。

无奈之下，朱江洪找到了“海乐”品牌的抢注者，希望能用钱把这个品牌再买回来。但是，抢注者并不愿意，哪怕好话说尽，对方始终也不同意。被气急的朱江洪一脸怒气回到厂里，找来了两个下属，下死命令地说："今天什么也别干了，把咱们厂里的商标想出来，一定要想出来，想不出来别回家。"

看着气鼓鼓的朱江洪，两位下属面面相觑。没有办法，既然老总下了命令，下属只好尽力照办。于是，两人找来了字典，开始挖空心思地琢磨起商标的名称。

一天内，朱江洪的两个下属便起了一大堆的名字，只是当朱江洪听过后，又被一一否决了。没有办法，下属只能继续埋头苦干，甚至翻开了英文词典。

这一回，功夫不负有心人。当两位下属在英文词典里看到"glee"（快乐）这个单词时，灵感突然降临，何不借用快乐的英文发音——格力?

按当时的想法，英文"glee"一词的意思就是海利的空调令人愉悦舒适；而其中文发音"格力"，则是海利生产的空调格外有力。这个名字出来后，朱江洪很是高兴，并拍板定了。随后，他便把海利更名与注册商标一事报给了上级单位，并得到了及时批准。1992年，"海利"正式更名为"格力"。

期间有一个小插曲。一天，朱江洪和团队猛然意识到，英语单词"glee"在境外注册时会遇到麻烦，于是一个生造的英语单词"gree"便应运而生了，并一直沿用至今。

多年之后，当"格力"真的响遍大江南北的时候，"格物致力"又成为它的最权威解释。这一解释源于中国传统哲学领域，用业内一些人士的话说，主要是让"格力"看上去有了不少思想性。

当海利正式更名为格力之际，国内空调市场的洗牌已经酝酿得差不多了。尽管1992年的海利市场很是兴旺，但理工科出身的朱江洪，还是敏感地觉察到市场大战即将来临。在这种态势之下，朱江洪的脑子里自然想起了海利的金牌销售员——董明珠。

或许是董明珠开创性的营销做法给了朱江洪某种启示，他越来越确定，做企业不能只靠质量取胜，经营渠道和产品品牌同样能决定生死，即将到来的空调市场之争，也必然是渠道和品牌的高下之争，产品质量则只是这种竞争的基础条件而已了。

想到这里，朱江洪清醒地意识到，1992、1993年的格力能不能在国内市场站稳脚跟，将直接关系到格力未来的长远发展。鉴于此，朱江洪认为格力迫在眉睫的问题，便是如何建设一个强大的营销渠道。

随即，朱江洪仔细分析起格力产品在全国的销售报告。很快，他就发现格力在江苏的销售只有300万元，远低于安徽的1600万元。而就经济情况分析，当时的江苏则远胜于安徽。为什么经济繁荣的地方，其空调销售还会弱于经济欠发达的地方呢?

显然，这是一种不正常的现象，有必要进行考察了解。此时的朱江洪意识到，自己必须到安徽与江苏市场跑一趟，以便于掌握第一手市场情况。

主意打定，朱江洪马上打电话给董明珠："小董，我打算过几天到安徽去看看。"

朱总亲自来安徽，让董明珠一时很是高兴，她不由得回应道："欢迎朱总来安徽检查工作，我会安排好一切的。"

合肥机场，董明珠早早就到了。当从广东飞来的飞机徐徐降落在跑道上的时候，董明珠想起以前听说的，朱江洪素来习惯简单出行，经常是一个人带着一个包就出发了。果然，当她看到朱江洪一个人走出来的时候，一身朴素的衣服、一个旅行包。

果然名不虚传，朱江洪是一个喜欢简单的人，这样的人当领导踏实直白，值得跟随。董明珠暗地里想着。

令董明珠没有想到的，还有安徽的经销商开着车子来了，热情地对朱江洪和董明珠表示："你们在安徽跑就用我的车子好了，千万别客气哈！"

盛情难却，朱江洪和董明珠只好坐上了经销商的车子。一路上，令朱江洪首感意外的，便是经销商对董明珠的赞美之词。

一个铜陵的经销商说："我们没有去过格力，但是我们愿意做格力的产品，因为你们的业务员。你们的业务员水平那么高，你们公司的管理水平也肯定很高，所以，跟这样的公司做业务一定会有发展。”

另一位安庆的经销商则对朱江洪说道：“董女士工作非常勤奋，帮助我们打开了格力在安庆的销售局面，跟你们合作非常愉快。朱总，感谢您培养了这么优秀的人才呀！”

经销商们的赞美，让董明珠有些不好意思，但心里也感慨万千。她觉得，自己所有的努力都是值得的，之前工作中经历的所有不快与挫折，似乎都已烟消云散。

至于朱江洪，听着经销商们对董明珠的评价，他并没有随之发表什么看法，但之前的感受更加深切了——董明珠确是个可造之才。

直到安徽市场考察快要结束的时候，朱江洪才对董明珠说：“安徽是一个相对不发达的省份，但是，这样一个经济不发达的省份，空调还没有走进平常老百姓家的时候，市场的潜力就这么大了。可见，你是下了苦功的。能把安徽做得这么好，你不容易啊！我代表格力全体员工感谢你，你在安徽的经验一定要向全国推广。”

听到董事长如此肯定自己的工作，董明珠很是意外。她有种发自内心的感动：“朱总，有您这句话，我就是累死累活也要干下去。”

“好，再上一个新台阶。”朱江洪满脸的笑容。

此时此刻，董明珠的眼里闪动着泪光，她朝车窗外看去，秋天的暖风阵阵吹拂，灿烂的阳光普照着万物，一切都格外温馨。

不久，朱江洪的安徽考察就结束了。临离开的时候，朱江洪突然对董明珠说：“小董啊，放下你安徽的工作，陪我到江苏去走走如何？”

朱江洪的话让董明珠一时甚为意外，但很快她似乎反应过来，朱总要自己陪着去江苏考察的用意了。

于是，董明珠回应朱江洪说：“朱总，我去江苏好吗？”

“这有什么不好的？我请你去没有什么不好的。”朱江洪爽朗地笑。朱江洪的话让董明珠没有什么顾虑了，也就答应了下来。

从合肥到江苏徐州的路上，朱江洪与董明珠交流起了营销的话题。直爽的董明珠心里藏不住事，把自己对于营销的看法和心得向朱江洪一一托出。

就是在这一次的谈话间，董明珠根据自己这段时间做营销的心路历程，归结出了如下重要心得：“真正良好的销售，不仅仅是把货物卖出去，把钱赚回来，还要看工厂与商家之间能不能通过操作的一致，达到双方利益的一致。果真这样，生意才能做得长久。”

朱江洪听着董明珠的心直口快，心里暗暗佩服。

随后，董明珠又提到了售后服务的问题。

她坦言道：“空调不比别的产品，大热天的一坏，还不把人给急死？当然最好别坏，这就需要产品质量过硬。朱总，作为业务员，我可没少为产品质量的事被人埋怨。往后，我们的售后服务一定要加强。”

看着这位在一线战斗中成长起来的营销大将，听着她滔滔不绝地发表着独特的高论，朱江洪内心不禁阵阵感慨，一种对格力未来的期望也清晰起来。

除了用1600万业绩说话，董明珠用心于营销实践，敢于坦言自己心得，无疑让朱江洪切实地刮目相看了。

在朱江洪的眼里，董明珠首先表现出了一个营销人员的专业水准。她用实践总结出来的独特观点，切中时弊，又令人耳目一新，显然是对营销工作进行了深入思考。能够在实践中勤于思考，并采取正确的对策运用，董明珠用自己的实践证明，自己无疑是格力难得的人才。

其次，安徽经销商的好评证明了董明珠工作能力的卓越。一般情况下，一个部属如果过于主动在老板面前表现自己，不仅会显得幼稚，结果也会适得其反。但是，如果这位部属通过其他人的夸赞体现了其突出能力，老板不仅会很容易认可此人的工作能力，更会在心底里对其刮目相看。幸运的是，朱江洪和董明珠便是后一种情形。

最后，安徽与江苏南京的“一热一冷”，反衬了董明珠与众不同的工作特色。虽然南京之行是后话，但朱江洪在考察完安徽与江苏南京后，确曾说过这样一句话：“怎么两个地方像是两个世界一样，一个热火朝天，一个冷冷清清。”朱江洪通过亲身的实地考察，除了深切地感受到渠道的重要，也感受到了优秀业务员的重要。安徽与南京市场的真实反差，给了朱江洪真实的感受——业务员的素质差异必然导致市场有冷有热。

朱江洪的这种亲身感受，无疑为董明珠下一步的舞台拓展铺平了道路。

而后来的研究者们，则这样评价董明珠当年的营销心得：“工厂与经销商组成利益共同体”“注重产品质量，加强售后服务”这两个理念比较清晰地在董明珠的脑海中浮现出来，这两点后来也深刻地影响着格力的营销体系。

果然，当朱江洪结束安徽和江苏南京之行后，董明珠便顺理成章地主持起潜力巨大的南京市场，实现了一个营销人员从优秀到卓越的蜕变。

二 江南故都意外授命

朱江洪与董明珠在江苏的首站是徐州，随后便是中国著名故都——南京，也就是董明珠的故乡。

南京为江苏省会，别称金陵。公元208年前后，诸葛亮出使江东，观察南京山川形胜，留下了“钟阜龙蟠，石头虎踞”的著名感叹。今天的南京，享有着“六朝古都”之名，不仅是长江下游地区重要的产业城市和经济中心，也是华东地区重要的交通枢纽，在江苏省及华南地区都占有极为重要的位置。所以，历来的商家们，都视其为兵家必争之地。

就空调产品而言，南京也是一个市场较好的城市。南京属于亚热带季风气候，夏季炎热，与武汉、重庆并称为中国“三大火炉”。历史记录显示，南京年平均温度15.4℃，极端气温最高39.7℃。所以，空调产品在南京自然有着较大的市场需求。

然而，就格力而言，南京这样一块公认的风水宝地，与自己似乎并未有多大的关系，因为格力空调在南京的销售并不如人意。

回到南京的董明珠，对南京的街头小巷自然十分熟悉。不过，由于时间紧迫，她并没有闲来的心情去回顾领略，而是第一时间带着朱江洪，一家又一家地查看商场，仔细了解格力空调的销售情况。

随着一家一家地考察，朱江洪和董明珠在心底里有了共同的感受：南京的空调市场很大，是各大空调厂商重要的经营城市。令人不安的，格力的产品在南京不仅没有知名度，而且面临着严峻的市场危局。

若干年后，董明珠依然清晰记得当年在南京考察的一幕场景。

她带着朱江洪来到一家商场，问经理：“你们这边怎么不卖格力空调呢？”

商场经理一脸不解地回应：“格力，怎么没有听说过这个牌子呢？”

经理的这一回应，让董明珠和朱江洪面面相觑，一时竟然无语了。

而后考察的几家，董明珠和朱江洪得到的感受大同小异，不少经销商甚至对格力没有什么印象。这种局面很是出人意料，朱江洪的脸上几乎快挂不住了。

当然，两人也好不容易找到了一家经销格力空调的经销商。

走进商场里面，董明珠找到家电部的经理。经理正坐在桌前办公，董明珠便把朱江洪介绍给他。没想到董明珠刚说完，这位经理便劈头来一句："你们的空调很不好卖啊！"

董明珠和朱江洪似乎已有了心理准备，不得不硬着头皮回应说："能不能说说，是什么原因导致我们的空调不好卖呢？"

"你们的产品质量虽然还行，但是服务跟不上，你们的人员很难找到，很少有人来跟我们协调。这样说吧，我们想要调配品种，基本找不到人。你们自己想想，这样的产品我怎么能好卖？"经理的话很是刺耳，却也直白。

董明珠和朱江洪不得不连声道歉，并表示格力一定会尽快改正。

而一个细节更让朱江洪忧心忡忡。

格力更名已有了一些时间，但在商场里摆放的空调牌子依然是"海利"。此一细节告诉朱江洪，自己的产品严重滞销，格力的业务员也很久没有光顾了。此外，朱江洪还发现，南京作为南方地区的重要枢纽城市，汇集了各大品牌空调，春兰与华宝就在这里重点布阵，使得一些小品牌的发展显明受制，如宝花、迎燕、格力等。

由此，朱江洪得出了一个结论，格力在南京市场的疲弱，不仅与业务员的能力和素质有关，还与春兰、华宝等大品牌的强力挤压密不可分。

那么，如何才能突出重围，打开南京市场，进而带动江苏市场呢？

看着朱江洪眉头紧锁的样子，董明珠完全明白，与安徽市场的火热相比，朱江洪心思里正煎熬着南京市场的冷清。然而，南京又恰恰是一个枢纽性的重要城市，无论如何是不能怠慢的。

看完南京后，在董明珠的陪同下，朱江洪又围绕着宁沪间的中型城市考察了一圈，他的感慨越发多了起来。用当年舆论的话说，朱江洪深感渠道之争已迫在眉睫，新生不久的格力正面临着严峻的市场形势。

去往上海机场的途中，朱江洪一路上没有吭声，他看往车窗外的目光显得迷离，心情也如江南的天气一样，笼罩着重重的雾霭。看着朱总紧抿的嘴角，一向喜欢说话的董明珠也无奈地沉默着。

送走了朱江洪，董明珠又立即回到了安徽。隐隐之中，她似乎感觉到了朱江洪内心里正在酝酿着某些动作。

果然，一个月后，当董明珠因公务回到珠海的时候，朱江洪叫住了她："小董，你来一下我的办公室。"

在朱江洪的办公室，董明珠看着朱江洪深深地吸了一口气，然后又把目光定在了自己的身上。

"小董，你能不能把江苏市场接下来？"

朱江洪毫无征兆的话，让董明珠一愣。虽然江苏考察结束后她觉得朱江洪会有某些动作，但并没有意识到他会对江苏市场进行大调整，更没有料到来得这么快。

董明珠脑海里迅速思考了一番，说："朱总，这不太好吧。一个人的精力有限，我能把安徽市场做好就不容易了，江苏市场是空调商家必争之地，要干好并不容易。况且，现在江苏市场有同事在做，如要我接下来，会伤了同事们的感情呀！"

听着董明珠的话，朱江洪未为所动，依然坚持着："你的顾虑虽然也有道理，但是在这个问题上你不能太自私了，要为公司的大局着想。"

董明珠再度陷入了沉默。

过了一会儿，她才对朱江洪表示："让我想想，再回复您吧！"

回到住处，董明珠的心情一时无法平静下来。

从同事的感情考虑，董明珠觉得自己不能接管江苏的市场。格力在江苏的销售额好歹也有300万，按公司1%的规定提成，也有3万元。如果自己真的接管了这个市场，摆明了是抢同事的饭碗，大家会怎么看呢？

但是，董明珠也完全懂得朱江洪的用意。为了格力公司的发展大计，自己有责任接受任务，介入江苏市场，帮助公司攻下这个举足轻重的地区，改变当前极为被动的销售局面。

到底怎么处理好呢？

董明珠翻来覆去，左思右想，当天晚上都没能睡好。最后，她想出了一个折中的方案，自己只负责南京市场，江苏的其他地方依然归原来的同事负责。在董明珠看来，如果自己打开了南京市场，负责江苏的同事也会受到激励，从而改变整个江苏的市场业绩。

第二天，董明珠主动找到朱江洪说："朱总，我服从公司的决定，但是我有一个条件，希望您能答应。"

听到董明珠有了决心，朱江洪不免一阵欢喜，连声回应："小董，你说吧，要什么条件就直接提好了。"

"我只接管南京市场，江苏的其他市场还是由同事们负责，也给人家一个机会。这样如何？朱总？"

听了董明珠的话，朱江洪马上便明白了她的良苦用心，也就立即答应了她的条件。

就这样，一手开创了安徽兴旺市场的董明珠，又接下了一项艰巨的开拓性任务——拯救南京市场。

很快，董明珠马上返回了南京。如同当初返回安徽时的心情一样，董明珠深知责任重大，困难不小。不过，她又在心底里积蓄起了一种锐气，一种挑战困难的不服输的锐气。难怪后来的众人都说，董明珠就是这样的一个人——困难越大，斗志越昂扬。

"受任于败军之际，奉命于危难之间。"这是诸葛亮在《前出师表》中描述自己心境的一句话。此时的董明珠虽然尚不能并提于诸葛亮，却也充分展现了一个优秀销售员的非凡魄力。

若干年后的今天，当董明珠已然功成名就，再回头去想当年的场景，董明珠能够受命于危局之际，承担别人完不成的任务，无论是对于上司朱江洪，还是对于图谋发展的格力，她都是一件难得的利器。反之，一个从业时间并不长的营销员，能在论资思维依然浓厚的时代空间里脱颖而出，确也是朱江洪的慧眼识珠。

三 借杠杆撬动金陵

南京虽然是董明珠的故里，她却没有什么心思去重温过往。当火车驶进南京城区的时候，看着一幢幢高楼扑面而来，董明珠竟然发现其中的很多都没有安装空调。她不禁心里一动，这不正是自己和格力未来的大市场吗?

这里不妨插一个小故事，在当年很是流行。

有一个鞋厂的业务员被派去非洲某个不毛之地推销鞋子。这个业务员一到那个地方，发现那里的人都不穿鞋，所有人都光着脚。此情此景，让那位业务员的心里失望透顶，立马打道回府。业务员返回后，即对经理说，那里没有一个人穿鞋，全部光着脚，鞋子生意没法去做。

经理看到这个业务员开拓失败，又实在无法舍弃当地市场，只好另派业务员再去。第二位业务员又来到了这个不毛之地，同样发现没有一个人穿鞋，却心生大喜。他马上向经理拍报说，这里市场空间无限大，人们都还没有穿鞋，请速运鞋子过来。鞋厂接报后立即发货，结果是这个业务员不仅收获丰厚，鞋厂也大有发展。

这个故事董明珠当然也知道，后来还被用作励志故事，成为董明珠教育激励自己员工奋发前进的经典段子。“同样是做业务，观念不同，产生的效果也不一样。”董明珠常如此说。

再看重回南京的董明珠。

兵法有云：“知己知彼，百战不殆。”一来到南京，董明珠便着手调研南京的市场情况。很快，董明珠就发现，江苏空调市场表现出了几个明显特征：

一是南京的市场远比安徽表现得要成熟。董明珠考察得知，当时的两大品牌华宝空调和春兰空调，占据了南京市场的半壁江山，排在南京市场前两位。其中，华宝的销售额在江苏市场已经达到了数千万元，且势头强劲。

二是南京市场“官商”很多，文化素质普遍较高。当年的市场现实，就是“官商”处处显示财大气粗，甚至颐指气使，所以南京市场的一大特点就是先发货后付款。如果有人想推行先付款后发货，难度可想而知。

三是市场竞争更为激烈。长久以来，南京即是中国三大火炉之一，当年还是三大火炉中经济最发达之地。于是，不但国内空调品牌向来重视南京，就连国外的洋品牌也很重视此地。像日本的三菱重工、松下、日立，美国的飞歌、雷神等，都在南京掀起了营销大战。不仅如此，多个国外品牌都以价高质优傲视群雄，其空调售价比国内空调品牌普遍高出了30%~50%，如日本的三菱分体式空调在1992年的售价即为9400元。其他国外品牌，也不一而足。

如此形势之下，格力如何才能打开南京市场？能否在南京市场移植安徽模式呢？

此时的董明珠有些茫然，脑子里并没有什么头绪。

一番思索，董明珠想到了格力产品的优势与市场定位，于是决定就从此间寻找机会。

董明珠首先想到的就是格力产品的质优价廉。当时的南京市场，国外品牌的1P空调售价4000元以上，而格力品牌只卖2900元。中外相比，格力显然更符合中国民众的购买能力。

董明珠想到的第二个方面，便是格力产品的市场对象。自1985年国内生产空调以来，空调市场虽然每年以10%的速度增长，但是主要集中在单位用户，普通居民用户依然很少。亲身调研又让董明珠隐隐觉得，空调从贵族化走向平民化正面临不可逆转之势，1992年的空调市场说不定就呈井喷式发展。这是因为，当时南京的人均收入已达到2000元以上，越来越多的普通百姓都有购买空调、改善盛夏生活的心愿。

想到这些，董明珠立马觉得底气足了。她暗自发誓，要抓住时机进入南京市场，勤奋去做，一定能有收获。

接下来，董明珠开始制订自己的营销计划，她要从南京最繁华的街道——新街口——入手，争取一炮而红，进而打开南京市场的局面。

很快，新街口最大的商场——人民商场，便进入了董明珠的视线，她选此作为格力攻占南京市场的首个堡垒。

在这家商场里，董明珠并没有发现格力的产品。她暗自里逛了好几圈，细心研究了这里的家电品种，并琢磨着该如何与商场经理进行商谈。

主意打定，董明珠便来到了商场楼上，找到了经理。

简单介绍完自己后，董明珠便开始说起了格力的产品。谁知，董明珠刚一开口介绍格力的产品，商场经理便侧起头打断了她："格力？格力？什么格？什么力？怎么没有听过呢？是新牌子吧？"

经理这句话不仅充满了质疑，还显露着轻率。

董明珠顿觉不悦，却又不能表现出来，她不想就此破坏了自己的计划。于是，董明珠便耐着性子，跟商场经理说起了格力的发展历程、产品特点、售后服务等等。其间，董明珠还有意地重点介绍了格力产品在安徽市场的销售情况，她希望这些信息能够吸引商场经理的在意。

然而，董明珠的话还没说完，经理又再次打断了她的话。

"我从来没有销售过你们的产品，不能光听你的一面之词。这样吧，你们先送来一批，看看销售的情况再考虑进不进货。"商场经理的语气显得不容商量。

"那你们的货款什么时候可以汇到我们的账上呢？我们公司的规定是先付款后发货。"董明珠没有放过及时跟话。

然而，董明珠的跟话似乎惹急了这位经理，他瞪圆了眼睛说："要我们先付款后发货？实话实说吧，我们都是代销别人的产品，别说你们的那个什么什么牌子了，就是春兰、华宝等名牌产品，在我这儿也都是先销完后付款的。"

其实，董明珠早就料到了会是这样，她原本希望可以借此机会耐心解释一下。但是，经理显然已没有了交谈下去的耐心，烦躁不安地挥着手说："董小姐，我看你是走错门了，你的条件在我这里是不可能的。"

这话一入耳，董明珠再也压不住自己了。她气呼呼地走了出来，在秋日的南京大街上，依然浑身火热。

来到一家面馆，董明珠走了进去，她有些饿了。要了一碗面条，董明珠一边吃一边思考着刚才的一幕。当面条吃完的时候，董明珠心里也有了新的想法。她决定，不再与这家商场纠缠，接着寻找下一个商家。

“我就不信，在南京打不开局面。”每每回忆起当年的场景，董明珠依然能够记得当时自己的那番心境。

董明珠的第二个目标，便是当时位于中山陵附近的太平商场。这家商场的面积很大，处于黄金地段，更重要的是它以前跟格力合作过。

经过了解，董明珠知道商场的经理是位女性，姓雷，人长得挺富态，而且面善。这个雷经理与董明珠在淮南时合作过的那位女经理有相似之处，都是外表拙朴、内藏精明之人。董明珠觉得，可以在这个女经理身上打开缺口，跟女性打交道似乎是自己的长项。

打定主意，董明珠也改变了一下策略。这次她不再直接提出先付款后发货的想法，而是采用“先交朋友”的方式，开始了双方的交流谈话。

董明珠找到雷姓经理说：“我是格力的新业务员。以前南京由××负责，现在是我负责这片市场，今天过来熟悉熟悉市场，了解一下情况。请问雷经理，你们商场在做格力产品的时候，遇到什么问题了吗？我们前任业务员有什么不到位的地方，您尽管可以跟我直说，我保证马上纠正。”

雷经理抬起头，看着董明珠一会儿说：“不行啊。你们格力的产品质量不好，服务也不好，业务员很久都不来，货到三个月才露一次头，用户投诉连人都找不到。哪有这样做生意的？”

这时候的董明珠，只能马上道歉，并发誓说一定会纠正。然后，她便试探地问雷姓经理，要不要再进点儿货。

“先把你们现有的产品卖掉吧，卖完了再考虑。”

董明珠完全理解这位经理的顾虑，她不再纠缠着进货的话题。又聊了几句后，她便走出了太平商场。

很多时候，一个业务员够不够优秀，就在于他能不能在蛛丝马迹间嗅到商机，能不能变不可能为有可能。董明珠即属于这一类。她敏感地捕捉到了雷经理话语中的弹性，预感到了某种可能。

基于这种判断，董明珠第二天就投入到格力产品的促销工作。而在接下来的日子里，她每天都搭乘公共汽车来到太平商场，完全像在安徽市场一样，用心地帮助商场业务员促销，且不收取任何报酬。

董明珠的这种做法，商场的业务员不仅很高兴，也赢得了商场经理的赞许。也正是在这一过程中，董明珠逐渐发现了格力产品在市场销售方面存在的问题。

董明珠发现的第一个问题，便是格力产品在商场里的摆放位置。这个位置，非常不显眼，在视觉上暗淡不少。董明珠向业务员提出，希望能给格力产品换一个位置，却被业务员拒绝了。

“现在都卖春兰、华宝、海燕为主，这些是名牌产品，谁知道格力啊！”商场业务员的态度十分明确。

于是，董明珠开始发挥自己的三寸之舌，不仅跟商场业务员套起了近乎，还常常主动帮助他们解决销售中的棘手问题。几番下来，商场业务员终于经不住董明珠的软磨硬泡，同意了她的要求，给格力产品更换了摆放位置。

董明珠发现的第二个问题，便是格力产品与品牌产品面对面的直接劣势。调整位置后的格力产品与各大品牌放在了一起，短兵相接，格力的品牌劣势全部显现，董明珠切身感受到了推销的艰难。很多时候，董明珠和业务员给客户讲解了大半天，依然留不住顾客，他们最终选择的还是那些品牌空调，对格力产品的质量普遍存在着半信半疑的心态。

于是，几天下来，董明珠通过自己的亲身体会，开始在一些细节上狠下功夫。

其中的一个，就是绝不能强迫推销。董明珠发现，很多顾客不太喜欢业务员太热情，尤其是顾客一进来业务员就贴身上去滔滔不绝的做法，会让不少顾客不自在，甚至还容易引起顾客的反感。所以，董明珠主动与商场业务员交流配合，当顾客需要介绍产品时，大家才热情上去介绍。

而身为一个女性销售员，董明珠还发现在销售过程中必须注意衣着。如穿丝袜的细节，丝袜要高于裙子下摆，无论是坐是站，都不能露出大腿来。不然，会给顾客轻浮的感觉，容易让人产生不信任感。再如，一些推销员夏天会戴着墨镜或变色镜遮挡烈日，虽然从保护眼睛的角度看是有益的，但从营销工作的效果上看，却会给人留下负面的第一印象。

董明珠不仅在销售过程中注重细微之处，就连售后环节，她也发挥了在安徽市场时的个人风格。每当遇到顾客有退货的时候，在董明珠的示范下，格力销售员的态度比卖货的时候还要好，令退货的顾客都觉得不好意思了。在董明珠看来，当格力的品牌无法与其他品牌相争的时候，自己这样做才能化解顾客心中的不快，才能让尽可能多的顾客成为格力的忠诚客户。

在董明珠的用心努力之下，格力产品的销售渐渐有了起色。

一次，当太平商场的雷经理看到销售报表后，笑吟吟地对董明珠说："你们再给我发几台吧，按老规矩，先发货再付款。"

董明珠也笑了。不过，先付款后发货也是自己精心制定的一大原则，更直接关系着格力未来开拓市场、打磨品牌的成败。

"雷经理，我们公司也是有规矩的，我这个做业务员的，不能违反公司规定啊！"董明珠岂能轻易让步？

"你看我们太平商场这么大，还能赖你账不成？"

"雷经理，我们绝不是怕你赖账，想来你们也肯定不会。不过凡事都有例外，这样吧，我们都退一步，你付一半款，我们给你发货，这样我也好跟公司交代。"

然而，这位雷经理也并不是个轻易改变的人，而且董明珠的提议在整个南京都没有先例，所以她也没有同意董明珠的做法。但是，雷经理并没有一口拒绝董明珠的提议，双方因此反复交流了好几次，却迟迟未定。

市场自会遵循着自身的规律，格力空调在太平商场的局面越来越好了。如此情景，使得董明珠与雷经理的话语权重在不知不觉间发生着变化，天平渐渐转向了董明珠的一边。

终于，还是太平商场的雷经理沉不住气了，她接受了董明珠的提议，对格力"先付款后发货"。而此时的董明珠，内心里更加重视雷经理和她的太平商场了，她珍惜这样的合作机会。

董明珠向雷经理承诺，一定会以长期合作的态度与太平商场进行生意，全力保证供货，尤其是旺季的时候，格力绝不会出现断货与缺货的现象。

一个优秀的销售人员，在整个销售业务活动中，必然会懂得引导客户，使客户始终跟着自己的思路走，而不被客户牵着走。董明珠用自己的亲身经历再次实践了，只有当销售员能够引导着客户，才能在销售中获得成功。

世上最难的事是什么？让别人接受你的思想。销售工作恰恰就是一个让客户接受你的思想的过程。如何让客户认同你的商品或服务比他手里的金钱更有价值，从而让他把宝贵的金钱交给你，以换取你更宝贵的商品和服务？答案是引导客户，让客户接受你的思想。董明珠就是通过自己的努力让雷经理接受了自己的思想，从而取得了成功。

后来，有理论学者归纳了董明珠开拓南京市场的营销思路和做法，称之与淮南的做法如出一辙——先通过打开市场的缺口，再逐步扩展，乘胜追击。而一些业内营销工作者们则认为，董明珠在南京市场的初始做法，揭示了一个优秀销售人员必须懂得如何去寻找撬动市场的杠杆。

太平商场打开后，南京市场也就迎刃而解了。兴奋不已的董明珠决心乘胜前进，她要在江苏全省范围内扩大格力的营销战果。

第5章 不像国企的新格力

朱江洪是中国家电企业领导人中罕见的老牌大学生，董明珠则有着统计学专业的背景，两人骨子里都有对知识、对科学的追求，和对天道酬勤、兢兢业业、“这辈子做好事，是为下辈子积德”的信仰。正是有着这些共同之处，朱、董二人才形成了颇为相似的企业价值观。

科龙电器前总裁王国端曾这样形容：“朱江洪遇到董明珠是朱的福气，董明珠遇到朱江洪是董的运气。”或是如此，才使得格力在人们印象中越来越“不像一个国企”了……

一　只身扬州傍“大款”

1992年11月，温暖依然的扬州。

时为国内空调老大的春兰，即将开启自己的经销商大会。身为格力营销人的董明珠，一直对春兰心存敬意，她潜意识里觉得需要去一趟春兰的经销商大会。在董明珠的心里，长期萦绕两个疑问：为什么春兰能做得那么成功？它成功的秘诀到底在什么地方呢？

想到还可以结识有实力的经销商，董明珠立即约好了一个既做春兰产品、也做格力产品的徐州经销商朋友，准备一起奔赴扬州。

出发之前，这位徐州的经销商朋友对董明珠说，“你想到春兰订货会上去是对的，在那里可以开阔眼界，会来很多人。”

扬州自古商贾云集。早在唐代，扬州就享有“商贾如织”“富甲天下”的美誉，所以一直就有“烟花三月下扬州”的说法。改革开放后，扬州更是作为我国较早开展对外贸易和国际交流的城市之一。而在气候特点上，扬州冬冷夏热，最热的7月平均气温为27.5℃。这也使得扬州的空调市场非常诱人。

来到扬州后的董明珠，没有任何心思去领略这座古城的万种风情，她每天想着的，都是如何能多交结几个经销商，以获得商机。因为，在有着“中国空调之父”——春兰空调的经销商大会上，不仅云集着当时绝大多数的商界精英，且汇集着各种丰富的信息资源。

一天，参加完会议后，董明珠与一些参会人员在餐厅里吃饭。就在大家有说有笑之间，董明珠也里听到了经销商对春兰产品的一些批评。正在她思考之际，一位模样文静秀气的女子走了过来。

这位女子走到董明珠旁边，然后坐了下来。

看她挺孤单的样子，董明珠对她说：“你是第一次来参加春兰的订货会吗？”

女子笑着点了点头，两人就这样聊了起来，一时很是投机。

“你是哪个地区的经销商啊？”女子最后问起了董明珠。

诚实的董明珠也很干脆：“我不是春兰的经销商，我是珠海格力的业务员，和朋友一起来参加会议的，主要是向春兰学习，还有来江苏发展市场的。”

听完董明珠的话，这位女子会意地笑了：“我是江苏五交化的，也经销空调，你们的产品质量怎么样？”

“江苏五交化？”董明珠心里大喜，这可是一条实力雄厚的“大鱼”啊！如果能与它开展合作，那可真是走大运了。

董明珠连忙向这位女子介绍起了格力的发展和产品情况，甚至说了好大一堆的好话。

女子听得很仔细，还不停地询问细节，董明珠都一一作答。末了，这位女子对董明珠说：“我是江苏五交化的业务经理，你有空就到我们那里玩，我带你去见我们的老总。”

董明珠握着女子的手连声说好，心里高兴得怦怦直跳。她似乎预感到，认识这位女子将是自己此次参加春兰经销商大会最大的收获了。以至于走出餐厅，看到周围的树木花草，董明珠都觉得一个比一个漂亮。

参加完春兰的经销商大会，董明珠回到了合肥，用心打理起了安徽市场。不久，她按照名片上的电话，费了好大一番周折，真的与上面那位女子取得了联系。电话那端传来的声音很是热情——“欢迎你来南京商谈。”

难以抑制内心激动的董明珠，随即坐车来到了南京。第二天，董明珠好好打扮了一下，在忐忑不安之中赴约了。

再次重逢，两人都很高兴。聊了一会儿，董明珠说：“我觉得你们对格力好像还没有深刻的认识，能不能让你们钱总与我们朱总见见面，进一步了解一下我们的产品实力与技术水平？”

女子呵呵地笑了：“我们钱总今天不在，今天是见不上了。”尽管心里有些失望，但董明珠并没有表现出来。

两人临别时，董明珠把格力的资料都交给了这位业务经理，但心里似乎不再抱有太大的希望。在她看来，一个业务经理人微言轻，要想说动老总去见格力的朱总，可能性并不大。

然而，让董明珠意外的事情又一次出现了。不知上述女业务经理如何进行了说服，江苏五交化的钱总竟真的与格力的朱总相见了。当获得这一消息时，董明珠心里的预感已经发生了些改变，她觉得双方合作成功的可能性已经有了8成。

短短几天后，董明珠再次接到了江苏五交化打来的电话，对方表示愿意在江苏全面销售格力的产品，并保证年销售额不低于1000万元。这个消息让董明珠再次激动万分。

很快，格力的掌门人朱江洪得到了董明珠的汇报。不过，他却给了董明珠一个新的硬任务——1000万元只是基数，2000万元才是目标，且不包括苏南地区。这让董明珠未曾预料到。

果然，朱江洪提出的新销售额要求，在江苏五交化的钱总那里碰了壁。董明珠不得不耐着性子来回沟通，又交涉几次无果，双方一时僵了下来。董明珠心里真的急了，她决不希望好不容易挣得的市场机会就这样不了了之。

董明珠陷入了思考，她再次细致地衡量了一下当下的空调市场，随即做出了倾向于江苏五交化方面的决定。而接下来，董明珠面临的便是如何说服自己的老板——朱江洪。

毕竟都是自家方面的人，什么话不妨直接说，董明珠拿起电话就打给了朱江洪。

“朱总，我们格力在江苏市场是一点儿名气也没有，苏北地区又穷，空调主要是在南京销售，销售额一下子由300万增长到1000万，人家钱总也不容易，会有很多费用支出，比如广告费……”

或许是体会到了董明珠的为难处境，朱江洪一听广告费就打断了董明珠的话，说：“不要说了，就按你的意思办吧。”

董明珠一颗悬着的心终于落地。而江苏五交化随后预付的第一笔款就是大手笔——200万元进入了格力账上，整个格力一时为之轰动。

若干年后，董明珠在回忆这一情节时曾表示，朱江洪当时显然也意识到了广告费的重要分量。这是因为，1992年全国冒出几百家空调厂商，竞争势必越来越激烈，一些舆论甚至已经预言，国内一场空调大战风雨欲来，厂家承担必要的广告费将不可避免。而对于格力和江苏五交化双方的合作来说，格力不必掏广告费本身就意味着格力省下了一大笔费用。

从市场销售学的角度上看，一个小厂关键时需要傍着大厂才能财源滚滚；同样的道理，作为销售个体来说也得学会“傍大款”，推动自己的销售业务飙升。当年的董明珠巧借大牌春兰之势，为格力赢得了一次难得的扩展市场机会，显然采用了“傍大款”的营销模式。

有着“世界股神”之名的巴菲特，也曾受惠于这样一则故事。

埃迪是个球童，但他不同如其他的球童。1919年，19岁的埃迪在芝加哥白袜队当球童，这一年白袜队打进了世界大赛。第二年，埃迪跳槽到了布鲁克林道奇队，结果道奇队赢得了这一年的美国棒球联赛冠军。

就在众人一片欢呼庆祝声中，埃迪似乎感觉到事情有些不对。他赶紧跳槽到纽约洋基队，结果洋基队在1921年赢得了该队历史上的第一个冠军杯。埃迪仿佛预知到接下来会发生什么，他决定在洋基队安定下来，而接下来发生的奇事，便是洋基队5年赢得了美国棒球联赛冠军。

于是，埃迪成了美国历史上最著名的球童，俱乐部都把他当吉祥物一样供养着，埃迪也顺理成章地挣了大钱。不过，埃迪很清楚地知道，如何拎球棒并不重要，重要的是给谁拎球棒。对于一个想赚钱的球童来说，能为球场上的超级球星拎球棒才是赚大钱的关键。

有着某种天分的巴菲特，正是从球童埃迪的经历中得到了启示——成功的秘诀很简单，和赢家在一起才能成为赢家。

对于当年的董明珠来说，江苏五交化就是一个实力雄厚的赢家，能够紧紧抓住其不放，即透示出了董明珠内心深处某种执着的营销理念。至于江苏五交化为何愿意在冬季预付大笔款项给格力，在当时也曾引来不少质疑。不过又有业内权威分析人士则指出，江苏五交化当时其实有着更深远的战略考虑——格力尚为不知名的牌子，“炒质量好的冷门货可以挣大钱，而做春兰这种名牌产品利润已不大。”

二 女子坐山观虎斗

转眼就到了1993年夏，董明珠负责的南京空调市场开始弥漫着越来越浓的火药味。隐隐约约之中，一场争夺市场的空调大战就要打响。

在还原当年的场景之前，不妨先了解一个人物——张近东。

今天的人们对于张近东已然不陌生，他同样是中国改革开放进程中一个具有传奇色彩的商业人物。而要说起张近东，就不得不提到他的哥哥张桂平。

1987年，张桂平下海经商，仍在岗位上的张近东工作之余前去帮忙。就在这种时断时续的过程中，张近东发现了一种现象：各大商场卖出的空调只是半成品，只有安装成功并能正常使用了，销售活动才算结束。正是这一发现，给了张近东兄弟俩突发的灵感——成立一支安装队，帮别人安装空调。

张近东兄弟俩组建起空调安装队几年后，下海经商的大潮就在全国涌起，张近东也按捺不住冲动，辞掉了工作，以10万元自有资金，在南京宁海路60号租下了200平方米的两层门面房，专营空调，并取名为苏宁。这便是今天苏宁电器股份有限公司的前身。

当时的中国，空调设备和制造技术刚传入不久，且主要采取与掌握着该类技术或设备的外资企业组成合资公司进行。这其中，多数的外资企业来自美国。而中国市场上，最抢手的家电还是彩电、冰箱、洗衣机、录像机等，空调则被视为奢侈品，仍然处于物以稀为贵的状态。

正是得益于卖方市场的机遇，张近东抓住先机挖到了第一桶金，并一举成为当时国内响当当的春兰空调最大经销商。

进入1993年，经过了一番精心筹备之后，张近东的苏宁意欲在南京市场发动一场全面的商战。此年1月，南京各大媒体集中刊登了“要想夏天过得好，就到苏宁买空调”的广告，且连绵不断。对于普通老百姓来说，空调产品的销售旺季显然还没到来，但苏宁的空调销售额却悄然突破了9000万元，强势占有了南京空调市场70%的份额。

这一年的5月13日，苏宁的强势营销进一步显现。当日，一则通栏广告出现在《扬子晚报》上：“炎炎热日无须东奔西跑，买空调只需到苏宁一家。”在这则广告里，还详细列出了各厂家产品的批发价、零售价。而最能吸引公众眼球的，是该广告同时敬告：“顾客可参照市场现价，以最低价在苏宁购买。”

这则广告在市场引起的震动很快便显现了出来。众多的消费者争先恐后拥向了苏宁电器，使得张近东的苏宁生意一时间异常火爆。然而，与苏宁火爆生意一同到来的，还有广告激发起来的一股怒火——养尊处优的国有商家。

两天后的5月15日，由南京新街口百货商店、中央商场、交家电总公司等所谓的南京“八大国有商场”，就联手成立了“南京家电拓展协调委员会”，并致信全国空调厂家，“将采取统一压价和停销等经济手段，对支持苏宁损害大多数同行利益的厂家展开反击。”这封公开信还同时宣布，“八大国有商场”将对空调统一售价、统一维修服务和统一调换。

“八大国有商场”此举一出，便被舆论一致认为“试图掐断苏宁货源”。而翻看当年的媒体消息，依然可以找到大量此类的分析评论：“苏宁挑战八大国有商场，小舢板大战联合舰队”。于是，一场在中国空调市场发展史上有着非常意义的经典商战，在古都南京全面爆发了。

在此期间发生的一幕，至今仍深深地印在众多中国空调业前行者的心中，也从某种角度反映了当时南京空调商战的白热化程度。

当年的5月19日，广东三洋空调在南京举行了一次供货商会议。当主持会议的人介绍到苏宁总经理张近东时，“八大国有商场”的代表立即起身，上演了集体退场的一幕。然而，“八大国有商场”的如此作法，却也激怒了空调厂家。三洋董事长当即表示，代理权授予苏宁，哪怕在南京一台也卖不出去。

“当时我的感觉是震惊！第一次体会到商战的残酷，但我还是镇定地把我的发言讲完，我觉得我赢了。”若干年后，张近东如此回忆当年发生的那一幕。

就在三洋空调供货会后的第二天，“八大国有商场”也在报纸上登出广告，宣称“已占据南京95%的市场”，并公布了统一的“旺季特价”消息，其中部分商品的价格比苏宁公司的报价还低了100元。

如此一幕让张近东无法平静，苏宁随即展开反击，郑重承诺：消费者在南京任何商场所购买同类商品的价格，如果比苏宁价格低，那么苏宁就会全额收购并支付差价！

对于当年的“八大国有商场”和苏宁来说，“谁也不可能垄断市场！”而苏宁的反击似乎开始奏效，社会舆论开始偏向了苏宁。终于，双方的耗血本之战开始显露出平息的迹象。

此时，作为格力空调营销主力的董明珠呢？

她在静观商战之变，采取了坐山观虎斗的策略。

对于董明珠来说，她并不喜欢“八大国有商场”的“官商”作风与傲慢。不过，其中一位负责人说过的话，却也深深地影响着她：“打价格战，对我们来说是没有问题的，我们每家拿出50万，一起就400万。可以搞集中倾销，但是这样，很多空调企业会垮掉。”

董明珠也明白，销售商家展开的价格战某种意义上能让老百姓获益，但最终受损的显然是厂家。或许就从此时开始，董明珠对大型连锁家电企业多了别人不曾有过的某种警惕心理。这一心理，也或明或暗地在若干年后影响了格力与另一家电连锁巨头——国美的合作。这些自然是后话。

当苏宁与南京“八大国有商场”激战正酣的时候，董明珠因为一时难以看清，便坐以观战，以等局势明朗。有评论后来认为，董明珠让格力显得慢了一拍，但她却得以旁观者清。

对于当年的董明珠来说，苏宁代表了销售渠道的新模式。但对于当时尚名不经见传的格力公司来说，参与哪一方都会伤到另一方，而伤了哪一方，都会影响格力的销售业绩。所以，董明珠的慢一拍，在今天看来又有着明显的奇妙之处。

如同《史记·张仪列传》中所说：“两虎相斗，大者伤，小者死，庄子从伤者而刺之，一举果有双虎之功。”这既是成语“坐山观虎斗”的来历，也警示了旁观者可以寻找机会、牟利其中的深刻道理。

虽然没有参与其中，董明珠却借“坐山观虎斗”之机，为格力产品悄然进入南京市场赢得了一个战略时机。当交战双方无意进一步恶战后，南京的酷暑时期也临近了，空调家电开始进入了卖方市场阶段，售价不降反升。

眼见机不可失，董明珠开始发力，各种格力产品乘虚而入，江苏五交化炒冷门货的策略大获成功。据公开数据显示，1993年的南京市场，格力的销售额达到了5000万元，占据了格力当年销售总额的1/6。而董明珠的销售额就高达3650万元，董明珠成为格力立下赫赫战功的营销女将。

三 兵临城下，南京暗战

市场经济200余年的发展，某种意义上就是无数场看不见硝烟的战争。如果说1993年发生在南京的空调商战，还限于经销商之间你争我抢的话，那么，接下来的1994年，则给董明珠留下了意义深远的印象。

受邓小平南方谈话的影响，1992年后的中国市场经济加快发展，人们对高质量的生活要求进一步显现。这从全国空调行业的生产和发展即可见一斑。

随着空调产品的热销，其带来的可观利润也诱惑着越来越多的生产厂家。一时间，全国各地掀起了一股上马空调生产线的热潮，名目繁多的空调品牌如雨后春笋般涌现出来。这种状态在1994年更是达到了一个阶段性的巅峰，进而导致全国市场上的空调产品出现了相对饱和的局面。

再来看看董明珠负责的苏皖市场。

1994年的苏皖天气似乎有点古怪。春天，阴雨连绵不断，一直是低温的天气。到了往年空调开始旺销的四月，低温的状态仍在持续，很多人在晚上睡觉的时候甚至得盖上一层薄被。这种气候之下，空调销售市场已没有了往年的火热场面，即便广告轮番上阵，局面依然变化不大。

面对如此情景，坐镇此地的董明珠开始焦急起来，她一边继续着自己空调产品的配置，一边又暗暗地祈盼着天气快点热起来。

然而，屋漏偏逢连夜雨。

这年4月的下旬，江苏五交化新来了一位汪总。因为有了1993年的成功合作，董明珠和这家经销商之间的关系已十分融洽。一天，汪总约董明珠一起去苏北煤城徐州。

出发的那天，董明珠早早地就起了床，收拾妥当后便赶往约定的地点。路上适逢上班高峰，人来人往。突然，没留神的董明珠被一个骑自行车的小伙子撞上了，她倒在地上，腿部一阵钻心的疼痛。自知理亏的小伙子马上下车，扶起了董明珠，一个劲儿地道歉，“要不要扶你到医院去看看？”

董明珠自以为就是被自行车蹭了一下，不会有什么大事，更何况还有着与汪总的约定，便让骑自行车的小伙子走了，自己一拐一拐地继续赶路。等到见着江苏五交化汪总的时候，面对关切的询问，董明珠依然强调说“没事”，甚至还催促着赶紧到徐州。

车行路上，董明珠腿部的疼痛却越来越厉害，被撞的部位开始肿胀起来。到了目的地，董明珠骨子里不轻易低头的个性充分展现了出来。她愣是强忍着疼痛，坚持一拐一拐地走着，直到与汪总一起处理完所有的事情。

回到南京，董明珠终于没能再坚持下去，她不得不马上去医院进行检查。结果表明，她开始低烧。“你是疲劳过度了，被撞只是一个诱因。你得小心，弄不好会大病一场，必须马上住院。”医生如此警告着董明珠。

就这样，不轻易低头的董明珠不得不在医院里住了下来。而让她完全没有料到的，这一住竟然就是两个月。

住在医院里的董明珠，更加折磨于窗外绵绵不绝的阴雨天，心情越发郁闷。尽管这样，她还是想方设法去掌握苏皖空调市场的情况，而一个数字的出现，在瞬间压得她喘不过气来——国内空调的生产量将会达到500万台，进口量将有200万台。这也就意味着，国内市场空调总量将猛增到700万台。

潜意识里，董明珠似乎已经闻到了一场火药味更浓的空调大战正在到来。当这场大战落幕后，董明珠也明白，品牌力度不够的小厂家亦将随之消亡。董明珠的预感显然并不孤立，与她有着相同感觉的，还有当年众多空调生产厂家和经销商们。

到了5月，天气依旧热不起来，住在医院里的董明珠日益焦虑。一次，来自安徽的经销商来医院探望她，可一说起空调便满脸愁苦。此情此景，董明珠至今印象深刻。而她当时能做的，也只有好生安慰自己的经销商们，尽管董明珠自己的心里也没有底。

5月下旬，令人不安的情形开始出现。

制造不安情形的是科龙空调，它率先放弃了价格忍耐，宣布在南京市场降价20%销售一款很畅销的分体式空调机。按照当时的价格，该款空调机降价20%就意味着售价调低了1000元。

果然，一石激起千层浪，空调价格的多米诺骨牌随之倒下。

紧跟科龙之后，所有的空调厂商都不在坚持，一场降价比赛正式拉开。“今天卖6000元，明天就是5000元了。单体窗机最低掉到了1000元，价格低得让人心惊肉跳。”这便是当年舆论对那场降价大赛的描述。更有甚者，杭州的一家商厦看起来空调生意红火，可月底结算才发现，“连一碗饭钱都没有挣到。”

眼看着价格战越打越惨烈，董明珠也似乎看不懂了——很多空调的售价已低于生产成本。

躺在病床上的董明珠，外人看起来一副安静的模样。然而，在她那看似平静的外表下面，感受到的却是空调厂商们正在展开的血腥搏杀。身为格力主导江苏市场的营销人员，董明珠每天一看报纸，压力就无形间大增。

怀揣格力梦想的朱江洪见苏皖市场局面惨淡，也一天比一天着急起来。再加上董明珠迟迟不能出院，更是心急如焚。而随着越来越多空调厂商的竞相降价，摆在格力面前的“价格战”，已经成为朱江洪夜不能寐的一大问题。

终于，朱江洪无法再顾忌那么多了，他把电话打到了董明珠的病房里：“大家都说要降价，我想听听你的意见。”

已煎熬多日的董明珠，不禁一阵心热，她似乎真实感受到了自己在朱江洪眼里的分量。不过，董明珠显然也明白，信任即意味着责任，朱江洪对自己意见的征询将直接影响某种决定。于是，董明珠慎重地回复了朱江洪：“给我3天时间，3天之后，我一定答复你。”

挂上电话，董明珠顾不上仍未康复的病情，她决定立即下市场，因为她需要更真实的一手决策信息。

在一家商场，董明珠走进了冷冷清清的空调专区，与一位销售员攀谈起来："科龙降价后，产品能走吗？"

"你不是看到了吗？根本就没有顾客。"这位空调销售员十分无奈。

接下来的市场调查，让董明珠不得不接受一个严峻的事实：南京多家商场里都堆积着格力的空调。

回家的路上，董明珠想了一路。她从1993年格力空调在南京市场上出其不意的良好表现，想到了如今门可罗雀，巨大市场落差让她无法心甘。显然，空调是用来防暑的。为什么天气不热的时候，很多人就迷惑了，看别人降价自己也非要比着降价呢？

猛然，董明珠的脑子一震，她似乎有了一个清晰的思路：时下买空调的基本是单位和有钱的个人，上一年的火爆很大程度上在于天气炎热，而今年的天气显然偏冷，再加上持续的价格战，导致消费者越来越多的出现观望，消费更趋理性，越降价也就越少有人买了。在董明珠看来，为了下一步市场的主动，格力空调不能降价，只有豪赌天气了。

想到此，董明珠给朱江洪打了电话，如实汇报了自己的调查结果，并和盘托出了自己的想法，"不能降，天气太冷，降多少消费者也不会买！"

与朱江洪的电话结束后，董明珠似乎有了一种重生的感觉，她长长地舒了一口气，原先的巨大压力也消失得无影无踪。事后，董明珠才知道，她是格力团队里唯一坚持不能降价的人。

接下来，董明珠开始主动约谈老客户，希望他们能尽可能地帮助格力消化一些库存。这期间，董明珠也再次明显感受到了市场的非凡冷漠。一部分有耐性的老客户听了董明珠的意见后，为难之下也勉强答应；而不少已没有耐性的老客户索性很干脆地挥手，"我这里的空调连过道都堆满了，不要了，太多了。"

然而，智慧者多能绝处逢生。

1994年5月一过，苏皖的气候开始发生明显变化。到了6月中旬，天气转热的趋势日益明显，一天比一天热。而在太阳的持续暴晒下，南京的地面开始发烫，中午的大街上行人也变得稀少起来。据资料记载，当时南京的温度一度达到了惊人的38℃，最低温度也在30℃，"一桶水泼在地上立马就干了。”

这种天气的转变，也很快反映在了空调市场上，很多商场的空调专区又热闹了起来。终于，董明珠坚持“不降价”的意见开始得到市场的回馈，苏皖空调市场随着天气的火热转向了热闹。

眼见如此，董明珠又第一时间给朱江洪打电话，“南京天气暴热，赶紧给各地发货。”于是，格力整个的销售部门立即行动起来，大量货源赶在客户申请之前就发了出去。而那些过早降价的厂家则纷纷后悔起来，尝到了市场的两面性。

再来看格力，情形完全不同。负责苏皖市场的董明珠更是电话不停，商家要货的电话催命一般接踵而至，至今让她清晰记得的一句话就是：“为什么你们的货还没有到？”

就这样，接下来的几个月里，在董明珠的带领下，原本陷入绝境的格力空调不仅转败为胜，更大获全胜，得以华丽转身。据后来的公开数据显示，1994年格力空调总销售额达到了8亿元，令人惊奇地闯进了首届“中国十大名牌空调”之列。

若干年后，不少分析者在谈到董明珠的营销之路时，1994年都是不可或缺的精彩一幕。

显然，董明珠牢牢地把握住了自己营销的产品——空调的特性，并深刻认识到了气候的变化特性。在董明珠看来，市场随时都会发生变化，当一些次要因素产生影响的时候，作为业务员务必深入第一线，牢牢把握住产品的特性，根据产品的特性采取应对策略，才不会赔了夫人又折兵。

尤其是面对市场的不确定变化时，尽管内心里忍受着非凡的煎熬，董明珠并没有轻易地改变思路，参与到众商家之间的竞争，更不愿参与不良的价格大战。这是一个业务员把公司利益置于个人利益之上、富有独特眼光的根本表现。更为难能可贵的，当整个格力团队都要求降价参与竞争的时候，董明珠仍能坚持自己的看法，决不跟风。

正因为有了1994年的空调商战，董明珠得以首次全面显现自己过人的营销智慧与责任担当，也为朱江洪的格力梦增加了有力的一枝画笔。而她这种专属的个人性格与魅力，最终也成就了今天中国商界的女皇级人物。

四 铁打营盘，流水的兵

董明珠的1994年，可以用惊心动魄来形容。而这一年的收获，对于格力电器和董明珠个人来说，都有着非凡的意义，称得上是一个转折之年。

为了尽早帮助格力打开江苏市场，攻下南京市场之后，在董明珠的精心组织和亲力拼搏之下，格力又抢占了苏州、无锡、常州等苏南的市场。在此期间，董明珠经常不辞辛苦地沟通经销商，甚至二级、三级的代理商，并亲自为一些代理商做培训，教给他们一些维护客户的窍门。经过一番用心的努力，格力不仅增强了对代理商的服务力度，更在用户和经销商间培养出了深厚的感情。

而在攻战苏南的同时，在董明珠的强力主导下，格力还兵分两路，渗透到了苏北的徐州、扬州和泰州等地区。这其中，泰州还有着“春兰空调的领地”之称。如此布局，不难看出格力寄望在江苏市场局部渗透，进而达成局部成熟的战略目标。

不久，格力在江苏市场和安徽市场就呈现出了双旺的态势，其发展可谓已入佳境。

然而，天有不测风云，世事难以全料。

1994年的秋冬时节，也就是格力苏皖布局渐入佳境之际，其团队发生了一件影响巨大的事件。此次事件不仅在格力的发展史上有着重要位置，也直接影响了董明珠的职业人生。这就是中国家电行业中有名的“格力集体辞职事件”，一些舆论也曾称其为“格力危机”。

有必要先了解一下“格力危机”发生时的相关背景。

自1992年邓小平南方谈话发表之后，中国的经济形势终于摆脱了裹步不前的被动局面，呈现出明显积极向好的态势，尤其是市场经济特色加快显现，以至于国内外不少舆论用“亢奋”一词来形容。

尤其是1993年后，在整体经济运行不断高企的大环境之下，作为国民经济运行主体的企业，也呈现出全盘扩张的态势，企业家的社会地位受到了社会的热捧。进入1994年，中国商品市场日渐饱和，买方市场的态势开始显现。在这种局面下，为了尽可能地抢夺市场份额，众多商家竞相掀起各种商战，如促销战、人才大战、价格之战等等，竞争态势空前激烈。于是，人们开始变得浮躁不安，整个商品市场人心浮动，许多名贯一时的企业倒下了，而更多的新兴企业站了起来。

为了尽可能地让自己占据有利地位，在市场竞争烈度持续升高的大环境中，许多商家已无法自拔，使国内商品市场的竞争开始从“激烈”向“惨烈”迈进。这其中，企业间互挖墙脚的手法层出不穷，甚至到了无视游戏规则的地步。于是，跳槽离职开始逐渐成为一种职场风气，并上演了众多影响深远的集体人才事件。

从当时中国整体经济发展的角度上看，企业间人才的加快流动，不仅打破了传统计划经济体制人员铁板一块的僵化弊端，更是中国企业向现代化企业成长与发展的根本需要。而放眼全球200余年市场经济的发展历程，一个社会人才的自由流动程度，往往也是其现代文明发展的一种标志，是社会活力的必要体现。

于是，当企业与员工双向选择的观念在中国社会逐步深入人心的时候，全国各地包括企业、机关单位，高层人员跳槽的事情开始经常发生，而媒体舆论也常常出现用相当篇幅聚焦各类集体跳槽的现象。

如1994年第10期的《创业者》杂志就曾这样写道：

市场经济的滚滚春潮，在中国大地上经过10多个年头的冲击奔突，终于毫不留情地把浪头打向传统人事制度的坚冰，掀起了一股不可逆转的人才流动冲击波。然而，这一改革举措在大大推进经济社会向前发展的同时，同样也是几家欢喜几家愁。

人才流动大气候的形成，对万万千千的各类人才来说，实乃是天赐良机，并由此带来一场轰轰烈烈、欢天喜地的大骚动。诱人的高薪，促使一些企业的技术人员跨行业、跨地域、跨所有制跳槽。苏州一家国有丝厂有4位工程师，因挡不住每人2万元储蓄款和1套住宅的诱惑，一起跳槽到江阴市华土镇的一家乡镇办丝厂工作。他们丢掉的是“铁饭碗”，捧到的却是“金饭碗”……南方某石化厂近些年来被各种“三高”的外资、合资以及乡镇企业的汪洋大海包围，使得原本收入颇丰的石化厂，一下子变成低薪企业。北方某市的W君有硕士学位，就职于某研究所。过去课题他研究别人挂名，所得奖金摊到名下已没有几文，颇有些穷困潦倒的意味。珠海人才市场开张，他跑了一趟，对方就叫“办手续”。单位左拖右磨就是不放，对方一个长途直拨：“什么都不要，你来吧！”

如此景象，足可见当年中国社会的人才“骚动盛况”。

再来看看与格力息息相关的空调行业人才流动的情况。

如前所述，在政策性及自发性的作用下，1994年的中国，大大小小的空调企业如雨后春笋般地涌现。然而，由于经营能力和文化修养参差不齐，不少企业的领导者对市场产生了一种幼稚的错误观念，过分夸大了某个人或某些人对企业成长的作用，有些企业甚至把产品的好卖仅理解为只要有所谓的营销人才就可以达到。于是，不计任何代价，用尽各种手段，或暗或明地从同行或其他企业中挖来营销人才，一度成为很多空调企业的选择。

正是受到了这种不良人才观念的影响，一些销售人员也不断地自我膨胀，过高地估计了自己在企业中的作用，有的甚至将自己的去留等同于企业的生死。“如果不是我，今年企业经营就有困难了。”这样的话一度成为当年许多企业销售骨干的口头禅。不幸的是，开始迈向成长上升通道的格力亦未能幸免。

1994年秋的一天，格力办公大楼的会议室里传来了争论的声音，主角是营销经理王某和格力老总朱江洪。

营销经理王某：“朱总，您想想，1991年度，海利（格力的前名）的销售总额仅仅只有6000万；当时我们这帮业务员在不同的城市里各大商场间奔波着，有时候我们兜里的钱只够付车费的，我们住着最便宜的旅馆，却一直为公司在外卖力。功夫不负有心人，到了1993年底，咱们年销售额上升到了3个亿！大家打心眼里为提高的业绩感到高兴，心想终于跟公司一起熬到了收获期了，可以缓解一下生活的拮据了。可是朱总，您却在这时候提出销售人员的提成比例下降到0.28%至0.38%的计划。说实话，我大小也算是销售队伍的领导，这样的话我还怎么做领导？我没有办法在员工拼死拼活为公司效益奔波的时候告诉他们，这一切努力还比不了从前呢！”

朱江洪一边耐心地听着，一边思考着，营销经理王某说完后，他便和颜悦色地回应道：“小王啊，公司的这次政策调整，销售人员心里对新政策不满，这些我是知道的。情绪嘛，也是可以理解的。但是我不希望他们错误且固执地认为，格力之所以有今天这个业绩支撑着在行业内站稳脚跟，功劳都是他们的；企业在利润翻番的情况下还对销售人员的收入进行调整，也不代表公司是在压榨你们的劳动成果，公司也是有全盘考虑的。”

朱江洪顿了顿，继续耐心地说道：“你想想，企业之所以有现在这样的成绩，应该说是各部门密切合作、共同努力的结果。物流没有功劳吗？生产部门没有功劳吗？销售部门是做出了很大的贡献，但不能忽略了为新产品废寝忘食的技术专家们。可以简单地想想，不管销售人员怎么能说，如果产品质量不过关，怕是也没有用吧！”

朱江洪又进一步强调说：“小王啊，咱们不能把格力的成绩都算在销售人员的身上啊！你们销售拿的工资有的已经是生产部门工作人员的十几倍了。同样是为了公司，劳动工种不一样，待遇的差距拉得太大，别的部门在心理上也很难接受。我们不搞平均主义，但也要讲究相对的协调，公司只是适当地调高他们的待遇，稍稍降低了一下你们销售的待遇，两头拉一拉，大家都平衡了嘛！”

最后，朱江洪用劝解的口吻说道：“你也是公司管理层的成员，我希望你也能站在公司长远发展的角度上替公司考虑考虑！大家都理解理解嘛！”

在朱江洪说完自己的一番话后，会议室里陷入了一阵沉默。过了一会儿，营销经理王某又继续说道：“产品质量只是打开市场的必要条件，而不是充分条件，并不是质量好、品种新，产品就一定能畅销。而只有通过成功的营销将一个好产品推向市场，让消费者知道这个产品，才能让他们进一步地接受这个产品、购买这个产品。”

会议室里再次出现些许骚动。

原来，随着格力在1994年进一步扩大了收获，考虑到不同部门及整体员工的利益平衡，保证整个企业能够持续稳定发展，朱江洪力主进行薪酬调整。而作为公司营销部门主管的王某，认为薪酬调整方案是对销售部门福利待遇的削弱，会极大地打击销售人员的积极性。于是，才出现了上述争论的一幕。

显然，朱江洪与营销经理的一番争论，表面上看属于公司内部员工的利益分配问题。然而，考虑到营销经理也属于公司管理层的一员，两人的上述争论，在更深层次上却暴露了完全不同的企业发展理念和价值取向。

眼看会议室里众人的心思再次躁动，朱江洪把目光投向了一直低头、若有所思的董明珠。

“小董啊，这个事情你怎么看？你也是个业务骨干了。”

众人的眼光瞬间随着朱江洪的话转向了董明珠。董明珠心里明白，自己本就属于营销部门中的一员；可她更懂得，公司若没有整体效益，所有人的利益就都无法保证的简单道理。于是，董明珠决定不委屈自己，她要表达出自己内心最真实的想法。

“嗯，朱总的话有道理，比王总的话更贴近当下事实一些；可是王总的话也不是完全没有道理，我也是做销售跑业务的，当然能体会到其中的艰辛。可是在当代中国，确实好多质量不差的产品滞销积压，以至于好多企业都拿销售人员当救命星、太上皇。”

董明珠略作停顿，继续说：“不过，话又说回来，各有各的工作。管理人员与营销人员立场不一样，看问题的角度也就不一样，但是不管如何，公司的利益是最重要的，只有我们各个部门团结一心，公司的效益弄上去了，大家的生活才有保障，员工与公司其实还是相互依存的关系啊！”

说完这些，董明珠似乎觉得说得有些多了，便不好意思地补充说：

“朱总、王总，我这人一说起来就没完，话有些说多了啊！”

坐在一旁的朱江洪感到了些许欣慰：“我觉得说得挺好的！小王，你说是吧？”他把话题转向了刚发完牢骚的营销经理王某。

话已至此，原本不想让步的营销经理，也只好“嗯”声附和着，会议室里的争论算是暂时告一段落。虽然薪资方案最终获得了通过，但根本问题并未得到解决，而董明珠似乎也预感到，或许要出什么问题。

果然，不久之后，格力高层就收到了营销经理的辞职信。

据说，这位营销经理离开格力后，将会成立一家商业贸易公司。然而，这只是格力“集体大辞职”的序曲而已。

很快，格力营销主管辞职的消息就在业内传开。不到一个星期，另一家空调厂的负责人就闻讯而来，找到了已经离开格力的王某。在这家空调厂的负责人看来，王某不仅是一个人才，更是自己空调厂不可错过的振兴机会。

两人一见面，便直入主题：“早就听说王先生在销售界的大名，今日一见，想不到王先生这么可亲。我们厂是家私营企业，刚刚起步，各方面也在日渐成熟，不过我们的经营还是很不错的。”

这位负责人眼见王某不为所动，便笑着往下说：“我们公司很希望能得到您这样的人才辅助。报酬你放心，我这个人做事讲的就是说话算话、公平公正。凭什么咱业务员在外风吹雨打，回来后领到的薪水还那么低啊？”

或许是觉得来了一位知音，王某终于笑了。

慕名而来的这位企业负责人便因势利导，继续说道：“如果王先生你能把你在格力的整个团队带过来，那么咱们的销售团队年销售额超过3个亿应该不是什么问题，我在待遇上绝对不会少你们的，业务员最多可拿到3%的业务费，外加2%的广告费，一共5%的提成。怎么样？”

如此条件，让做了多年销售的老手王某也心里一振。5%的提成，这可是格力的10倍，想不被诱惑怕是不可能的了。当然，这样的高利益诱惑，自然也附加了一些条件，那就是王某需要带走格力销售部门原来的那套精英人马，加入到这家慕名而来的空调厂家。

接下来，事情的发展也就在情理之中了。在不长的时间里，格力原有的营销精英们相继辞职，速度之快让格力的管理层也大感意外。其实，这也从另一角度暴露了格力当年人事管理存在的巨大漏洞。

即便是在今天，一个企业里的优秀员工离职，其对士气所带来的影响依然很大。这就是比尔·盖茨也不得不发出如下感慨的根本原因——“谁挖走了微软最重要的几十名人才，微软可能就完了。”显然，留住企业精英，是中外企业管理者都必须在思想深处加以重视的事情。

接下来，更令整个行业吃惊的一幕，便发生在1994年11月18日这一天。

此前一天，格力在珠海刚刚举办了1995年订货会。第二天，也就是11月18日，在同一地点，格力原营销经理新加盟的空调厂家也召开了自己的订货会。更让格力公司无法想到的，原先相继辞职的那批营销骨干，也紧跟王某之后，站在了这家空调厂的销售队伍里。就这样，一个以格力原营销经理王某为代表、10名原格力业务骨干组成，服务于竞争对手的经营销售团队正式登场了。

若干年后，董明珠在回忆当年的场景时，曾如此表述：这些人在格力的时候都是独当一面的业务高手，各有所长，多年来每个人都积攒了一批铁杆客户。也正是在这些人的努力和带动下，刚刚才参加完格力订货会的数百名经销商中，有近9成又跟着来到了这家空调厂的订货会上，并签下了数目可观的大单业务。

如此一幕，瞬间便在中国家电行业里传了开来，并在全国经销商和舆论间不断发酵。

有声音责怪这些离开格力的销售人员“”“忘恩负义”；有声音为格力人才群体性流失、客户撤资感到惋惜；也有一些声音认为，连领导层都有人跳槽，格力的凝聚力显然存在问题；当然，还有些声音则乐在其中。

在这些声音之外，更多的人开始担忧起格力的未来了。就连格力内部，也出现了相当程度的人心恐慌。

那么，董明珠呢？

第6章

『董小姐』临危受命

众说纷纭的『集体大辞职』，把格力推上了舆论的风口浪尖。巨变之下，董明珠仓促间临危受命，掌领起了格力电器的销售队伍。受命之际，国内空调业便迎来了『凉夏血战』。董明珠初生牛犊不怕虎，率直的个性依然不改，不仅坚守着『让市场不让利润』的底线，还无可选择地充当着一个革命式的领军人物。因为，格力能留给她的，只不过是一支被抽空了战斗力的团队……

一 忠诚不仅是种精神

格力“集体大辞职”虽然持续发酵，但格力幸未损失对手点名想要的大将——董明珠。

说起当年的情景，了解内情的人士后来披露，董明珠早就被格力的竞争对手所关注。

在上文所说的那家空调厂对格力摸底的时候，便看中了销售成绩排名第一的董明珠。当王姓经理人决定转投的时候，该厂的陈总便向他提出了“最好把董明珠也挖过来”的想法。

当时，尚任格力营销经理的王某曾向对方信心满满地表示：“我平时里跟董明珠关系不错，但是挖董明珠这个人要给她出更高的条件，因为她要负担起供养家庭的责任。咱们厂子开出好的待遇与条件，才有足够的吸引力让她过来，我可以去说服董明珠加入我们的团队。”

那位陈总闻言，也曾高兴地承诺：“这件事务必尽快完成。只要她过来，待遇不满意的话都可以再商量。你一定要想方设法争取到董明珠，这可是一员大将。”

为了实现承诺，王姓经理曾主动找到忙碌中的董明珠。那个时候，看到曾经的顶头上司主动找到自己，董明珠忙把手头的事放了下来。必要的寒暄之后，两人很快就进入到了实质性话题。

“小董，你看啊，咱们平时关系也不错，现在××空调厂的老总看中了你的销售才华，机不可失。只要你过来，万事好商量。再说，我们厂子的待遇是格力的10倍多，我也知道这些年你一个人养家也不容易，同样是打工，在哪儿还不一样。我都觉得，陈总这么赏识你，前途无量啊！”

王姓经理的话让董明珠一时沉默了。

她想了一想，不慌不忙地笑着说道：“王总，论个人关系，论经济收入，我应当和你一起去××空调厂的。不过，在如何发展企业的大问题上，我跟朱总还是一致的。换种说法，从大局看，我不得不承认朱总的话有道理。企业是一个整体，单靠某个部门或者几个能人，或许能发展一时，但绝对做不大。所以，我觉得一个企业如果想做大做强，只是依靠强大的销售是远远不够的，必须协调好研发部门、生产部门、销售部门和售后服务部门之间的关系，使企业的所有指头都捏成一个拳头，企业才能真正发展起来。作为我们个人，也只有待在这样的企业才能有所发展，才能有真正的前途。”

王姓经理及时抢过董明珠的话头：“你看，新厂子同意销售回扣有5个点，收入多高啊！大家一起过去，干点事吧！”

王姓经理还借用体贴的语气补充说：“我知道你养家也不容易，帮你算了笔账，新厂子的待遇可不是个小数目。安徽、江苏以及北方市场都有你的关系网，如果你来了，一年销售至少能有5000万，你的提成少说也有200万吧！”

董明珠完全明白这笔账，但她更是懂得，如果自己和王姓经理一起离开，大概不需要太长时间，格力就会被这家挖人的新空调厂吃掉。

然而，王姓经理所不知道的，在面对企业忠诚度方面，董明珠显然要强出一般业务员一大截。了解董明珠的格力老人都知道，董明珠之所以能成长为格力最强的销售员，靠的并不仅仅是她的销售技巧，更重要的是她的职业操守。所以，王姓经理欲挖董明珠的想法，碰壁将是不可避免的。

顺着王姓经理的话，董明珠回应说：“王总，并不是说我董明珠有多高的境界啊。但是，我当初的的确确是受益于格力，是格力培养了我，把我带入到这个行业。这几年，可以说我是跟格力一同成长起来的，不单是说格力对我有‘知遇之恩’，其实我自己的内心也已把格力当成了家。不管它面临多大困难，无论如何我是不愿意亲眼看着格力在自己的眼前垮下去的，我心里承载不了啊！所以，即便你们的陈总给我的条件再优厚，我想我也无法离开格力呀！”

“小董，先不要把话说得这么绝对嘛！咱们凡事好商量。”见董明珠态度这样坚决，王姓经理连忙打起了圆场，试图缓和双方谈话的气氛。

“其实我们的离开是体制的问题。在现有的国有体制条件下，格力作为国企也有着许多国企的弊端，许多部门人浮于事，做事的很少，伸手要钱的却很多。就拿这一次调薪来说，许多部门的员工都可以喝喝茶混混日子，只有我们销售部门的员工每天风里来、雨里去。最后企业做大了、做活了，待遇反而降低了。降低的原因仅仅是那些喝茶水、看报纸的人心理不平衡。让高效的人放弃利益为低效的人服务，这样的企业能谈得上有发展么？能算得上有前途么？陈总的私企就不同了，凡事以业绩为标准，财务制度相对较为自由，给予销售部门的待遇也很高，这说明他对于销售工作的重视以及对销售人员价值的认可。俗话说得好嘛，‘人往高处走，水往低处流。’作为一名销售人员，只有一个广阔的销售舞台，才能体现出自己的人生价值啊！”显然，王姓经理并不死心。

然而，董明珠依然不为所动。

“王总，您作为我的老上司，无论是以什么方式回到格力来看我，我都感到非常的高兴。如果只是为了拉我离开格力，真的很抱歉，我做不到呀！”

见董明珠语气不对，王姓经理连忙打断了她的话说：“我觉得你还是先不要下这样的结论。要不你抽空先到我们空调厂走一趟，先看看我们的状况再作决定也不迟啊！”

其实，王姓经理力邀董明珠去新厂参观，有着自己的心思：他一方面希望借此能让董明珠动心，最后改变决定；另一方面，即使董明珠最后还是不愿留下，自己的新老板也不能再责怪什么，毕竟人他还给带来了，留不留得住只能看陈总的空调厂实力如何了。

最后，董明珠碍于情面，便答应了王姓经理，自己可以去一趟他所在的新空调厂。不过，董明珠所想的并不是什么跳槽，她也有着自己的内心打算——借机会搞清楚这家企业究竟凭借什么挖走了格力的销售团队。

不久，董明珠如约前往，她先后去了两趟陈总的空调厂。每一次去，她都在心里默默地观察比较着格力和这家私人空调厂，连很多细节也没放过。甚至在第二次离开的时候，她还不忘帮着格力欲召回离去的王姓经理。

"王总，你看，格力管理上的毛病并不是朱总的管理思想问题，而是朱总的思路在企业各阶层中贯彻得不到位。眼前这家私企只不过是一家临时投资空调生产的投机者，从长期规划到短期计划，一律空白。陈总只是认定了一个道理，营销做不上去绝对不行，但你我都明白，营销只是企业经营的一个部分而已，还有其他方面也很重要，比如成本控制、现场管理、质量管理等。一句话，企业的后备补给跟不上，先锋部队冲得再远意义都不大。而后期衍生出来的成本高于零售的现象，也会在后期的价格战中必定发生。"

董明珠顿了一下，接着说："相比较而言，这家私营空调厂的计划不及格力长远，陈总的责任心、视野远不及朱总。总而言之吧，王总，我也希望你能看到这一点，好好考虑一下要不要回格力啊！"

董明珠的这番话，给了王姓经理一个措手不及。他是如何也没有想到，自己相约董明珠的这一趟参观，不仅没能成事，反而被董明珠来了个反间一计。

对于董明珠来说，她对竞争对手的参观也不虚此行。

其一，正是对竞争对手的两次参观，让董明珠看到了当时中国私企存在的优点与问题，增加了她自己对市场的整体认识，为她后来的团队整顿储备了必要的思想养分，也坚定了董明珠要留在格力的想法。

其二，对竞争对手的参观，给了董明珠进一步认识国有企业的比较优势的机会。当年的实际情形表明，单就企业发展的硬性条件而言，国企的优势很明显。如领导层的综合文化素质要高于私企老板，其中的大多数拥有大学文化，有的还长期担任着工业领域的行政干部；另外，虽然格力的职工存在着无所事事、甚至不干事的现象，但是国有企业干部队伍总体上比较稳定，只要注重强化管理，进行有效的激励，情形就可以改变过来。

其三，由于有前两个方面的深刻体会，董明珠深深感觉到了格力进行企业改革的必要性，也进一步增强了对格力未来发展的信心。

这些自然也是后话。

我们的话题再回到董明珠和王姓经理的身上。

劝说董明珠跳槽失败后，王姓经理的新老板——陈总，却似乎更加衷情于董明珠了，一度死追不放。其间，陈总甚至发动了公司所有从格力跳槽过来的业务员，提出谁能挖来董明珠，将奖励人民币10万元。

就这样，接下来针对董明珠的游说便络绎不绝起来。而面对自己曾经的同事们，董明珠也总是旗帜鲜明地重复着自己的原则：一是格力没有对不起自己的地方；二是朱江洪会是个好老板；三是对格力团队的情感已无法割舍了。

如此这般，董明珠在过去同事们的眼里便“软硬不吃”了。据说其中就有一个董明珠的好友被逼急了，这样直言董明珠：“朱总是不错，但他不能包打天下，国有企业的旧体制谁都回天乏术。”

面对嘲讽味道的回应，董明珠只是淡淡一笑。在她看来，老同事的急无非两个原因：要么是过分自信，将销售员视为企业成败的“救世主”；要么就是过于看重了业务员的实际收入。

而在董明珠的内心世界里，她无法违背自己的情感，或者说是对格力心生的某种忠诚。事实上，与市场经济发展相伴而行的，便是中外企业都会遇到的企业忠诚度问题。员工的忠诚是职场中最值得重视的美德之一，中外皆是如此。而对于一个成长中的企业而言，员工的忠诚犹如万里长堤的基石。

所谓的忠诚，就是尽心尽力、忠于人、勤于事的奉献情操，它是一种发自内心，饱含着付出、负责甚至牺牲的精神。它在本质上是一种负责的职业精神，而不仅仅是指对某个公司或某位老板的狭隘忠诚。

董明珠恰恰拥有着这种忠诚。

在董明珠看来，每个企业的发展和壮大都离不开员工的忠诚。只有员工对企业心怀忠诚，大家才能心往一处聚，劲儿往一处使，进而最大限度地发挥出团队的力量，员工自己也能相应地得到更多的成就感，工作也会成为一种人生享受。

正因为如此，那段时间里，董明珠觉得已经习惯性地把自己放在前同事的对立面——对方坚信格力垮掉的时间不远了，而董明珠则认定那家私营小空调厂不会有任何前景。

就这样，老同事们游说不成，董明珠的反游说也没有取得进展；他们既没能把董明珠带走，董明珠也没能把他们召回格力。双方在磨破了嘴皮子后，最终只能不欢而散。至于此时的王姓经理，则放弃了继续努力挖人的想法，他似乎彻底了解了董明珠。

那个时候，董明珠也时常显得很激动，并且表现得很坚定。她认定了一个理：人要干一番大事业，企业要有大发展，都必须有一种精神作为支撑，都必须怀揣着理想与信念。

至今，董明珠还记得，当年面对那些游说自己的人曾说过的那句话："记得有位在世界各地开餐馆的老板谈自己创业经历的时候说，我问自己，我要开什么样的饭店？它应该是这样的一个地方——当一个人来过离开后，他还想带着他的亲人、朋友再来这里。这不是纯粹的金钱问题，而是一种人生的信念。"

当年的格力，正需要这样一种精神力量。

二 从业务员到部长

现代企业制度的实践表明，员工的忠诚与企业的信任是相辅相成的。当一个人为企业投入的忠诚越多，其收获的团队信任度也会越高。与此同时，忠诚不仅有其独有的道德价值，还蕴含着巨大的经济价值和社会价值。

当然，忠诚不是用嘴巴说说就能做到的，它更需要经受实践的考验。当公司经营出现危机的时候，往往也是最能检验员工忠诚度的时候。

对于董明珠来说，自加入格力营销队伍以来，做什么之所以都能沉下心来、脚踏实地，靠得就是一种天生的忠诚信念。真诚地支持公司，决不将自己与公司的发展对立起来，也是董明珠能给他人信赖感、让别人乐于接纳、赢得周围人信任的内在缘由。

经历了被挖与反被挖事件后不久，董明珠回到格力公司。当她推开董事会办公室的门时，朱江洪及时地送来了一句话："小董啊，你辛苦了！"

董明珠习惯性地客套了起来："应该的，朱总。"

接着，双方便切入正题。

董明珠主动讲起了上述私营空调厂"挖人"的事情，并回顾了自己前往对方实地调查的情况。随后，她又汇报了江苏市场的情况，交上工作报告和调查表，才算告一段落。

常规工作完成后，办公室里的人便聊了起来。大家从时下中国市场经济谈到了不同企业模式，从民营企业聊到了国有企业。尤其是董明珠，滔滔不绝，"推销能手"的做派完全显现，在朱江洪和几位同事面前化身成了市场分析大师，包括朱江洪在内，几位格力的领导连连点头。

不经意间，一位领导开玩笑地问："小董，你这样坚持为格力做事是为了什么？毕竟格力的待遇要比他们差啊！”

董明珠顿了一下，收回了刚才做报告时的那份激情，语气显得平静：“多年以来，我一直觉得人应该多点儿有意义的事。如果只想着挣钱，老实说，我作为一个销售员，每年的销售量那么大，只要稍微有点儿私心、转一个企业，争取到一个较高的利益分成，这并不是什么难事。不过，人嘛，各有各的处事原则，我不反对其他人把赚钱视为第一目标，但它永远不可能成为我的第一目标。也许有人不相信，即便是我最艰难的日子里，我也没有仅仅为了挣钱而活着。我确实认为，人不是赚钱的机器，每个人都应有自己的事业目标。名垂千古谈不上，帮助一个企业发展，留下一个好的职业名声，为周围的同事提供帮助，这些事情我是可以做到的。”

董明珠说完，在座的人都笑了起来，包括朱江洪在内，大家用由衷的笑声给了她一份赞美和尊敬。

而在董明珠的内心里，此时的朱江洪身上，不仅蕴藏着一份坚定，还闪耀着格力未来的希望。她坚信自己的选择是正确的，并愿意为此努力、奉献。

1994年11月，为期3天的格力订货会如期举行。正是这不长的3天会期，成为董明珠终生难忘的日子。

订货会开始后，各方直接面对面，竞争场面可谓惨烈，气氛都有些紧张。已经跳槽或者准备跳槽的格力员工，此时俨然成了格力的倒台者，他们向经销商公开宣讲格力“内部混乱重重”“肯定长不了”“倒闭后连售后服务都没法保障”等，一系列的恶言恶语产生了极为严重的影响，格力面临着严峻形势。

毋庸置疑，前文所述的“集体跳槽”事件对格力的打击仍在继续，那些离开的业务员犹如一颗颗的地雷。最直接的，便是格力集中出现的货物清单不详、货款追讨困难等混乱局面，有的货款甚至已无从查处，成为死账。格力“集体跳槽”事件在业内的影响是巨大的。当时有人还曾形容格力，其营销工作已经走到了生死存亡的路口。不少媒体也借此炒作，一时间人心浮动。

如此场景，董明珠既心疼又很生气，却也一时找不到充分的理由去说服经销商们。一段时间里，她甚至感到自己都有些有心无力了。

此时的格力一把手朱江洪，显然意识到了问题的严重性。作为格力的缔造者，他把主要精力都放在了产品质量和技术上，对于经营销售的工作一向采取放手的做法。然而，“集体跳槽”事件的发生，不仅震撼了朱江洪，更让他也一时感受到了被动，意识到企业中层干部队伍建设的重要性和必需性。也正因为此，格力的企业精神在后来改为了“忠诚、友善、勤奋、进取”。据说其中的“忠诚”二字，重要的原因便来源于这次的“集体跳槽”事件。当然，这是后话。

然而，当前的局面，谁能尽快扭转呢？又有谁能带领格力走出营销的困境呢？

一番静心思考后，朱江洪觉得既然问题根源出在经营部，还是应该从经营部选择一个熟悉状况、又有出色能力的人出来，重振经营部。

慎重起见，朱江洪和管理层采用了民意测试的方式。在随后分发的民意测试表格中，非常细致明了地规定，必须选一个人出来，不能出现弃权票。很快，民意测试的结果出来了，不出大多数人所料，董明珠得票最多。即使加上公司领导层的考核，董明珠担当格力经营部部长，基本是民望所归。

虽然民意不可违，格力董事会也如此希望，然而，出乎众人意料的，得知民意结果的董明珠，本人并不愿意走上管理岗位。按董明珠后来在媒体上的回忆，她当时之所以坚持留在格力，更多的是看中格力空调的潜在市场还有很大的空白，她想尽自己最大的努力把这片市场撑开。与此同时，业务员负责的只是区域的市场，而经营部部长则需要对全国市场负责，董明珠感觉到了倍增的压力。

于是，民意测评结果刚公布的那段时间里，也是董明珠不知所措的时候。

董明珠的犹豫，没有逃过朱江洪的视线。

“小董啊，既然我们没有能力一步登天，那就先从关键的问题抓起。之前的确没有过多地把注意力放在经营部，经营部的部分人员叛逃后，我才意识到要从根本上理顺经营部的关系，要建立一个与格力的迅速发展相适应的经营体制，这个位子需要一个有能力的人才能坐得住啊！”朱江洪的话，透示着对董明珠的信任，也无异于给了董明珠一颗定心丸。

私下里，朱江洪也找董明珠谈话，询问她的意见，并表示了对董明珠意愿的尊重。董明珠心里很明白，从自己决定留下来那一刻起，就已经跟格力绑在一起了。一番思虑后，她答应了朱江洪。

然而，令董明珠没有想到的，当时所有的亲戚都持反对的意见，很多人在劝她三思：销售精英被人挖走，销售团队变成残阵，这可是个彻彻底底的烂摊子。一个女人，何必要做这份吃苦不讨好的活儿呢？

董明珠完全理解亲朋们的担心，但是事情总要有人干。现在，不仅仅朱江洪认为自己是格力经营部部长的最佳人选，就连经营部的同事们、老主顾江苏五交化等一些经销商，也都认为自己有这个能力，他们是清一色的“亲董团”，都在用心支持着自己。

感动之余，董明珠意外体会了一把“众望所归”的责任。她心里明白，当时的格力，正处在一个艰难的局面，或者说一个十字路口，董明珠希望借此机会能够考验自己。

在企业界，销而优则仕。提拔销售员中的优异者到企业管理层，在中外企业界并不鲜见。而业绩好就一心想着晋升，也成为许多优秀销售员们普遍持有的心态。从销售员到管理者，忠诚与能力自然必不可少。然而，具备这两点就能成为一个合格的管理者吗？显然是不够的。销售业绩很好的人，并不一定能做个很好的管理者，管理者还需要具备一些必备的素质。如：善于表达，精于沟通；能够把握全局，引领方向；公正忘我，责任感强；喜欢挑战，有培养的潜力；具备专心致力达成计划目标的事业心等。

当然，在董明珠接任经营部部长这个问题上，并不是所有的高层都像朱江洪一样欢迎她。如一位领导就表示，董明珠刚刚上任，还没有管理方面的经验，能力到底适不适合还有待考证，建议从副部长开始做起。

于是，董明珠就成了格力经营部的副部长。不过，对于董明珠来说，不论正副都一样，只要能让自己做起来，不问薪金问题，单纯的就是为了格力的发展和未来。

就这样，董明珠从一名销售经理正式迈进了格力的中层管理者。这不仅仅是董明珠人生中重要的一次转型，也是格力的一次革新。

三 新部长开刀私心

在其位就得谋其政。

走上领导岗位后，董明珠的角色开始发生变化，不再是那个四处奔波“谈单子、签合同、追尾款”的销售员了，转身为一名统筹兼顾、胸怀所有业务的管理者了。她甚至暗下决心：只要有我董明珠在一天，绝不会允许格力悄然落寞！我一定要优化这支队伍，绝对不会让以前大规模的跳槽事件再次上演。

“董姐，吃饭了没有啊？”正在思考的董明珠被一声招呼打断了。

“哦，还没吃呢。”董明珠微笑着回应经营部的一位女员工。

不知道从什么时候开始，“董姐”便成了董明珠的别名。一位了解内情的人则披露，“董姐”一词或许是出于年龄，或许是对董明珠营销才能的敬称。

“董姐，都到饭点儿了，你怎么还往办公室跑啊？要注意身体啊！走吧，董姐，刚刚我婆婆托邻居捎来一罐自家腌制的咸鱼，不嫌弃的话，一起去食堂尝尝吧！”女员工继续邀请着董明珠。

“好啊！好久没吃过咸鱼了。”说笑着，董明珠便跟着这位员工往食堂走去。在董明珠的心里，吃不吃咸鱼无所谓，她需要跟员工搞好关系，以便于了解员工间的真实情况。

女员工接着自己的说题：“董姐，这一次价格战打得漂亮，大家私下里都在谈论你的不简单呢。不过，真想不到王总是那样的人，带走咱们的团队精英不说，还拉走了咱们一大批的客户，不然这次凉夏危机中你跟朱总就不用这么累了，我们自己的工作压力也没有这么大。”

董明珠浅浅地一笑，说道：“大家最近工作压力大、任务重，这些公司都知道。你们也清楚，这段时间公司发生了很多事情，现在这段时间对公司、对大伙来说都是很关键的。只要大家团结一心、加把力，我相信我们会陪着格力一起渡过难关的。”

这些话绝不是董明珠在打什么官腔，是她发自心底里的真诚告白。虽然在劝说王姓经理和他的团队时，董明珠的确说了很多格力的优势和前景，自己也是真心那样认为的，但是王姓经理所说的那些问题也确实存在。这对于刚刚上任的董明珠来说，便是摆在眼前的第一要务，整顿已经刻不容缓。

所以董明珠暗下决心，要努力改变，就先从整顿好内部人员的纪律与关系开始。

与董明珠一起聊天的员工是位女性老员工，也姓王，对格力充满着感情。“董姐，你说得很对啊！只要大家一起努力，相信咱们格力一定能渡过这个难关的。想当年，我也刚刚到公司，正逢珠海实行股份制改革，冠雄和海利合并时，咱们每个员工当时都分得股份呢。我们当中最少的都有1000股，那时候的大家就把格力当成自己家一样。现在虽说格力几经波折，改了又改，员工换了一批又一批，但像我们这样的老员工对公司都有感情了，都希望格力越走越好。”

看着小王既有憧憬，又带些失望，还夹着点无奈的表情，董明珠心里说不出来的感觉，她不由得接着话说：“是啊，你能这样说，我很高兴。咱们大家能聚在一起不容易，能一起为格力带来效益，维持大家共同的一个信念不容易啊！我也经常听朱总说，这些年大家都辛苦了，为了把格力的品牌打响，大家在外奔波，公司都知道。但是公司这几年确实有些困难，今年的业绩才有起色，我相信等咱们把格力做大做响了，咱们一定会有好的回报的。”

董明珠的话被这位女员工带回了经营部，大家都在内心里对董明珠更多了一份好感与敬意。

回到办公室的董明珠，沉默地思考着，虽然不是格力一家企业出现这样的问题，但是某些管理者想捞想贪、不干实事，确实正在制约着格力的发展。她觉得有好多问题需要一步一步解决，然而到底要从哪方面着手呢?

此处不妨回放一下当时的一个情景。

就在董明珠想得入神之际，办公室的门响了，敲门声甚至有点儿急促。

“董部长！”

“小吴啊！你好，什么事？”进来的是董明珠新调任负责江苏市场的吴姓业务员。

“董部长，刚刚接到南京一个客户的电话，说1200万元的货款已经打到格力的账上，可是却迟迟拿不到货。”

“账查了吗？钱是否到账？”一听此话，董明珠连忙关切地追问。

董明珠任经营部长前一直在负责江苏、安徽等地的市场，特别是江苏的格力“江山”几乎是她一手打下来的，好多都是自己的老客户。她不由得叮嘱又叮嘱起来：“小吴，江苏地区经济发达，市场前景很大，而且是格力好不容易打下来的，你可千万不要把这块蛋糕弄丢了啊！”

“明白，董部长。”嘴上这样回答着，吴姓业务员却低下了头，似乎有什么说不出来的苦衷。

董明珠似乎看出了吴姓业务员的难言，“小吴，有什么困难你就照实提出来，公司一定帮你解决的。”她有些出于对自己员工的关心，也有些对自己亲手打下的市场独特的感情。

“董部长。”吴姓业务员的声音有些低沉，“现在厂子里的大部分业务员几乎都不出去跑客户了，都在厂子里盯着货。”

没等吴姓业务员说完，董明珠便一下子从座椅上站了起来。她早就听到这方面的风声，深知这样的风气会带来什么样的后果，也一直想确认这件事。

“C部长怎么说？”

“有几个跟我一样的业务员把情况跟C部长反映了，C部长说没什么关系，公司的产品卖出去，卖的是零件还是整机、卖往哪个城市都一样。”吴姓业务员如实回答说。

董明珠实在有些窝火了，C部长这样做，只会把现在格力的市场格局搅乱。不过，转念一想，自己如果断然去谏言，为人一向自傲的C部长肯定不以为然，自己必然无功而返。可是董明珠更在意的，格力好不容易才有了今天这样的成绩，决不能被一时失策和业务员的个人利益搅乱。

沉静了一会儿，董明珠对吴姓业务员说：“好了，小吴，你先去忙吧，这件事我会尽快处理的。”

小吴走后，董明珠连忙拨通了董事长办公室的电话：“朱总，有件事跟您反映一下，就是咱们的业务员搞得现在不出去跑市场，倒是跟内勤关系很是密切，不考虑市场，一味地靠走后门发货。”

朱江洪打断了董明珠的话：“哦，这件事情我知道啊，C部长已经跟我说了，他说这件事他会妥善处理。”

“朱总，您要知道，他的做法是把业务员往倒买倒卖的个体户方向带啊！您也知道，江苏是咱们的主市场，现在业务员跑过来说那边已经严重断货好多天了。您想一下后果，朱总，经营不是这样按需求分配货源的啊！”个性难改的董明珠，在电话里有点急了。

随后，朱江洪亲自过问了此事，他把C部长叫过来开了个会，对经营部的工作重新指示，并将一批30车的货发往江苏，才算化解了这次危机。

由此可见，刚刚就任经营部副部长的董明珠，面临着什么样的工作局面。

或许是要借着这一事件，在之后召开的格力季度总结会上，朱江洪在讲话时主动提出了上述问题。

“本季度虽然说公司的销售业绩在计划内依旧保持强势的上升势头，业绩值得肯定。但是，关于现在业务员不按公司划定的区域经营，为了自己的一些蝇头小利，有的业务员更是私自跟一些商家达成囤货协议，在厂子里排队死盯货的现象屡见不鲜，我希望这些情况在日后的工作中不要再出现。”

按照惯例，董事长发话后，便轮到了底下的几个部长，董明珠自然也在其列。

“大家都知道，格力是怎么起来的。空调属于高档产品，用一句老话说就是‘靠天吃饭’，旺季紧俏、淡季滞销的现象很正常。业务员想提高自己的业绩水平可以理解，但我希望各位不要一味地追求个人的销售量情况，要站在公司的长远角度来权衡市场，不要有投机的心理，利用季节差的可观利润而给公司带来一些货物流失的现象。”

董明珠的发言很是直接，可谓击中了当时问题的要害，甚至让会议室的气氛变得凝重起来。

紧接着，董明珠话锋一转说道：“当然，这些现象有部分责任要归于经营部的统筹安排不到位。根据我对各区域市场情况的一些了解，以及各方面对我们业务员综合水平的深入观察，我发现咱们的业务员责任意识有待增强，不少业务混乱和不协调的现象导致发货工作进行得一团糟。更有甚者，空调出库连出库单都没有，一张白条、几道交情就能把货拉走。这种状况，直接导致我们至今还有好几千万的货款没有追回来！我希望大家把公司当成家一样，一起努力做出各自的贡献。”

后来，有一些文章在回忆当时会议的场景时说，“董明珠的发言使得会议不欢而散。”然而，心怀格力的董明珠，已经管不了那么多了。

私心人人都有，但需要懂得掌握得当，放对地方。我们一般所说的私心，指为谋取个人利益而损害集团或他人利益，或把个人利益置于集体之上的利己思想和行为。当然，私心也可以成为人生的动力，而且古今中外不少人都曾身体力行，信奉“人不为己，天诛地灭”的。但是，人们更多看到的，以私心为人生动力的结果，极容易带来互相倾轧、尔虞我诈的人生环境，直至最终毁了自己。

据说在古代，晋商的钱庄在提拔一个学徒的时候，往往会派他到很远的地方去当掌柜，借此观察他会不会贪，有没有私心，私心有多重。对于私心重的不提拔，干干净净的则会重用，还可分红。

显然，董明珠就是一个诚实、无私的员工样板，正因为其无私的精神，才得到了众人的尊重，赢得了客户与领导的信任。而她自己，更因此赢得了事业，赢得了人生。此为后话。

四 董部长的整肃运动

季节总结会后的董明珠，面对的第一个问题就是隆冬时节积压的19000套空调。之前的做法，通常是每台降价300元卖出了事。然而，到了董明珠这里，却被要求："不行，正常产品降价有损形象。"她出人意料的做法便是，把积压空调分摊给每个经销商。

与此同时，董明珠还就平时的工作细节做了一个规定："上班时间不许吃东西，一经发现，第一次罚50元，第二次罚100元，第三次走人。"当所有人以为她也就是说说而已的时候，很快就有人不幸成为牺牲者了。这其中，后文自有详述。

至于经销商方面，董明珠拿出了自己原则性的一面。当年，许多空调厂都会纵容大销售商，允许他们跨地区经营，这样本地小经销商根本竞争不过，市场也因此被搅乱了。为此，董明珠要求："应该控制大经销商而不是被大经销商控制，所有的经销商都应该平等竞争，按照规模上线享受待遇。"

季度总结会过去若干天，董明珠按着自己的发言和设想预备着下一步的工作。突然，一个电话打断了她："董姐……"电话那头传来了一个年轻业务员带有哽咽的声音。

董明珠听出来了，正是之前向她反应货源问题的那位王姓业务员。

"怎么了？小王，有话慢慢说！"

王姓业务员几乎快要哭了："董姐，还是上次跟您说的济南这家经销商，他欠我们的100多万，现在耍起了无赖。我要他没钱就退货，他居然说我们欠他的债。跟他理论又不通，他无赖地说没有凭证，账本是我们单方面自己做的，不算数。要求看当时的发货单，可是当时的情况那样，根本没有发货单呀……"

董明珠明白，100多万不是一笔小数目，论责任也不是那个业务员能够赔得起，如此情急之下，竟然把一个年轻的业务员压得哭了起来。

“小王，你先回来吧。在那边干耗着也不会有什么结果。”董明珠以前也曾遇到过这种情况，她深知在外讨债的艰辛。

最终，由于格力财务部门拿不出有效的单据，济南这笔100多万元的货款就流失了。虽然很可惜，但是王姓业务员并没有受到太大的追究，董明珠只是专门开了会，要求那个业务员做出深刻的检讨，扣除了3个月的奖金。

济南货款白白流失的事情，深深地触动了各位业务员。因此，以前那种盲目签单的现象少了很多，整个公司的业务规程有所改观，一度混乱的经营部门开始顺畅缓和起来。然而，格力在全国市场的发展还是困难重重，形势并不轻松。

又是半个月后，董明珠又接到了员工的电话，还是欠款、余款的事情，只不过这一次的数额增加到了近400万元。真是祸不单行，董明珠一时也不知道该怎么办。

思前想后，董明珠决定亲自走一趟，她也希望能顺道考察一下当地的市场情况。

第二天，在业务员的陪同下，董明珠来到了欠款公司。她发现这家公司的门脸倒还可以，前台迎接的人也很热情。

“您是董小姐吧？您好！我们D总吩咐直接安排您在贵宾接待室，他马上就到，您请喝水！”

前台服务员所说的贵宾接待室不过是间小的会议室而已，董明珠也无暇顾及太多，她脑子里一直在想着，这个D总究竟是怎样的一个人。

不一会儿，一个40多岁的中年男子推开了会议室的门，笑吟吟地说道：“不好意思，董部长久等了。”

董明珠放下了手中的茶杯，象征性地站了起来。“呵呵，没事。为客户服务本来就是我们的职责所在嘛！”

“董部长，我们都是生意人，说话就不兜圈子了。您看，我们公司最近也是经济周转不开，并非有意为难贵公司的业务员，还劳烦您亲自跑一趟。您看我也是格力的老客户了，能不能通融一下？”

董明珠略微一顿，随即回应道：“D总倒也真是个爽快人啊！不过我也是帮公司出来做业务的，在人情上，我是可以通融您；可是我就这样回公司，会有哪位领导通融我董明珠呢？”

如此几次来回，交涉了许久也没有结果，双方的气氛便僵了起来。

见董明珠毫无退让之意，那位D总便试探地说：“我也不会为难董小姐。这样好不好，您容我一步一步地还。您先回去，我两天内打100万元到贵公司账上，但是贵公司能不能给我再发50万元的货？”

瞅着眼前的这个男人，听着他的话，董明珠也明白，一次性结清余款怕是不可能了。既然如此，那就把公司的损失降到最低，能追回多少是多少吧！

此时，董明珠也耍了个小心眼，她假装犹豫了好一阵，然后喃喃地说：“原则上这样是不可以的，但是这么久的客户……这样吧，D总，我出去打个电话，请示一下我们的朱总。”

几分钟后，董明珠又从门外走了进来，说：“D总，希望您信守承诺，我们的朱总答应款到后给您发这批货。”其实，董明珠在门外只是拿着手机象征性地摆弄了一下。

就这样，董明珠便返回了。果然，回到公司的第二天中午，财务部便汇报说，对方100万元欠款已经到账。随后，50万元的货也走了程序发给了对方。

没想到，一个礼拜后，董明珠再一次接到了那位D总的电话：“董小姐啊，这段时间订单多，格力的空调走得紧，您看能不能再发30万元的货过来呢？”

“不行！”没等D总说完，董明珠便干净利落地回绝了，“你要是急着要货的话，那就再打50万元过来吧！”

董明珠的强势、坚决态度，打消了对方继续赊账拿货的想法，但又不能放着生意不做。于是，很快，格力的账上又收到了对方打过来的50万元。

就这样，D总每打一笔钱，董明珠就在账户和货款上按照约定，恰到好处地扣下一部分，直到越扣越多，D总见到无利可图，才渐渐地放弃了跟格力的业务联系。此时，格力原本被拖欠的近400万元货款，已被董明珠紧追慢赶地收回来多半，只剩下了100万元不到。

虽然业务联系不再，董明珠也没有放弃对方余下的欠款。她决定派个业务员过去，再实地看一下情况。

很快，派过去的业务员反馈回了消息。“董部长，咱公司又损失了近100万。”

原来，不仅仅是格力，还有多家银行也追在D总那家公司屁股后边要债，最终不堪重负，已宣告破产。公司的厂房也已经当作工资福利，折给该公司的员工了。如果想继续追讨，只有委托律师进行交涉了，而对方的当事人D，早已不知了去向。

接连发生的这两件事，在格力产生了不小的反响，对董明珠的触动更是非常大。

这时候的董明珠，不得不随时进行总结，这也渐渐成了她的一个工作习惯。董明珠心里清楚，自己经营部部长的位置，意味着责任和义务，她越发觉得自己必须加强工作力度，准备下一个季度的工作计划。

接下来的季度会议上，格力公司管理层再一次提起了公司的经营问题。几个公司领导重点培养的“后备人才”都踊跃地说出了自己的见解，或激情澎湃，或声情并茂，只有董明珠显出了女性少有的那份沉稳。

等到大家都讲完后，董明珠不紧不慢地从兜里拿出了准备好的提纲，摊放在桌上。

“鉴于最近这段时间的市场混乱，特别是出现的经销商拖款欠款的问题，我们经营部首先要负主要责任，没有妥善地管理好产品的分配。经营部的现状就是管理很混乱，这些不单单要归咎于哪个业务员的工作不利，作为管理层的一员，公司领导信任我才把经营部交给我，我决心整顿经营部。第一步就从经营部的工作纪律抓起。企业跟个人是相辅相成的关系，一旦企业垮了，首先受到影响的就是个人的生活问题；同样，要是个人、团队散了，企业也就自然而然地失去了竞争能力，最终结果就是被市场淘汰。”董明珠的语气比平时显得异常坚定。

像以前一样，董明珠每一次个人观点的阐述，总能引起管理层的注意，这次也是如此。

“小董，你的想法不错，也很有道理。实施的可行性，公司领导层会慎重考虑，研究后尽快给你答复。可是，你能说说具体在哪些方面该怎么做吗？”

董明珠不慌不忙：“首先要做的就是核实账面。企业中某些人的工作积极性不高，每天抱着混日子的态度来公司，一心想着有机会就往自己的腰包里捞钱，至于企业会不会垮了这些都不考虑。更有甚者，常常利用职务之便贪污公款，虽然领导层并没有一一查实处理，但是在员工之间的影响确实存在。而且，据我所知，这样的员工目前不在少数，当下应解决这一部分人的思想问题。其次，我个人的能力总归有限，我不能彻底改变格力。但是，既然我现在掌管着经营部，那我就先优化自己的队伍，有节有理地去处理一些对大家、对整个团队工作有妨碍的人，也算是扭转经营部风气的第一步吧！”

董明珠话音才落，董事会的领导层便给予了阵阵掌声。朱江洪更是当场说道：“公司支持你，你可以试着去做，公司也希望你能做好做成。这样，公司将会考虑把你们经营部的整肃经验在整个公司里推广。好好干吧！”

由于在最基层摸爬滚打过，又一直注意与员工们打成一片，董明珠在会上所说的，其实在心理上似乎也已准备就绪。现在，终于等到了公司管理层的正式决议，董明珠感到从未有过的一种激情在心底里涌起，她做好了大干一场的准备。董明珠希望，通过这一次的整顿，自己的经营团队能在最短的时间内，在公司、客户、经销商面前焕然一新。

中国初始阶段的市场经济，必然伴随着各类问题。对于沉浸其中的企业来说，有时形同于危机。危机之下，需要英明的企业领导，富有勇气的市场开拓人，更需要一个富有战斗力的团队。

董明珠在格力掀起的整肃运动，根本目的就是要打造一支具有强大战斗力的团队。为了达到这一目的，董明珠像一个教练一样，耐心地引导着员工，手把手地指导着他们，毫无保留地将自己亲身积累的经验传授给员工们。

在关于董明珠的公开出版物中，笔者用心梳理发现，整肃开始时的董明珠，可谓身兼多重角色：

一是领导者的角色。作为营销部门的负责人，董明珠必须可以果断地下达指示，对员工提出明确的目标，并向他们提供一定的支持，成为能够“带领员工走到他们从未走过的地方”的人。

二是知心人角色。与果断严厉相反，董明珠很多时候也需要帮助员工排忧解难，了解员工心中所思所想，帮助员工走出心理困境。只有这样，她才能尽快加强团队的凝聚力，才能使大家同心同德。

三是气氛营造者的角色。从实践中，董明珠慢慢学会了如何营造一种融洽的团队氛围。而良好的团队氛围激励着团队中的每位成员按照工作的需求，扮演好自己的角色，做自己应该做的事情。

四是教育者的角色。董明珠用自己无私心的信念、价值观和主张，为团队树立起了榜样，不仅赢得了员工们的信任，更激励着每一位员工主动钻研、积极发挥着个人所长。

事实证明，董明珠对格力经营团队的大整顿，为格力日后在全国性的几次大竞争、危机中发展壮大，直至今天的享誉国际，都起到了奠基性的作用。

第7章 躲不开的明枪暗箭

整肃一词，通常意指整饬、肃清。在葛洪《抱朴子·酒诫》中即有，『迟重者蓬转而波扰，整肃者鹿踊而鱼跃』之说。如今，整肃便意味着纪律整齐严肃，更有革新、立规矩之意。

从古至今，任何革新必然会触动部分人的利益，甚至因此引起他们的抗拒和怨恨。决意革新运动的董明珠，在董事会给予部分财权的支持下，一开始便呈现出了大刀阔斧之势。然而，时间不长，各种『小鞋』也常在不经意间扔向了董明珠。直到有一天，『董明珠贪污公款』的风声也甚嚣尘上起来……

一 权杖在手令来行

俗话说，一朝权在手，便把令来行。接受了管理层给予的重托，在短暂调整之后，董明珠终于拉开了她谋划多日的整顿大幕。

如今回望过去，当年的董明珠着重于如下几个方面入手，掀起了格力营销系统的大整顿。

一是为解决欠款打出铁拳。

20世纪后10年间，拖欠货款直至“三角债”的问题，在中国零售批发行业普遍存在，甚至极大地困扰着中国各行各业。这种状况不仅让中国企业界坐立不安，也一度引得中国高层关注，直至为此成立了由国务院牵头的“三角债”解决机构。身在此种大环境之中，格力也没能例外。

只不过，曾经有过孤身讨债经历的董明珠，却有点儿不太信邪。仅仅在1年里，她就把全部问题解决了。用业内分析者的话说，董明珠的做法很简单，也很霸道——凡拖欠货款的经销商，一律停止发货，补足欠款后，先交钱再提货。

然而，说起来容易，做起来难。董明珠的做法犹如捅开了大马蜂窝，瞬时引来各路经销商的讨伐，很多人还纷纷向格力老总朱江洪告状。

据当年的相关资料显示，当不少经销商扬言“有董明珠就没有我”的时候，董明珠也针锋相对——“那就有我没他！”这种处理欠款的做法，在格力内外都没见过，不少人私下里很是担心。这其中，就包括老总朱江洪。

“是不是可以补完款，先发货再收钱？”担心之余，朱江洪也曾试着劝说董明珠。

看着老总都有担心，董明珠便微微一笑地说：“好啊！”

可是，等欠款一到格力账上，格力的货却按住不发了。董明珠的回应是："要货？先拿钱来吧！"

当各路质疑指向董明珠做法不妥之际，董明珠振振有词地说："就算别人全这样，我格力也偏偏不。"

对此，当年一位媒体人这样写道："即使100次撞墙头破血流，董明珠也要撞101次，欠款这堵破墙一定要撞倒。"

就这样，在董明珠的强硬坚守下，各路人物最初的不适应逐渐消逝，进而渐渐显现出来了如下效果：1997年、1998年，格力令人惊奇地实现了零应收账款、零三角债。

结果的威力是巨大的。此后，格力几乎人人不再怀疑董明珠，大家纷纷感叹："董姐办事，服气、放心！"更为重要的，格力终于大面积地竖起了一个规则——不划款，拿不到一件格力货；只要划款，格力从不拖欠发货。

二是唯我独有的营销模式。

当年的营销行业，特别是空调公司，营销业务员按经销额发奖金是种惯例，故销售部门也被人称为"油水最肥的部门"。作为部门经理，自然会为自己的部门和手下谋取福利，以鼓励销售员发挥更大的潜能。

然而，掀起格力大整顿的董明珠，在当年偏偏被人称为"吃里爬外"。原来，董明珠要求限制营销业务员的福利和权力。她表示，格力产品越来越畅销，最大的功劳在于科研工作者和各线工人，作为一个成熟的产品，唯独营销业务员拿大比例的奖金是不合理的。

因此，董明珠规定：凡格力的营销业务员不许拿回扣，发现拿了1分钱即开除；对营销业务员考核也不以销售额衡量，而是要看与经销商沟通的工作量，及市场调研、价格监督的工作量。为此，即使格力产品市场越来越广，董明珠还是削减了营销业务员，全国只保留着23名，每人负责一个省，主要负责协调，不负责发展销售网络。

与此同时，格力销售商则划分为一级、二级，每个地区只发展有限的一级经销商，由一级经销商去发展二级经销商，并负责监督。如果有二级经销商出现质量或安装方面的问题，格力立即停止一级经销商的货。作为激励措施，格力针对不同经销商的销售规模，制定了不同的返利标准。不仅如此，董明珠把削减营销业务员节省下来的亿元业务费，全部用作贴补经销商。如1997年，格力因此返还经销商的费用就达到了2.5亿元。

这种安排，驱使着一级经销商努力扩网冲线，也使得格力的经销网络实现了迅速膨胀。

就这样，当年的董明珠愣是以23名业务员的销售队伍，与多家竞争对手上千名业务员展开了对抗。而当年的业内权威者，也将这种独一无二的营销方法称为“董明珠模式”。

三是新手段新促销。

自1995年开始，董明珠每天睡觉的时间平均在6个小时左右。另据她身边的人说，直到今天，董明珠也习惯了在睡眠或打盹之际思考问题。假如灵感突现，即使是半夜一两点钟，董明珠也会跳起来，记在自己的日记本上，甚至半夜给人打电话。

随后的履新，这种习惯在董明珠的身上更是凸显。也正是这种不知疲倦的望我投入，许多营销的绝招便在董明珠的脑子里不时地诞生了。

如1995年，董明珠采用了“淡季返利”的手法，即依据经销商淡季投入资金数量，给予相应利益返还。用业内权威者的话说，董明珠等于把“钱—货”的关系，变成了“钱—利”的关系，既解决了制造商淡季生产资金短缺的困扰，又缓解了旺季供货的压力。如此做法，也让当年的格力淡季回款同比增加了3.4倍，达到了11亿元。难怪当年有财经评论者认为，格力的如此收获，为在接下来的1996年与春兰展开决战，提前做好了双重准备。

随后年底，在董明珠的主导下，格力又实行了“年终返利”举措，将7000万元利润都还给了主要经销商。

通常情况下，每年的9到3月份，属于空调销售的淡季，4到8月份则是旺季。为了应对季节的市场变化，空调厂商便制定了淡旺季不同的价格策略，期间会有2～3个万分点的差别。与此同时，很多厂家都希望能把销售旺季从4月提前到3月，以获得更大利润。董明珠则又显露出了自己的不同，甚至表现出与众人逆向而为。

1996年，空调步入淡季，格力却靠着返利手法拿回了15亿元的回款。为了应对市场的不如意，各个品牌纷纷降价，甚至一度出现了零售价低于批发价的可怕现象。然而，董明珠却硬性规定，格力产品1分钱也不降。而在当年8月底，格力竟然还宣布，拿出1亿元利润的2%，按销售额比例补贴给每个经销商。仅此一举，格力便在整个行业内掀起了强大的口碑效应。

凭借这种层出不穷的新鲜手法和主动出击，董明珠愣是率领自己的团队，使格力在公认的最困难的1996年，实现了销售增长17%，首次超过了曾经可望不可即的春兰空调。

1998年，在朱江洪的许可和支持下，董明珠突发奇想，宣布把空调销售淡季延长1个月，即4月份继续实行3月份的淡季价格。此策略刚一开始，同行者大多不以为然，众人甚至取笑格力“到手的钱不要”。然而，时间不长，等到不少厂家回过神来的时候，格力已经因此收获了众多大经销商划过来的抢货款。借用当年商界的一句话：“董明珠也真狠，这么多年，我们从没想到过这一招。”

就这样，在董明珠的奇思妙想指引下，格力电器从1995年后，连续10多年实现了空调产销量、销售收入、市场占有率全国首位的霸气局面。而董明珠功成名就后则坦言：“只有经销格力赚钱，才能长治久安。”

当然，此为后话。

二 “董小姐”不近人情

一天，有一个年销售额达1.5亿元的大经销商，来格力厂要求特殊待遇，语气中透着不容商量的傲慢。董明珠非但没有理他，反而狠狠反击——把对方开除出格力经销网。所有人都开始为这位女上司捏一把汗，一个位子还没有坐稳的销售经理，一天之内，竟毫不犹豫地扔掉1.5亿元的年销售额。

面对同事们的质疑和担心，董明珠的回答很简单：“只要违犯原则，天王老子也给我下马。”女强人的铁腕让大经销商们不得不服软的同时，众多小经销商们却感受到了一股未来的奔头。

或许是个性使然，亦或许是过于求成，董明珠的整顿计划，一开始表现得有些强势，用早期同事的话说，“显得有些不近人情。”

这里不妨回放一个当年的片断：

一天，董明珠依旧早早地来到自己办公室，习惯地倒了一杯水，然后看着员工们陆陆续续、熙熙攘攘地逐个签到，一切的一切显得再平常不过了。

然而，谁也没注意到，此时的董明珠已经有些生气。因为，一些员工上班迟到或早退的现象时有发生。在她看来，较强的时间观念是一个业务员最基本的素质。她意识到，要想整顿经营部的纪律，首先就要杜绝上班迟到、早退的现象。

“小王，你通知下去，叫大家把手头的工作抓紧处理一下，半小时后我们开一个部门集体会议。”

“嗯，好。知道了，董部长。”

接到小王的通知，一位小组长随口说了句：“都听到了啊，开会的事，准备一下。”说完，这位小组长便又继续跟坐在身边的同事拉起了家常。

这样的情景，都被董明珠看在了眼里。

等大家都坐齐了，董明珠开了自己的发言："今天把大家召集起来开这个会，其实我不说大家也知道。最近格力发生了好多事情，一件一件的事情，我们各自在处理过程中多多少少都有点磕磕绊绊，这不是哪一个业务员的错，归根结底还是我们缺少一种氛围、一种合作的精神。现在，我们经营部并不是说交上来多少业绩，销售量稳步上升，就万事大吉了，我们更需要整顿。上级领导批示，要以我们经营部为试点，开始大规模、大幅度整肃我们的各个团队。"

董明珠话音刚落，底下一片哗然，接着就是一阵议论。大家纷纷窃窃私语，而那几个唯恐被董明珠挑明的员工，则头碰头地嘀咕着。

"各位不要觉得新鲜，这不是我董明珠一个人的事。前天开会，领导们就对我们部门的懒散气氛作了严厉批评。大家都是做销售的，说重了也不好。我是一名女性，可能平时对自己的约束比较严。"董明珠略作停顿，环顾了一下自己的员工们，"今天，我在办公室看了半天我们的部门，突然发现咱们端茶杯的端茶杯、翻报纸的翻报纸，还有一些人在谈笑风生、仰天大笑，好像是机关里的某些工作人员，一派混日子的模样。"

董明珠陡然加重了语气："甚至还有些女同事在吃瓜子。我再次提醒各位，这里是办公区，不是吃饭闲聊的场所。"

看着董明珠今天大不一样的神态，平日里跟她走得最近的小王也有些不解起来："董姐今天怎么突然变得好凶哦！"

只不过，董明珠已然顾不上底下员工们的窃窃私语，她照例把自己起草好的整肃条例拿了出来，在会上逐一宣读。读的时候，她还不时地解释。

"咱们经营部以女性居多，女性也应该有女性的精神和风度。做事情不要拖泥带水，这些都是销售行当的大忌。而且，我也希望你们的服装、头发乃至走路的姿势，都能严格要求自己，给自己的言行把把关，最好剪短发，显得精神；如果留着长头发，上班时也要把辫子盘起来，绝不允许戴一堆首饰来公司。要是你们当中有喜欢把自己打扮得漂亮的，就在下班之后，上班要注意你们的言行。”

环顾了一下大家，董明珠继续说道：“我们当中有部分人喜欢吃零食，这些年来，一直都没有哪位经营部的领导立下过什么规矩。我也知道，大家对上班吃东西都习以为常，但是我也请你们想一想，假如一个客户在这个时候来到我们的公司，走进咱们的经营部，看到的是我们的业务员谈笑风生、自由涣散，还会对我们的企业有信心吗？人家还会放心地把几百万、上千万的货款交给我们吗？你们每个人走到客户面前，不仅仅代表着自己，也是格力的一张名片。我的要求可能苛刻了一些，但是为了公司、为了我们经营部的长远，经研究决定，以后谁在上班时间吃零食，我就罚谁的款！”

董明珠话音刚落，底下的议论声又再次四起。

两三天后，董明珠外出办事回到办公室，一眼就看见业务员们围着一张桌子。原来，不知是哪位好心的业务员带来了一些土特产，大家都在抢着吃。

“谁叫你们上班吃东西的？”

巧的是，董明珠质问刚落，下班的铃声就响了。原本还有些紧张的业务员，都松了一口气，其中甚至有人向董明珠献起了殷勤：“董姐，下班了。一些土特产，您也尝尝鲜。”边上的其他业务员也随身附和着。

不曾料到，董明珠没有为之所动，也没有随着下班的铃声缓和自己的语气。

“不要说就差1分钟，哪怕就是1秒钟也不行。凡是刚刚参与动嘴的，自己到财务领一张100元的罚单！”

董明珠的话引得众人面面相觑，而那位带土产的业务员尴尬地赔起了笑脸：“董姐，都下班了，大家也是因为我签了一张单，带点儿土特产高兴高兴，一时间忘了您说的话。我保证没有下次了，这一次就给我们一次改正的机会吧？”

“不行。规则就是规则。你的业绩上有突破，是应该替你高兴，哪怕私底下我董明珠自己掏钱给你摆一个庆功会都行。但是，当初咱们在会上宣布约好的几点规则，必须遵守。如果这一次原谅了，下一次还有别人的‘第一次’，我既然原谅了你，理所当然到那时也要原谅别人。照此下去，咱们的规则就定得没有意义了。”

董明珠的话再次引起了部分员工的私语，有人直接说董明珠不近人情。

听到有人这样说，董明珠也没有端领导的架子，只是笑笑说：“如果我要是近人情了，只怕要不了几天，经营部又恢复到以前那种松散的状态中去了。规则就是规则，该严格时就要严格起来，该批评的就要批评。功是功，过是过，功过不可相抵！”

见到董明珠如此坚持的态度，大家便不再说什么，只好认罚了100块钱。

当年经历此事的一位老员工还回忆，当时有一位被罚的女员工丈夫也在公司售后服务部，常年奔波在外，她一个人拉扯着孩子。由于收入不高，100元对于当年这名女员工来说并不算一笔小钱。在坚持规则就是规则的同时，董明珠心里其实也很矛盾，有些不安。想了一夜，董明珠第二天便找到了那名被罚的女员工，塞给她100元，“这是我自己的钱，给你补上。记得，以后不要再犯类似的错误。”

一度不解的员工们，终于被董明珠的用心良苦触动了。也正因为董明珠不断用自己的言行感染、触动着身边的同事们，她所领导的营销部开始悄然地发生着改变，一股无形的凝聚力量渐渐形成。

而此事过后不久，公司的垃圾篓便见不到了曾经习以为常的零食碎屑。

随着经营部的纪律在本质上产生革新式的变化，与之相关联的其他部门，积弊也开始凸显。这其中，最为明显的便是财务部门。

董明珠时常能听到类似的抱怨和无奈：“经营部发货的原则就是先付款后发货。但是客户在我们账上有没有打钱？打了多少钱？只有财务部才知道。这就导致一些客户打了货款却迟迟拿不到货，而有些经销商没打钱却拿到了货。董姐，这些错乱很容易导致我们销售市场的混乱呀！”

而一位业务员则当面对董明珠反映：有一次，经营部都要发货了，开票的人员问经销商的货款有没有打过来，财务那边却轻描淡写地说“我们也不知道，要查账才清楚”。

董明珠明白，如此这样，将直接影响经营部的运营效率，进而影响格力产品的整个市场。

经过一段时间的思考，董明珠下定决心，必须向朱江洪要到部分财权。

于是，董明珠找到了朱江洪。朱江洪当然知道董明珠是怎样的人，不过他还是关切地说了一句：“小董啊，你要知道，伸手要权可是当部长的一大忌讳，恐怕还会招来各方面对你的非议啊！”

董明珠无欲则刚，她毫不掩饰自己的焦虑之情：

“朱总，我董明珠是怎么样的一个人，您最清楚不过。我要权不是为了自己，而是出于经营部的运营效益和公司整体经营的良性循环。自从我当上部长以来，经营部自律甚严，现在是时候通过调控提高经营部的运营效率了。人总是爱权，权力有很大的诱惑，但我并不是那种背后忙于跑官的。我想要权，恰恰是为了承担责任，我觉得只要对企业有利，即使被人家误会，乃至暂时性地得罪了人，我也有信心在以后的工作中证明自己，得到大家的理解。”

此情此景，朱江洪心里是默认了，但没有明确表态。考虑到格力的国有属性，这样的大事照例是要开会商议的。很快，朱江洪将“董明珠要权”一事带到了领导层的会议上。

果不其然，朱江洪话音刚落，会场上就哗声一片。不少人都觉得董明珠有些不识抬举，有些人甚至很是气愤，阴阳怪气地说：“董明珠伸手要权，不能给她！”“财务被她拿去就没有监督了。”如此等等。

听着大家的议论，朱江洪显然明白主管财务工作副总的心思。

他不失时机地解释：“董明珠自己是这样说的，她欢迎大家随时监督，她只管钱的进、货的出，至于钱怎么花，她并不管，这样就降低了犯错误的可能。或者，财务不归她管，但是每日经销商进出款，财务部必须及时告知经营部。”

然而，众人的议论并没有停止：“董明珠是不是手伸得太长了？”“这样一来，不都归她管了吗？犯了错误谁负责？”

其实，朱江洪内心里的想法跟董明珠立场差不多，他也知道议论者心中真正担心的是什么。不过，朱江洪也是一个很讲原则的人。

“经营、收款现在分两处，管货款进出的财务确实存在着一定的问题。有些人没钱给货，有些人给钱没货，这样拖下去迟早会出大问题。我看啊，把财务划出一部分由董明珠管，也就是人、职能和收款部分。”朱江洪的语气透出了少有的决心。

最后，会议的结果是赞成朱江洪的意见，并找来董明珠，一起商量出了一套循环监督的机制。会议同时要求，任何人不得破坏以上机制。

这套机制用简单的逻辑关系表示，如下：

计划受财务监督——财务受开票员监督——开票员受电脑统管监督——电脑统管受计划监督。

就这样，得到相关授权的董明珠，在朱江洪的鼎力支持下，拿出了骨子里雷厉风行的劲头，让上述机制很快就见成效。

实践表明，董明珠的此次要权，对格力助力非浅。

随着财务见钱发货、开票员见货记账、开票单齐入电脑，计算机便能轻松、清晰地看清“产、供、销”的情况。同时，任何业务员、经销商都不能钻空子了。一段时间下来，这些程序便成了工作中的制度，经营部的整体效率明显改善，随之而来的是不断增长的格力效益。

见此情景，原先那些对董明珠要权念念有词的人，也不再闲言，专心于各自的工作之中。这种局面，显然都是朱江洪所乐于看到的。

孟子曰：“不以规矩，不成方圆。”还有一句古话则说：“奖罚严明，治之材也。”

现代企业的管理核心，即是管理规则问题，无论管理者是否意识到了这一点。回望20余年前，当不少名企也困惑于执行力不足的时候，仍名不见经传的格力，却有幸成长起了一个管理界的初生牛犊。正是这个不拘旧规则的牛犊，敏感地抓住了规则管理的企业绳头，开始了看似不可能的格力发展新格局。

实践中，作为营销部门的管理者，董明珠在格力发展的初始阶段，做好了两件事：一是制定规则，一是带领团队履行这个规则。

2016年初，董明珠面对媒体还有着这样的回忆：

1995年让我回来当了这个部长，其实我个人的损失很大。因为我当业务员可以拿100多万元，当部长只拿10万元。但我既然选择了，决定了回来，我就觉得我必须要负责。我甚至还拿总经理带来的人开刀呢！

当时我就定了规矩，没有财务通知不能给任何人发货。结果有一天，没有钱款到账，总经理带来的那位就给一个经销商发了货。那时候工资是800元钱一个月，当时我就罚了他100元钱，全公司通报，并降了一级工资。

果然，他告状了。第二天，总经理把我叫到办公室，问是怎么回事。我解释说，你在上面并不知道下面的情况，这个人出现了很多问题，我觉得你要是给我这个权利我就把他开除了。虽然也有点儿不开心，但我觉得老总还是很开明的。那年我做到28亿元的时候，他不仅没有降我，还重用我，让我到销售公司当总经理去了。

这件事解决了一个最根本的问题，所有人都要以制度为标准。这是一个大的问题，看起来是一件小事，但处理的时候起到了震撼性的作用。

有意思的是，被我处理的那位后来调到另外一个部门。但是几年后，老总又把我升级了，一升级那个部门又归我管了。于是我又跟他讲，“你还是当心点，我不是跟你对着干，谁叫你是老总带来的人，最起码你不能做违背公司规定的事情。”

董明珠话音一完，全场都是笑声、掌声。

后来，有研究者评论认为，要想建立一个好的文化，你就一定要得罪一批人，因为这批人长期在行政利益过程当中，他们是受益者。而你要建立一个制度，建立一个文化，这些人马上就成了你的敌人，他们一定会怎么样，想着法儿地盯着你。

而当年的董明珠按照自己的计划整肃了格力营销队伍，主导着营销部完成了一次由内而外、从体制到机制的一次脱胎换骨，为格力公司的整体腾飞打下了不可或缺的基础。

而完成了上述改革的董明珠，在当年也再一次成为格力公司的焦点人物。格力不仅没有因为业务人员的叛逃而垮掉，更营造了一个公平的供应市场，让产业的上游、下游和企业本身结合了起来，营业额瞬间翻了7倍。也就是这一年以后，格力超过了春兰，于1996年在中国市场上排行第一位。

在不久后举行的表彰大会上，她回应给众人的，却依旧是那熟悉的3个字——“应该的”。

三 赢人心脱胎换骨

作风强势的董明珠，带给经营部、甚至格力的变化，可谓立竿见影。经过一段时间的整顿，格力经营部彻头彻尾地“脱胎换骨”了。

董明珠采取的一系列举措，包括她平时工作的那种状态，格力上下都看在眼里，越来越多的人明白了董明珠的用心。即便董明珠有时候变得不近人情，但是，越来越多的人开始摆脱过去那种混乱的工作环境，尤其是经营部的每个人都有所进步，大家都知道了自己的职责所在。正是这种企业骨髓里发生的改变，为董明珠的改革赢得了大多数人的支持。

其实，行事强势的董明珠粗中有细，她在私下里也做了些小调查，目的是想真实地判断自己在员工心中的评价。

这事儿还得从董明珠当上经营部长月余的时候说起。

那个时候的董明珠，刚把各项工作展开。一天早上，她跟往常一样，出门的时候检查门窗。就在关洗澡间窗户的时候，董明珠不小心脚底一滑，整个人摔倒在浴缸里，好长时间没能站起来。

看着忍着疼痛来上班的董明珠，朱江洪一再劝说：“小董啊，你要抓紧时间去医院治疗一下，工作固然重要，但是身体也不能垮啊！”

董明珠忍着痛笑说：“朱总，放心吧，没什么大碍的。刚好这也是个机会，看看我们的团队是不是真的改出效果来了。”

朱江洪被满脸坚毅的董明珠弄得摸不着头脑，“真不知道你葫芦里卖的什么药，我就知道身体不舒服就要及时地治疗啊！”

“朱总，您还不知道咱部门的内部事吧。我之前在部门里一向随和，跟大家打成一片。这次部门的整顿，我一下变得不讲情面了，他们一下接受不了我的巨大转变，有些人被我处理过，甚至是我的朋友都对我颇有微词。现在遇到这场意外，我正好想看看在这个群体里的亲信度如何，看看同事们是不是都认可我、支持我嘛！”董明珠一脸笑意。

朱江洪立时笑了起来：“我说不过你。真不知道你是怎样想的，你要做些什么我不管，反正我希望你早点儿治疗，公司还有很多事情等着你去做，你可千万不能倒下。”

就这样，董明珠强忍住疼痛，步履蹒跚地走进经营部办公室。

自从经营部整顿以来，董明珠已经很少能第一个到办公室，因为所有人的责任心都有明显变化，大家都早早地到班。今天的经营部，一早也呈现出了忙碌的景象。看着大家忙碌的身影，董明珠心中很是欣慰。

这其中，前文提到的那位业务员小王，一眼便发现了董明珠今天的异样：“董姐，你的腿怎么了？”

这位业务员的话一下子吸引了办公室的所有人，大家都暂时放下了手头的工作，围了过来。一个男业务员更是主动上前，关切起董明珠的伤势，询问需不需要帮助。

“不碍事的，早上在家关窗户的时候不小心摔了一跤。”董明珠嘴上应着，心里不禁一阵热乎，她感觉到了，员工心中还是有自己的，大家并没有因为她正在主导大整顿而心生疏远。

当得知董明珠伤到了腰，大家都不约而同地形成了一种默契，工作的时间分批进行。一有空，闲下来的人便会帮董明珠端茶倒水，亲切的“董姐”称呼不时响起，大家的关心没有停止过。

这一下，董明珠不仅仅是欣慰了，更被自己亲手“整顿”出来的经营部上下感动着。在被同事送往医院治疗的途中，一向坚强、在客户奸商面前从不退步、在困难面前也不言放弃的董明珠，突然心头一颤，鼻子一酸，禁不住热泪盈眶。

看着陪着自己的业务员小王，董明珠忍不住问道：“我平时那么不近人情，苛刻你们，你们不怨我吗？”

业务员小王笑了：“董姐，其实大家都知道，您也是为了公司的发展，为了我们大家伙儿好。虽然一开始，您定的严格规则大家还不是很适应，也有些小的抱怨，不过慢慢地大家都理解您了，知道您的良苦用心，私底下越来越觉得你有能力，也都佩服您。今天就连朱总，还吩咐我们就是抬也要把董明珠抬到医院去呢！”

后来的检查结果，让所有在场的同事眼眶湿润了。根据拍片的结果和医生的诊断，董明珠的左后背第12根肋骨折断。

这样的结果，不仅让格力的人再次对董明珠竖起了大拇指，也让朱江洪在第一时间赶来慰问。

“董姐，我们先回去工作了。您放心，大家从没真正地怨过您什么，您安心养伤，公司的事情我们会好好去做的。”听着同事们的关心话，看着大家离去的身影，董明珠再也强忍不住眼中的泪水，她少有地哭了出来。

这些年来，董明珠很不容易。她一个人带着孩子生活，为了公司的成长与发展，她还毫无保留地做着一切，哪怕是与朋友为敌，甚至被自己的家人责问“六亲不认”。

那还是在格力空调货源紧张的时候，有个经销商知道董明珠原则性太强，不好通融，便想用2%的提成讨好董明珠的哥哥，希望他能从董明珠那里拿到100万元的货源。

当董明珠的哥哥千里迢迢从南京打电话到珠海，向董明珠提出这一要求时，却被董明珠一句“这样一来对其他经销商就不公平了，如果人家经销商都来找你，我的货就没法往外发了”给挡了回来。满以为有百分之百把握的哥哥，实在没有想到自己的妹妹会这样拒绝自己。自尊受不了的哥哥，为此与董明珠20年没再来往，家里人也都怪起了董明珠，说“董明珠现在有能力了，开始六亲不认了”。

在“2016苏商创新创业发展高峰论坛暨首届苏商金茉莉颁奖典礼”上，面对台下众多企业总裁和媒体人，董明珠就此事还有着如下的回忆：

旺季给谁先发货、给谁后发货，对于经销商来说影响很大。中国有一句话叫关系学，在公司没有人知道我家在哪里，但是就有人这么厉害，真的找到我哥哥。这人当时在湖北。结果我哥哥那天就打了一个电话给我，说明珠，我要到珠海。我告诉我哥说，现在特别忙，正好是旺季，以后再来。我哥赶紧说，“我不来找你，我来拿空调。”我这才明白，有个经销商找到他帮忙，如果拿到100万的货，就愿意支付两三万块钱的好处。

我听完特别生气，当时人也比较冲动。因为我当时担任部长才刚一段时间，整个身心都投入到了格力营销制度的建设上，不少事情还不知道从哪里下手，环境非常恶劣。我白天不停地接待经销商，那时候不像现在有销售公司，所以需要一个经销商一个经销商地谈，甚至一个省同时来两个经销商，你还不能同时谈，要一家一家谈。

当时我哥觉得很得意。我就问他，有好处吗？他说有。我说你不要来了，就把电话挂了。这一挂，我和我哥便20年没有见面，20年没有来往。我哥哥写了一封信，说“没有这个妹妹，这个妹妹六亲不认”。

挂了我哥的电话后，我又找到那位找关系的经销商，通知他停货，整整停了半个月。那时候正是大量要货的时候，停了他半个月，直到他没有再找我哥才恢复给他发货。因为这个，他还问过我哥，“你这个妹妹是真的还是假的？”弄得我哥更加生气。

所以说，一个人做抉择的时候，如选大选小，得到还是放弃，真的是要用心掂量的。如果按照我哥哥的逻辑——“我又没找你，你不用管我给谁，我就找你手下的人拿货，你又没违法，为什么不干？”“你现在才当了一个小部长，这么好的好处你成心不给我。”

至于经销商嘛，他也有不理解——你要说以前都是靠找关系，怎么这么好的关系，而且给你家人发财的机会，你竟然不给我发货……这位经销商甚至还说，“董明珠是不食人间烟火的人。”

不仅如此，那时候的董明珠毕竟还是一个带着孩子的女人。有时候静静地躺下来，她便不由自主地想，自己辛苦一点，甚至伤病在身都无所谓，但是真的苦了自己的孩子。

如前文所述，董明珠的儿子出生两年后，也就是1984年，家庭生活出现了意外，董明珠丈夫因病去世。要强的董明珠坚强面对，没有放弃对生活的憧憬和希望，36岁时毅然辞职南下。后来，儿子8岁的时候，刚读小学2年级，董明珠就把孩子留在了家里，委托妈妈帮忙看管。只有出差时，董明珠才有时间回家看看儿子。

每次回到家里，面对董明珠，儿子总是不说话，像小猫一样紧紧依偎着她，生怕一松手妈妈就会离开自己。有一次董明珠出门后，发现有东西落在家里，赶紧返回去拿。经过儿子房间时，董明珠把被子打开想再看儿子一眼，结果发现，儿子蒙在被子里早已哭得满脸鼻涕、眼泪。那一刻，董明珠的心阵阵揪痛，她意识到了自己作为一个母亲的失责。直到今天，这一幕依然深深地刻在董明珠的脑海里，成为她一生都挥之不去的痛。

或许有着这样的变故，董明珠的孩子从小便很懂事，11岁开始自己住在学校料理自己的生活起居。后来他变得坚强而自立，学习一直也很努力，给了董明珠莫大的支持和安慰。

1995年，董明珠因车祸住院时连做了2次CT，莫名间她开始有点发慌，认为肯定是问题比较严重了。在那一瞬间，董明珠突然意识到，自己要是走了后儿子怎么办？一时间忍不住失声痛哭起来。直到儿子来了，抓着她的手，董明珠的心才算放松起来。当然，这些属于旁话。

如今，当她感受到这么多同事热心的话语，一股久违的亲情从心底升起来，多年来背负的委屈、压抑，便化成了挡不住的泪水。

就这样，在医院里住了几天后，虽未全好，董明珠就打着绷带回到了公司。她还是放不下自己的工作，放不下刚刚改变起来的经营部。

想到那些可爱的同事，特别是在整顿过程中免不了的一些磕磕碰碰，却还能得到大家伙儿的理解，董明珠感受到了真心换人心的珍贵。“人的本性固然是有自私的一面，但是正常的人是有理性与头脑的，他们不会否决或误解一个为集体而努力工作的人。”这句话是朱江洪送给董明珠的。

看着同事们轮番帮着自己烧水做饭，董明珠在感动之际，也不忘了调侃大家“怎么不恨自己”。

“应该谢谢董姐您啊，是您感动了我们啊！您对待工作的一心一意，对待工作的激情和强烈的责任感，长时间地感染着我们，让我们更懂得了工作的深层意义。”同事们的回应让董明珠更加温暖。

就在拖着伤病重新投入工作后不久，董明珠再一次病倒了。即便如此，董明珠还一度抱病赶到武汉，给二级、三级代理商们出谋划策，做市场导引。不久，医院会诊的结果出来了，董明珠患的是“疲劳综合征”。

一直放不下心的朱江洪和董明珠自己，以及众多员工们，这才长长地舒了一口气。

既然生命没有危险，工作就不能耽搁。不让董明珠出院，她就在病房里办起了公。有些经销商得知董明珠住院的消息后，则大老远地坐飞机过来探望，同时让董明珠给他们解读生意经。后来时间越来越久，医生和护士都看不过了，这才在董明珠的病房上贴上“告示”——“晚上10点以后，谢绝访客”。也就是在这次前后50天的住院日子里，董明珠用自己的亲身感受，获得了一些经销商和工作人员对“格力”这个品牌的信任和爱护。

海尔集团的开创者张瑞敏也曾说过：“人的素质过去是海尔成功的根本，今后我们面临的挑战也是人的素质问题，如何凝聚人心将是企业发展的根本。”故此，一个领导要有所作为，必定要赢得人心，所有企业不论大小都要为赢得人心而努力。只有在赢得人心的基础上，公司才能获取最大利润和长远发展。智慧的企业家，都会将赢得人心放在企业成长的第一位。

而古人云：“人心齐，泰山移，得人心者得天下。”兵法上则说：“攻心为上，攻城为下。”孟子也有语：“天时不如地利，地利不如人和。”人和，也就是“人的齐心协力”。

有过第一线辛苦打拼的董明珠，在成为一个管理人员后，便非常看重人心的得失。尤其是她在意识到自己严格近乎苛刻的整改制度会引起员工们反感之时，更是不惜冒着延误治病的风险，拖着病体与大家一起努力着。

然而，就在董明珠住院期间，公司一些人也在暗中酝酿了一件让她心寒的事情。

四 拆明枪与躲暗箭

古今中外，小到一个组织，大到一个国家，每一次旧有秩序被打破，新秩序建立的过程，都是两种代表性势力斗争的过程，也必然会触动原有部分人的切身利益。无论是古时中国的商鞅变法，还是欧洲的文艺复兴运动，莫不如此。

至于董明珠，虽然名不见经传，也没能躲过这一铁律。尽管她改革时的格力，还很弱小。

从医院里出来，时间不长，格力公司就发生了一件事情，据说当时的董明珠心都凉了。

事情还得从上文的“整肃运动”说起。

当时的经营部，有一些懒散惯了的员工，他们对董明珠主导的整肃运动既不以为然，又在心底里不太配合。一来二去，这些人自然会成为董明珠处理的对象。如前所述，个性强势的董明珠在处理这些人的时候，表现得过于直接，给人的感觉便是简单粗暴、不近人情，甚至觉得董明珠带着个人故意。而一些受到渠道限制的经销商，也渐渐对董明珠心生嫌隙。于是，一些人开始从个人的角度琢磨，用什么办法能把董明珠的部长职位“罢免”掉。

更让董明珠看不懂的，还有个别领导对于董明珠主导的整肃运动效果，也流露出了一些异样的不快。这是因为，有些人早已习惯性的工作部分或全部遭到了否定，无形之中进一步加大了董明珠改革的阻力。用了解当年情形者的话说，董明珠为整肃运动付出了多少心血，取得了多大进步，也就侵犯了上述某些人多大的利益。久而久之，当这些人和阻力纠缠在一起的时候，“罢免董明珠”的大计便加速酝酿起来。

那么，究竟用什么方法“罢免董明珠”，还不能让人看出端倪呢?

有上述想法的人便各施所能，通过各种渠道、各种关系，各自想出了不少“罢免董明珠”的借口，却又一一否决了。好一番周折之后，这些人总算达成了一致意见，即从经济账面去找董明珠的“小鞋”。在这些人看来，以最敏感的经济问题为契机，不仅很容易吸引众人的共鸣，也一定能扳倒势头看涨的董明珠。

据一位当年经历过此事的老格力员工讲述，“罢免董明珠”之所以选择经济问题入手，还因为当时格力的“某位资深领导意见”。

当时的格力，虽然已经有了较大的发展，但与春兰等大品牌空调公司相比，还只能算是名声不响的小公司，产品销售依然处在困难阶段。如前所述，正是为了尽快地打开局面，扩展格力品牌市场，公司采取了一些比较灵活的营销政策。例如，公司允许与经销商达成默契协议，每卖出若干数量的空调，就会奖励经销商1～3万元不等。随着市场的逐渐打开，不少经销商不再着眼于这些小额奖励。尤其是天热时的销售旺季，有些经销商为了提早拿到货，甚至反过来向格力的业务员进行3～5万元的“奖励”。如此一来，公司之前允许的1～3万元奖励，也就自然进了业务员私人的口袋。

其实，这种操作方法，在当年是行业的一种潜规则，原本无可厚非。不过，当一些习惯了某种利益的人开始承受着董明珠主导的改革触动时，竭尽维护自身利益的主意就会层出不穷了。这些主意指向的人，自然就是董明珠。

根据准备好的借口和手法，想扳倒董明珠的人认为：董明珠既然手上的合作商家那么多，营销业绩又全公司第一，而且一直都是先付款后发货，自然就可以得出一个结论——进入董明珠私人口袋里的“好处”肯定是最多的。

正是建立在这样一种推断下，欲“罢免董明珠”的人坚定地抱成一个整体，联合起来“告状”：董明珠借用手法控制发货，帮着自己掌握的经销商排挤其他销售对手。即使不能定董明珠“贪污公款”，她也是“罪不可赦”。

在这些人的意识里，利用职务之便，帮助收了“好处费”的商家搞恶性竞争，就是恶意扰乱市场秩序。这些罪名如果成立，即使不足以让董明珠治罪判刑，也能让董明珠“乌纱”不保。

就这样，“罢免董明珠”的举报信经反复酝酿后，终于发了出去。

一石激起千层浪，拉开了改革大幕且势头好转的格力，犹如又一颗炸弹投了下来，巨大的震动效应让格力上下笼罩着一片紧张的氛围。

这样的声势，让一心想着“罢免董明珠”的人不禁欢喜。他们摆出了一副志在必得的架势，还时不时地煽动一些不明真相者，等着看看董明珠将如何收拾这种局面。

不经意间，前文提到的那位王姓业务员问董明珠：“董姐，您是不是拿人家钱了？”

“你听谁说的？”虽然知道小王没有恶意，董明珠依然被小王的话震惊了。

此时的董明珠，一心忙于自己的销售计划和改革方案，几乎没有心思顾得上听日渐多起来的流言蜚语。

“董姐，您还不知道啊？外边都在传您收客户的黑钱了，还帮着一些经销商搞恶意竞争，听说上边的管理层正在调查您呢！我们都相信您不是这样的人，但是我们不好去说话。您要不要去领导那里看看？背后被人家戳脊梁骨，这算什么事儿啊！”深信董明珠的小王，天生就是个直性子，有什么说什么。

这样的传言让董明珠一开始很是愤怒，之后又倍感委屈。然而，她也明白，自己不能冲着身边无关的人员发火，只能强压心中怒火，起身去往领导办公室。走在路上的董明珠，顿时感到周围的空气变得怪怪的，冥冥之中好像有什么事要发生。

一路上，董明珠越想越气。按照惯例，有事先找领导，可是当下自己也是领导，满腔都是委屈的怒火，还有久积的抱怨，正在将她推向爆发的边缘。潜意识里，董明珠觉得似乎踏入了某种圈套，自己只顾一心一意为格力做牛做马，却全然没顾上还有闲人在暗处使坏，急欲中断格力已经出现的改革新局面。

由于朱江洪没在办公室，气不打一处来的董明珠，直接往公司的人事科走了过去。

一阵“咚、咚、咚”的敲门声后，董明珠怒气冲冲地跨进了人事科。一进门，她便责问主管人事的某领导：“公司打算怎么处理我？”

令董明珠意外的，主管人事的那位领导竟然也一下子愣住了。一时间，他也不知道该说些什么。虽然董明珠官职没自己大，但她毕竟是格力的大红人，威望绝对比自己要高，显然打不得也骂不得。

没等这位领导开口，董明珠又接着责问，语气透着咄咄逼人：“这经营部长我是干不了了，我每天打着绷带忍着病痛来上班，居然还有人在背后整我！而且，管理层没有什么大的动静，可你们听听，外边的流言蜚语都把我董明珠传成什么人了？”

看着董明珠的架势，这位人事科的领导只得先赔笑脸，用惯例式的话说：“董部长，你先别冲动，不要道听途说，更不要轻信了这些一面之词啊！这件事要调查，从长计议，你先安心工作，有什么事等朱总开完会回来再说。”

可是，处在盛气之下的董明珠哪里听得进去，何况她又一向看重自己的名声。“我可以不当这个经营部长，但我也一定要把这件事弄清楚，到底是谁在背后这么跟我董明珠过不去。既然要查账，那就把所有人的账都拿出来查，我倒要看看到底是谁更能经得起考验，我倒要看看问题究竟出在了哪儿！”

人事科的领导没有办法，只得拨通了朱江洪的电话。电话里，朱江洪告诉董明珠，等他赶回来再说这件事。

古今中外，每一个成功者都会面对多种磨难，被心术不正者投射冷箭便是其中之一。面对此种磨难，不同的人自然或有不同的应对方法。有人或许选择拒绝现实、自欺欺人，以逃避面对的压力；有人或许被此类压力所困，在消沉、自怜和绝望中越陷越深；还有一种人例外，他能够坚拒暗箭的攻击，并把不利环境转化为个人成长的良机。

显然，董明珠是属于最后一种。

五 “朱舵主”的“对质会”

千军易得，一将难求。

电话里听到董明珠的怒气，第二天下午，朱江洪便赶回了珠海总公司。

一见面，朱江洪就说了一句：“小董啊，这件事你做得怎么这么不冷静啊？都不像平时的你了！你是怎样的人，公司管理层特别清楚，我还不了解你？你觉得我会轻信这些流言吗？他们要查就让他们查嘛！等查出结果来，自然就会还你清白的啊！”

董明珠心中虽然还有一股怨气，但是，想着平日里朱江洪对自己工作的支持和信任，她也只有等着了。

时间不长，在朱江洪的主持下，格力召开了一次所谓的“对质大会”。会上，双方当事人均到场。此时，董明珠才发现，对面坐着为首的正是那个一度要求多发货，并在货款上跟董明珠有些纠结的经销商。而自己部门那位因迟到屡教不改被调离的小伙子，则成为又一个重要推手。另外几个人，董明珠虽然见过，但打的交道并不多，想必是来助阵的。

在朱江洪的要求下，那些所谓的揭发代表率先发言。

经销商先站了起来，他看了一眼董明珠，还算礼貌地介绍了一下自己。接着，这位经销商便开始扭曲式地讲述一些所谓的事实，甚至不惜生硬编造，然后就把举报信从头到尾读了一遍。

就着董明珠的个性，她早就听得不耐烦了，但是出于尊重，董明珠还是等着那个经销商发言结束。然而，还没等董明珠开口，朱江洪说话了。

“小董啊，你就给他们解释一下他们的疑惑和分歧吧！”这样的场面，朱江洪见的不是一次两次，此时的他依旧很镇定，说话不紧不慢。

听到朱江洪这样说，董明珠便站了起来，语调平和地说道：“单就告状本身来说，我没有什么好解释的，因为我很坦然。我就说说我是怎么处理他们所关注的所谓问题吧！首先，我从淮南到江苏再到全国，从业务员做到管理者，我从来没有收过这些可以到手的3~5万。和我打交道的经销商，大都是国有企业，那里的情况跟沿海地区不同的，就是给‘奖励’不仅不好入账，反而会害了人家。至于说他们给我的‘奖励’，就更谈不上了。我做事的风格我部门的人都了解，而且，那样做的话对格力公司的影响也不好。我可不想让人觉得，格力不是凭借实力和质量打开市场，而是靠着所谓的‘奖励’。所以，在我管辖的区域，基本上没有采用这种以前的政策，而是靠着自己周到的服务博得对方信任，通过主动推广市场来调动经销商们的积极性，使他们增强对格力的信心，向市场要效益，而不需‘奖励’来刺激个人。”

董明珠话音刚落，上面提到的那名“领导”也适时追问：“那公司拨的那笔‘专款’，你是怎么用的？”

董明珠沉默了一下，回应说：“我从来没领过那笔‘专款’，这一点你可以去财务那边查一下记录。至于经销商的钱我拿没拿，你可以去问问经销商，看他们怎么说。”

略微停顿，董明珠接着说：“即便是后来，我们在跟江苏五交化签约时，给对方部分0.5%的奖励，也是清清楚楚在合同里写明了的。当然，这样的做法在以个体为主的广东是行不通的。加上市场的情形千变万化，很难料定哪个型号的空调好卖，哪个型号的空调受关注度高，所以事先把这些写进去也不太现实。政策怎么样我不作评论，有多少钱进了业务员的口袋我也不清楚。从这个方面说，即使拿了也不能算是我们业务员犯错误，毕竟那个时候公司并没有明文规定，业务员拿了客户的回扣要受到处分。”

此时，一度火药味十足的场面开始冷却下来，小声的议论不时传出，其中还夹着一些轻松的笑声。

朱江洪看着揭发代表一方发话了：“你们还有什么话要说吗？刚刚董明珠说的也都听到了，你拿这件事来告人家，怎么能告得倒啊？不要说她没有拿，就是拿了，在当时也不能算是大错啊！只要不影响到各经销商们之间的竞争，某些‘非常手段’也是可以用一下的嘛！”

朱江洪话音刚落，全场便是一阵哄笑。紧接着，就是一阵掌声，原本对董明珠的检举会，进而转变成为以她为主角的宣讲会了。

“你们几个还有什么疑惑和不清楚的，现在大可在会上提出来，董明珠可以一一作答。接着说说吧！”朱江洪有意无意的话，像无形的尖刀刺穿了会场的气氛，所有人都沉默起来，那几个揭发者也低下了头。

“你们都没话说了是吧？那好，我有。”他放下手中的茶杯说道：“你们在调查董明珠的同时，我也通过各方了解到了一些情况。你们之间的问题我先不说，就说说这事情的起因吧。据我了解，你们当中某些人一方面给董明珠‘穿小鞋’、忙着算计，另一方面又在封官自诩。这一点让我震惊，也很气愤。你们以为找几个人通一下关系，就能让我们罢免董明珠？如果连这么简单的逻辑公司管理层都看不破，那也太不像话了。你们这么做，不单单伤害了部门间的友谊，也伤害了格力。如果格力连董明珠都罢免了，我看以后也就不用再找什么人为公司努力打拼了。总之，格力还没有发展到连正义、公理都可以忽略不计的地步。”

朱江洪的话，让原本信心十足的罢董代表以及某位领导开始坐立不安，他们的辩解变得语无伦次。

突然，朱江洪大声说道：“不要说了！你们这是唯恐格力不乱！”

立刻间，会场爆发出雷鸣般的掌声。

就这样，原本的“对质会”成了一场“声讨会”，不过嘴伐的对象已不是董明珠。接下来，朱江洪借此指出并批评了一些行业“潜规则”的现象，号召全公司借此开展一次整风运动，而在场的一些老业务员甚至都不好意思地低下了头。

事后，董明珠才明白，朱江洪之所以同意开这个所谓的“对质大会”，其真正用意，就是为了借董明珠的自述经历给一些年轻的业务员们树一个榜样，立一个标准，整顿企业里的歪风邪气。当然，朱江洪此种想法的前提，还是出于他内心深处对董明珠的认可，坚信董明珠一定能够经得住核查，经得住盘问。

于是，戏剧性的一幕出现了，董明珠在格力公司的口碑全面提高，包括管理层人员在内，更多的人开始在心底里尊敬她。与此同时，原本就被人称呼的“董姐”一词，也在格力外传开。不久后，关于董明珠打破空调业潜规则、坚守正气的营销做法，开始出现在一些行业媒体上。更有一些主流媒体，在集中业内人士讲述和行业媒体报道内容的基础上，相继刊发了一批董明珠刻苦敬业、开创行业正派作风宣传报道，“董姐”一词便在整个空调行业，甚至家电行业内盛传开来。

与董明珠的意外收获相反，那几个检举代表最后的表态，则是两份辞职报告和一封道歉信。借用当年一些业内权威人士的话说，只要有职场就会有竞争，只要有竞争就会有矛盾、有手段。格力此番“暗斗”，董明珠不仅得以平冤昭雪，还赢得了一大帮的支持者，成为真正的赢家。

此番过后，格力经营部所有员工的干劲空前高涨，董明珠更是名声在外，行业内有分量的经销商开始主动寻求与董明珠的合作。一时间，经营部的业绩出现大幅度增长。在随后漫延全国的空调大战中，格力也大获全胜，实现了朱江洪期盼已久的新局面。

然而，人生不如意总是十之八九，或者说好事总是要多磨。

这一年年底，格力照例进行“先进部门”评比。在很多人看来，董明珠主导改革的经营部，一定可以凭借全新的业绩和面貌赢得“先进部门”的荣誉，董明珠则理当成为“先进个人”了。

其实，在董明珠的心里，也有着这样的想法和自信，她期待着自己能够带领经营部扬眉吐气一回。

然而，最后的评比结果，不仅让董明珠大失所望，也让信心十足的经营部犹如当头泼了一盆凉水。在格力当年的“先进部门”里，并没有经营部；至于董明珠，则“先进个人”榜上有名。

有了解当年内情者回忆，当年格力的评比过程董明珠是清楚的，客观性和公正性存在很大的折扣。基本步骤就是，公布标准、各部门自报业绩、公司有关部门开会讨论，最后形成最终评定。

就拿自报业绩这个环节来说，董明珠领导的经营部，论实力和表现绝对遥遥领先。但是，一些部门却从政治到业务、从组织纪律到工作作风，即便没有漂亮的数据，也要杜撰几个事实，以赢得业绩。或许因为这些，当年才有了那句意味深长的话："评不评先进，重要的不是你做了什么，而是你写了什么、说了什么。"

再如，一些部门在进行综合讨论时，遵循的一个重要标准，就是需要照顾关系、讲究亲疏；或是平衡各方、避免矛盾，如此等等。

或许正是看到了这些不按标准进行的实情，董明珠一气之下，便跑到格力相关部门，意图为自己的经营部抱个不平。然而，董明珠并没有得到她想要的答案。

"不能什么好处都落到经营部的头上。经营部平时挣的钱就多，也要照顾下相关的兄弟部门"之说，是她听到的最多的回话。更有人公开亮明观点，董明珠已经是"个人先进"了，经营部应该懂得收一收了。

眼看无力改变结果，董明珠只得回到自己的部门。虽然心里依然不服气，但是只能服从大局。为了安慰自己的队伍，稳定经营部军心，一番考虑后，董明珠在经营部内搞了一个年终庆功联欢。

据说，当年那场联欢过后，董明珠习惯性地抬起头，看看头顶的那片天，然后又习惯性地舒一口气，再习惯性地推起那辆车，往家里走去。

联想集团董事局主席柳传志曾经这样表示："我们在选拔人才时，要求'德才兼备'，而且'德'一定是放在第一位的。企业人才一定要有事业心，一定要把企业当作自己的命来维护；至于'才'的方面，就要看他是否善于归纳总结，这种本事是打了很多硬仗之后才能积累获得的呀！"

与其相对应，著名创业大师李开复面对媒体也曾这样讲过："我把人品排在人才所有素质的第一位，超过了智慧、创新、情商等。我认为，一个人的人品如果有了问题，这个人便不值得一个公司去考虑雇用他。"

好的品德就像一艘船的舵，能力则如船的马达。马达决定船行的快慢，舵却控制着船行的方向。一个有抱负的企业人，只有开足马力，并沿着正确的航线前行，才能更好更快地到达行船目的地。假如方向错了，船开得越快，企业偏离得就会越远。

假如当年的董明珠也如同一些业务员那样，吃吃回扣、占占便宜；得意于自己的“先进个人”，不顾经营部的整体荣誉，那么当别人故意发难的时候，她的个人品格和企业忠诚将会崩溃，她的队伍也是靠不住的。

果真如此，20年后的今天，中国不仅少了一个“铁娘子”，还会少了一个世界级的企业。

第8章 江湖盛传的「董营销」

有人的地方就有江湖，有江湖的地方必有侠客。随着市场经济的引擎被打开，中国便以数倍于欧美发展速度向前突飞猛进。20世纪最后10年，市场经济的日新月异，使得中国加入WTO的谈判进入了白热化，国内市场竞争的残酷性也日益凸现。至于家电市场，外国品牌虽然还占据着一定优势，但国内品牌的成长更是生机一片。这期间，已然掌握着格力营销权杖的董明珠，充分展现了她那柔中显钢的本色秉性，以四两拨千斤的艺术手法，掀起了一场空调市场的营销大戏……

一 “淡季返利”好文章

有时候，一个简单的信念足以决定企业的走向，一份创新的灵感可以决定企业的命运。而集中国千年思想之大成的《易经》，也早就揭示了一个真理：这个世界唯一不变的，就是一切都在变。

作为一个企业的管理者，具有天生的创新精神和行动能力，显然是走向成功的一大关键。更何况，现代市场经济中的营销，早已凝结成为一大学科，实践中不仅抛弃了墨守成规，更是远离了那种人云亦云、鹦鹉学舌的做法。

1995年，在董明珠的主导下，格力的市场营销开始在本质上发生着一系列新的变化。

一天早上，董明珠像往常一样来到办公室，她习惯性地走到传真机旁，看看有没有急需处理的传真文件。不一会儿，办公室的员工也陆续到来。

“小董，你一会儿来一下。”叫董明珠的是朱江洪。她放下手里的报纸，便朝着朱江洪的办公室走去。

朱江洪告诉董明珠：“是这样的，一会儿等其他各部门的负责人过来，下午一起开个会，说说最近公司的一些情况。你也准备一下，会上你简要地作个报告，说说这段时期的产品销售情况。”

其实，对于格力当时的经营运作，董明珠早就有了一些想法，只是一直没有合适的机会让她能在集体会议上阐述。听到朱江洪主动提供了这样一个机会，董明珠自然很高兴，“好的朱总，我现在去准备一下报表。”

一回到办公室，董明珠就开始紧锣密鼓地忙碌起来，并安排财务人员，整理好当月的财务报表和业绩报表。

过了一会儿，董明珠的桌上已经堆满了各类图表和数据资料。像第一天掌权经营部一样，她埋头进去，直至中午时分。

按着事先的规定，在朱江洪的主持下，下午的会议准时开始了。

等到董明珠的时候，她先是详细汇报了经营部的情况，接着便归纳了当时市场动态、财务上出现的问题。

当董明珠讲到银行贷款的时候，着重突出了高达7%的贷款利率，以及每年产生的几千万元利息。朱江洪听到这些数字，也不禁叹了一口气。

不过，董明珠接着强调，企业经营必须要经过这个阶段，毕竟“资金流”“资金链”是不能断裂的，必须正确处理好。

“小董啊，你看能不能贷款少一些或者……”与朱江洪一样，格力管理层中不少人都有着相似的担忧。

“不贷款的可能性不大。贷款不足，就不能保证资金的正常流通，而且依照现在格力市场发展的趋势看，我们的产品销量一直都保持着高速增长。可是空调不像食品，一年四季都是不可或缺。淡季的时候，我们外在货款往往还没有完全收回，公司就急需一笔资金去采购下一季的生产材料。所以，为了保证公司生产与市场的正常运营，我们向银行贷款自然是情理之中。”

董明珠的话让会议室里有了短暂的沉默。

这边一向作风严谨的朱江洪，感觉到了无形的压力：“是啊，淡季，是个问题啊！一方面货款在外，企业需要资金周转；另一方面，生产出来的空调要在淡季销售出去，也不是一时半会儿的事，放在厂里边，也给仓库方面造成压力啊！”

另一位领导用调侃的语调抱怨道：“银行贷款的利率也太高了！”

正是这句看似简单，却又道出了众人心声的话，再次让会议室沉默起来，大家一时都没有应对的良策。

看着一筹莫展的众人，还有远远坐着的朱江洪，董明珠突然站了起来。她从手边的一摞资料里翻出两页白纸，然后说道：“关于这个问题，其实很久以前我就开始思考了。做销售员的时候，我便深知追债的难度，一方面我了解每一笔资金回流时的不易，另一方面也有不能忽视的问题，确实有一部分经销商由于主观因素或者客观因素，不能按时把货款打到账上，有的甚至还一拖再拖，直到货款成为死账。”

董明珠稍作停顿，看了看朱江洪和其他几位领导，继续说道：“鉴于实际情况，最近我想出了一个方案，觉得还算可行，现在想听听各位及领导们的意见。”

大家都看着董明珠，不知她的葫芦里到底卖的什么药。

而董明珠也在一阵格式化的谦虚之后，开始切入了正题。

“其实我觉得，有些因素不一定要考虑得那么细，我们也不一定非要走以前的老套路。我的设想就是，可以找几个信得过的厂商、经销商，开展不一样的合作。说白了，就在是淡季的时候，把生产出来的空调发给经销商，要求经销商立即向格力注入资金。这样一来，不仅能解决公司在淡季时生产的资金短缺问题，还能缓解库存压力和旺季时的集中供货难度。”

董明珠话音未落，便有人立刻接上了话茬：“那你凭什么认为经销商一定会愿意按照这个模式来跟我们合作呢？万一夏天卖货的时候降价了呢？”

说这话的正是朱江洪。很显然，董明珠的新方案引起了他和大家的兴趣。

“我们的经销商一个比一个精，对自己没好处的事情当然不会做。在这项合作中，格力并不是唯一的受益者。如果经销商跟我们合作，我觉得他们至少在两方面得益：一方面，合作从某种意义上达到了‘淡季囤货’的效果，能够有效保证合作经销商在旺季时充足的货源；另一方面，我们格力电器也会向合作经销商支付一定的利息，作为优惠返还的内容。有了这两个额外的收益，我觉得一些商家应该会跟我们合作。我将这种设想定义为‘淡季返利’的经营模式。”

董明珠说完，会议室里又是一阵沉默，她甚至能感受到空气中的某种凝重。

打破这沉闷局面的还是朱江洪。他放下茶杯，脸上慢慢地浮起了笑容，第一个拍起手掌。紧接着，整个会议室里响起了雷鸣般的掌声，还夹杂着领导们平时难夸出口的溢美之词——“董明珠不简单啊，这个主意真绝！”

随后，朱江洪与几位高层商量了一下，当场决定试行董明珠的“淡季返利”模式。

决定已经做出，董明珠便开始通知各经销商。出乎大家意料的，接到新方案的很多经销商，都显示出了浓厚的合作兴趣，用其中一位经销商的话说：“反正淡季的时候，资金存在银行也没有几个利息。”

就这样，在董明珠的统筹安排下，格力的众多经销商纷纷提前预付了全年的货款。据后来的数据显示，1995年，格力电器在“淡季返利”的模式下，仅淡季的汇款就比1994年同期高出3倍以上，超过了10亿元。而对于采用这种新合作模式的经销商来说，格力不仅保证了可靠的供货，还给出了6000万元的优惠返利，实可谓真正的双赢。

后来的结果表明，正是“淡季返利”模式的确定，为格力在接下来的短时间内能与行业巨头春兰进行总决战，奠定了雄厚的物质基础。

或许有人会说，营销创新其实也很简单，概括地说，就是打造差异化。然而，要做到真正的差异化，中外实践者的经历均表明，一切决非看起来那么简单。这是因为，真正的营销创新者，必须能够做足如下三项工作：其一，对市场进行准确的调查，这是营销创新的前提；其二，市场细分与目标市场战略的制定；第三，能够对市场渠道进行选择和管理，因为营销渠道形同如市场营销的血管。

所以，若干年后，有专业管理学者如此评价当年的董明珠：

“淡季返利”策略不仅富有创意，也非常有实效，既解决了企业旺季产能不足、淡季产能过剩的问题，又解决了经销商旺季货源不足、进货价格过高的矛盾。与此同时，这种营销模式还为格力和经销商们解决了各自的难题，大大加深了格力和经销商的合作深度，提升了格力在业内的话语力度，实可谓有名有利、一举多得。“淡季返利”的营销创意，显露出了董明珠运用巧妙创意解决棘手问题的能力，基本奠定了她在格力、甚至营销界的“董姐”地位。

二 血腥的“死亡之谷”

1995~1996年，是中国企业发展史上极为特殊的阶段。尤其是对于中国的家电企业而言，至今都留存有难以磨灭的记忆。格力自然也不例外。

在学界领域，1995、1996年还被称为中国企业的“生死年”，故而也称为改革之年。

当时的中国企业呈现出两个特点：一是面临着外国企业雄厚财力与技术包围，中国企业不得不浴血奋战，双方的对抗开始向深入发展；二是产业进一步集中化，小厂商淘汰加剧，大厂商大打排位战，掀起了瓜分市场份额的争夺战。

例如，1995年的空调使用季节，国内某报社披露一则消息：

> 一些消费者投诉某日本空调品牌质量不好，但日本工程师却对消费者回答说，“空调之所以运作不正常，因为北京空气质量太脏。”

此消息一经披露，立即引起舆论哗然，很多消费者发出了愤怒的声音。有读者就写信给报社表示：“既然他们觉得北京空气质量不好，就让他们滚回东京去吧！”

当年的这样一则消息，既反映出国内消费者对外国品牌已然出现的质疑，更折射出了国内空调品牌与国外品牌之间的竞争矛盾。

这种情势的变化，格力管理层看在眼里，琢磨在心里，一直到1996年年中。

1996年7月的一天，格力的会议室里，朱江洪、董明珠以及另外几个经理人又一次聚在一起，他们的话题依旧是“格力接下来的路该怎么走”。

与往日有所不同，会议室的气氛显得紧张。

朱江洪说："今年上半年，包括大多数合资企业在内，全国空调生产能力达到了2000万台，而市场的容量还不到600万台，前景不太好呀！"

接着，朱江洪按自己的理解分析了空调行业的整体形势，倍感市场和销售带来的压力。"好在有个董明珠啊！自上任以后，特别值得一提的，我们的财务再也没有出现过混乱，也没有出现应收款收不上来的现象，经营部的各项工作算是井然有序。这种局面在拖欠成风的今天，不得不说很是难得。"

朱江洪之所以这样说，一方面是为了给在场的人提气，另一方面也算是对董明珠和她领导的经营部给予鼓励。

回想当年，朱江洪和董明珠面临的情景，的确很是特别。

1996年，被称为我国历史上梅雨季最长的年份之一。部分地区雨水足足下了40多天，一度引发了百年不遇的大洪水。而在更多地方，凉夏则不期而至，气温很少有超过33℃。这样的天气，使得"靠天吃饭"的空调业俨然成了最大的受害者，用当年业内人的话说，便是"空调臭了大街"。

如此惨状，逼迫着大大小小的空调企业冥思苦想，想办法找对策，谁都不愿意坐以待毙。于是，一场最残酷、也是最原始的行业竞争，开始在整个空调业内孕育，即影响至今的"价格血战"。据说，就连久经沙场的董明珠，在当时也渐闻到了阵阵血腥味道。

一次，董明珠和同事闲聊。

"董部长，现在外边的传言四起，大环境对我们不是太有利吧？"

"怎么说？"董明珠表面上保持着镇定。

"有媒体说，温度年年升高的地球，在今年来了个大变脸，格力要修改计划了。"

同事的话让董明珠先是一笑，而后她说："有变化有创新才更容易出成绩啊！现在处在这个节骨眼的可不是我们格力一家，包括好多合资品牌在内，同行们不都在这个大环境中吗？我觉得大家都在寻求新的出路，我们格力怎么可能不战而退呢？"

若干年后，行业数据和研究报告显示，经过1996年的市场洗牌，相当一部分的空调厂停产或者转产。如在开放前沿的广东，到1996年底，空调企业已不到10家，让原本处在第8位的格力，一下子跃居到第2位。

即便如此，市场硝烟依然弥漫，竞争正向深处发展。为了尽可能地占据有利地位，幸存下来的商家几乎一致选择了“置之死地而后生”的竞争策略——继续降价。

首先发难的，便是科龙空调。[①]

从名不见经传的乡镇农机维修小厂，到首家在港上市的中资乡镇企业，科龙曾经是香港资本市场中最为人称道的中国企业。自1996年在香港上市以来，科龙的每股盈利连续四年保持在0.6元港币以上。1997年中国红筹股全线溃退之时，科龙成为唯一一家股价维持在发行价以上的企业。其时，中国证监会指定42家在香港上市的中国企业齐聚顺德仙泉酒店商讨对策，无异于向科龙致敬。

那时候的科龙，在香港基金经理人眼中，无论是产权结构、管理体制、创新机制，都堪称中国乡镇企业的样板。在此之前，科龙已连续9年夺得中国制冷业销售第一的骄人成绩。这从当时证券分析者们对科龙使用的最多的词——“增持”和“完美”，即可见一斑。

1999年11月，科龙还被美国《福布斯》杂志评为全球20家最佳中小企业。用当时的掌舵者王国端的话说，“我们的企业很年轻，但是幸运的是我们还没有犯过错。”

然而，市场风云莫测变幻。2000年，科龙神话终结。短短1年间，科龙的股票便跌至1元（港币）区。香港证券机构当时公布的分析报告更认为，科龙的股价还没有到达谷底，科龙随即成为机构投资者“重点考察对象”。一时间，关于科龙的各种消息满天飞，直至当年底科龙宣布主营业务亏损，其市值损失80%。

---

① 科龙空调于1984年开始制冷事业，1988年国内首台分体式挂机正式由科龙推出；1992年国内首台分体式柜机也是由科龙推出。不仅如此，科龙空调于2001年在国内推出了首台能效等级为一级的空调；在2005年国内19个品牌的能效鉴定比武中，科龙还获得了第一。如今，科龙空调已成为海信科龙电器的空调产品。

当然，这些并不是本书需要讨论的内容，话题还是回到科龙降价。

1996年的盛夏，对于中国的空调市场来说，如同凉夏。然而，中国家电市场的价格战却进入高温态势，由原先的黑色家电区域，漫至白色家电领域。这期间，空调产品则成为重灾区。作为当时空调市场的龙头品牌，科龙似乎显得底气十足，率先挥舞起了降价的大旗。其一款空调产品从6400元降到了5800元，紧接着又从5800元降到了5600元。时不过日，又从5600元降为5000元，并在市场尚未完全反应过来时，轰隆一声降到了4280元。科龙此举，瞬间搅得整个空调市场风生水起。

有了科龙带头，大大小小的企业便义无反顾，争先恐后地跟进。各种不同品牌的价格成千成千地往下降，史无前例的价格战进入疯狂状态。用当年从业者们的话说，“让利不让市场”一时甚嚣尘上。

此时的格力呢?

“一台出厂价5800元的空调，大户批发不到5200元，零售店的价格也不过5300元至5400元，价格倒挂比从5%到10%不等，这是空调业从来没有过的事情。”面对硝烟漫天的市场，格力管理层几乎天天都有会议，但大家说得最多的，还是上面这句愤怒又无奈的话。

就是在这种犹豫不定的时候，不少经销商给格力也带来了不小的压力。“除非按我说的马上降价，不然格力今年就死定了。”这样的话，董明珠和格力管理层听到的一天比一天多。

在这种要紧的关头，格力开创者朱江洪却又因长时间的紧张劳累，不得不住进了医院。这个消息让格力电器的一些经销商再也坐不住了，纷纷飞到珠海，频繁接触格力管理层的部分领导。终于，管理层的部分领导扛不住了，同意格力空调也降价3%。

当时的部分领导表示：“经销商从维护自身利益出发，要求降价3%来扩大市场销售量是可以理解的。但是，我们团队中有些人也要多为企业以后的发展多想一想，怎么摈弃国有企业在体制上的通病。”

“现在各大品牌都在降价，如果我们坚持不降价，在市场上很是吃亏，也很有可能失去市场。但是如果我们降价了，对企业也并不是完全没有好处的，薄利多销嘛！或者说先抢占了市场再说。”

这样的话让董明珠有些坐不住了。

一次会议上，董明珠有些激动地反驳："我坚决反对降价！不错，降价是能从某种程度上解决一些销量的问题，而经营部也可以借国有企业做一些顺水人情。就拿打进8000万元的这家经销商来说，降5%就等于我们白送他400万元。这钱不从我董明珠兜里出，但是确实是我董明珠卖了这个人情。"

董明珠的话让会场上部分领导一脸难色，小声议论的声音也不时入耳。

此时的董明珠故意拉长了声音："但是，经我了解，经销商在拿到厂家供应价的时候，实际销售价往往都低于这个价，有的低于100元，有的低于300元，甚至更多。这表明，很多经销商心里也没有底，如同赌博似地进行降价销售。他们的想法，其实就是仗着'只要量做大了厂家就会给予补偿'的一贯思维。按照2%~3%的亏损，淡季时厂家给予的补偿还会增加到5%。这样算来，经销商淡季的投入已经获得利润，而且没有稳定的价格，他们可以抢先出手，搅乱市场，从中获利。与此同时，我们却无法界定，经销商是只销我们的产品，还是拿着我们的补助去做别人的牌子挣钱呢？现在淡季是这样，等到他们赚了钱以后，会再进一步去扰乱市场。所以，从全局考虑，格力一旦降价，个别经销商将会利用低价来排挤二、三级的经销商，冲击那些本小利微的竞争者，这必将动摇广大经销商对格力产品和品牌的信心。"

董明珠的话不紧不慢，却句句点中要害，于细微处分析了格力产品降价带来的潜在危机。

一位领导接下了董明珠的话："现在只要能保住格力的市场份额，在这一系列的冲击中站稳脚，一级代理商卖的是格力，二级、三级代理商卖的也是格力，只要能把货卖出去，管他是几级代理商，对格力都一样啊！当务之急，是怎样让格力在行业集体降价的大潮中损失最少。"

身为经营部部长的董明珠，心里很清楚，说这话的领导与部分大经销商很熟，受他们的影响是不可避免的。但是，自己并没有资格参加公司更高层的决断性会议，何况一向能给她支持的朱江洪又生病住院，董明珠也只好私下里跟一位关系不错的副总软磨硬泡。

一次高层开会前，董明珠又跟这位副总念叨起来："降价短期内的确对销售有利，但是不利于企业的长远发展。作为企业领导，应该靠一份大的责任心做决策，应该着眼长远。如果都不顾企业以后的利益，只顾个人眼前的轻松轻易降价，就是对格力、对员工的不负责。"

听着董明珠说出的这番话，看着她有些激动的样子，当年的那位副总表示了认同，并答应她在会上一定转述。

高层会刚完，董明珠就跑到副总的办公室，但她第一眼看到的，是此位副总一脸的无奈。"哎……我也没有办法，大家都同意降价，我也只好跟着表态。"副总的话让董明珠心凉到底了。

唯一让能董明珠心生希望的，还是那位副总最后附带的一句话——"降价的决议虽然通过了，可要想实施还得到广州医院请示朱总才行。"

听完这句话，董明珠似乎舒了一口气。

几年来的打拼经历，董明珠算得上了解朱江洪。她心里明白，朱江洪是一个忠于企业、执着事业、沉着冷静的人，不会轻易盲目地跟着市场风气。董明珠根据自己过往的心得，她甚至预感到朱江洪可能还会就此事征求自己的意见。

若干年后，董明珠在谈到当年面临的心境时，曾有过这样的表示：

自己看到不少企业都是因为打价格战而倒闭的。在与竞争对手血拼的过程中，自身也元气大伤。作为当时并不强大的格力，要想获得发展，就必须尽可能赢利，必须有钱来搞研究搞改革，而不是去降低产品质量来屈求市场。

在董明珠看来，产品是企业参与市场竞争最基本的竞争策略，价格并不是影响消费者的唯一要素。一个产品应该定什么样的价格，不是根据营销者的产品成本来决定，更重要的是取决于该产品是否给消费者带来实际的利益，使其需求得到满足。谁能够更好更快地设计、制造出适合消费者需求的产品，谁就能拥有更大的营销竞争力。如果以降价来迎合市场，产品质量就难以保证，最终，产品自然不会受欢迎，甚至被市场淘汰。

或许正是有着上述所想，当年的董明珠非常不愿意和竞争对手打价格战。她要么回避，要么坚持不降价，甚至宁可让出部分市场，也不肯迎合所谓的“价格战”。能从这种战略角度去考虑营销问题，对于仍不属于格力高层的董明珠来说，实属难能可贵。

若干年后的2016年7月，面对媒体的正面访问，董明珠再次就价格战发表了看法：“在市场的竞争中，我们不能在停留在价格战的思维，俗话说‘一分价钱一分货’，产品要卖很低的价格，你就会不择手段，一定会偷工减料。”

三 大义取利，逆势上扬

就这样，董明珠在忐忑之中，目送格力高层人员赶往广州医院，大家需要朱江洪就“价格战”做出最后的定夺。

听着来人的汇报，掌舵着格力未来的朱江洪显得很谨慎。

“现在你们所说的市场走不动，是整个市场都走不动，还是单单就格力的市场走不动呢？是天气的原因还是价格的影响？这么大的事情，你们事先有没有做过市场调查？居然一个总经理办公会议就决定了？还有，降价的事情，小董知不知道？”

朱江洪的一番反问，令在场的人都显得有些意外，尤其是兴冲冲赶着来的“总”们，开始沉默了。

这时，不知是谁回了一句：“她知道这事。”

朱江洪立即接了话问：“那小董是什么意见啊？”

“她不同意降价。”

朱江洪略微沉默了一下说：“降价是一件大事，闹不好是会拖垮企业的。调查市场后再作决定吧！”

见大家都不说话，朱江洪补充说：“价格太低，经销商为省几个钱，难免会饮鸩止渴，牺牲安装维护的费用，那么，我们给用户提供的就是劣质产品。我个人认为，如果以牺牲质量与售后争回来了一部分市场，格力宁愿不要。如果真是要了，砸掉我们自己的招牌也是迟早的事！”

或许因为董明珠几年来坚守一线的打拼，给了朱江洪难得的某种依赖，使得他从心底里对董明珠的意见多了些信任。然而，朱江洪的这一段话，却让当时在场的部分格力高层很是不解。

不解归不解，朱江洪的话还是掷地有声。

第二天，董明珠又专程赶到广州，她亲自向朱江洪汇报了销售市场的情况。在两个人的交谈中，坚持“让市场不让利”已成共识，并就此商量了一些对策。此时的董明珠显得义无反顾，她第一时间投入到了忘我的工作之中。

董明珠选取的第一个抓手，便是她亲自实践出来的“服务”招牌。她手机24小时开通，平均一天几十通电话，有时候半夜都还在与客户或经销商交涉。为了更方便经销商和客户随时联系自己，董明珠还把自己的手机号码公示在写字板上。

“我把电话告诉大家，如果有事情解决不了或者解决得不好，包括我们的工作人员服务态度不好，你们都可以随时打电话到我这里来投诉。我们格力在全国虽然已有1000多个维修点，但是，完全服务是我们的天职。”董明珠的话说得激情洋溢。

就在董明珠说这话的时候，空调市场上演的降价风却愈演愈烈，连格力仰仗渡难关的柜机产品，也未能幸免。

事情大致是这样的：格力的一个主要竞争对手为了抢市场先机，突然决定把5P的柜机进行降价，降幅达到了1000元。此消息一出，柜机空调市场随即产生震动，该厂家也很快占领了一部分市场，格力客户群面临的压力陡然增加。

严酷的现实，也使得董明珠的营销部与经销商们的关系变得紧张起来。为了尽可能缓和不利的局面，董明珠邀请了格力的主要经销商，召开了一次经销商会议。

会议场上，众人各抒己见，意见激烈，不少人甚至展开了唇枪舌剑。其中有个主要声音：“无论是在商场还是在批发商，两种柜机摆在一起卖，别人便宜近1000元，格力死活不降价，顾客当然买了降价的。这种做法，其实是格力起到了帮助别人产品促销的作用。”

还有经销商表示：眼看着别人的品牌一一降价，销量逐步攀升，真的越来越担心自己的市场销量和利润，甚至多少有点儿怀疑格力未来的前景了。

就这样，会场上的人们你一言我一语，抱怨的、抨击的、焦虑的，一时间吵得像锅粥。

听着大家的一言一语，看着众人的唇枪舌剑，董明珠反倒显得不慌不忙，显示出了少有的镇定。

“各位，丢掉一部分市场是不可避免的。消费者有自己选择消费产品的权利，没有产品能满足所有人的要求，我们也没有必要强求家里连电风扇还没有的老百姓马上成为我们的客户，我们的产品只要能满足一部分人的需要就行了。现在，格力占了差不多50%的市场份额，并没有必要用降价的手段去拼另一部分市场。那些现在低于成本价销售、企图冲垮市场的厂商，无非有两种结果，要么是负债经营，要么低价进购元器件，最终牺牲掉产品质量、牺牲掉消费者的利益。所以，无论从哪个角度来讲，拼价格都不是明智之举。”董明珠的话显得很有底气。

但是，董明珠的话也让一些经销商急了：“你说的虽然有道理，可是不降价，格力又拿什么跟人家竞争呢？”

董明珠没有回避，她又跟经销商们坦言：“空调不比别的消费品，低价必然会带来质量和服务上的一系列问题，以后必然还会有不可预知的扫尾工作，到头来便是得不偿失。现在的这种市场风气，假如我们跟了，也搞特价、降价销售，可能短时间内能赚一点儿蝇头小利，但要不了多久就都会吐出去。挣不到钱是一回事，挣到钱又吐出来就是另外一回事了。”

董明珠略作停顿，又接着说：“即便通过特价、降价的方式，让眼前的日子好过了，挣到钱了，那明年、后年又怎么办？因质量或服务问题让用户找上门来又怎么办？所以，我觉得你们哪怕少做一点儿，也不用去跟风降价。一句话，格力宁愿自己吃点亏，也不能让在座的各位经销商们吃亏。”

一阵雷鸣般的掌声猛地响了起来，连董明珠都有点意外。在场的各位经销商犹如吃了一颗定心丸，放心地回去了。

显然，董明珠对经销商们的承诺，并不一时冲动，更不是临时的搪塞之举。就在这场经销商会议后，格力便拿出一个亿的利润，一次性让给经销商们，作为他们不跟风降价的补偿。

格力此举，犹如在整个空调市场投下了一枚重弹。很快，“格力不让经销商吃亏”的说法，在整个业内传为佳话。而“做格力，不亏本”，更是在当时成为众多经销商们自豪的说法。

董明珠对格力强烈的责任感、使命感，对经销商们的这份真诚，不仅感动了客户和经销商，更在业内和市场让她赢得了口碑。而董明珠和格力的固守，也终于在一段时间后，得到了市场的回报。

最为直接的数据，就反应在1996年的统计报表上。

这一年的报表数据显示，格力的销售增幅达到了17%，而且这一增幅还发生在1996年的凉夏间；正是这一年，格力凭借着97万台的销量，首次超过了霸据空调业榜首的春兰；格力柜式空调的增幅更是达到了130%，一下子成为当时全国最大的柜机空调生产厂商；而在“全国市场占有率”“产品质量评估”和“售后服务质量评估”三项指标上，格力都实现了空调类产品第一位的位置。

当腥风血雨的价格大战慢慢落下帷幕的时候，“刀光剑影”便成为当年舆论和媒体上最为常见的一个形容词。然而，如今再研读当年，残酷的局面只不过是不健康市场的冰山一角。其所掩盖的，便是整个中国家电产业无序发展、畸形竞争的严峻局面。

后来，不少企业研究者们纷纷就此撰文，其中即有一种共识：虽然看起来董明珠和格力坚持得很难、很辛苦，但市场毕竟充分证明，格力“宁让市场不让利”的策略是明智的，董明珠也因此奠定了业内的又一个传奇。

至于在格力内部，自此以后，管理层对董明珠的营销能力有了更深的了解，大家对她的信任程度也普遍提高。基于此，董明珠又一次受到了嘉奖，正式接任“珠海格力电器股份有限公司销售公司经理”的重要位置。①

关于“格力电器股份有限公司”，后文将有专门内容予以交代，这里有必要作些其他补充。此前的1994～1996年间，格力管理层接受了董明珠的一系列建议，以抓质量为中心，提出了“出精品、创名牌、上规模、创

① 1996年5月，格力电器兼并了江苏丹阳黄河纽士威空调器厂。1996年11月，格力电器股票在深圳证券交易所成功上市，格力空调正式进入了一个大发展时期。

世界一流水平”的质量方针，实施“精品战略”，建立并完善了新的质量管理体系，出台了“总经理十二条禁令”，推行“零缺陷工程”。这些重大改革措施的执行，使得格力产品在质量上实现了质的飞跃，为格力产品在残酷的价格大战中立于不败之地，做出了重大保证。

也是在价格大战之后，包括董明珠在内的格力高层，终于初步奠定了“格力”品牌在中国市场中的耀眼地位。

1996年底，大战尘埃落定，格力人因逢凶化吉而大舒一口气之际，更大责任在肩的董明珠又陷入了新一轮的思考，她需要更深层的一个总结。

从企业竞争的角度而言，价格战是商家在市场竞争中常用的手段之一。而对于消费者来说，价格战的情景越惨烈，短时间内便越能尝到更多的甜头，得到更多的实惠。但是，这一竞争策略显然不是放之四海而皆准，如果企业连对手最根本的弱点都没有找到，轻易步入价格战场，不仅不能彻底解决发展的问题，甚至会带来不可预测的后果。对于这一点，董明珠似乎越来越肯定。

与此同时，董明珠认为，要想在更深层次上维护市场价格秩序，就要把产品的成本、价格与一定的质量标准联系起来。

市场本就是多层次的，企业若想满足不同层次消费者的需求、占领市场，最稳妥的战略就是开发高、中、低端的分层次产品，来赢得不同消费层次的消费者，进而达到占领市场的目的。优质优价、低价低质是市场发展的必然规律，是任何一家企业都无法违背的经济规律。从这个意义上说，轻易参与价格大战的无序厮杀，往往难有最终的赢家。而一个有长久生命力的品牌，无不与产品的信誉、服务、质量息息相关。

一番思虑之后，董明珠的思维似乎愈加清晰：格力要有真发展，就不能在价格大战中迷失方向，不轻易与对手在价格上纠缠，而是要力争推出高端产品，保证优质服务，与其他竞争对手形成逆流而上。

冷静下来的董明珠还意识到，在遇到困难和风险的时候，格力的团队也透露出了一些问题，尚不能达到齐心协力、攻坚克难的战斗要求，业务员独挡一面的能力普遍不足。想到这些，董明珠不由得暗暗提醒自己，整肃格力营销队伍已经刻不容缓。

在随后举行的格力年终庆功会上，董明珠中途悄悄地离开了。因为，她既想回家陪陪自己的儿子，也想趁此机会好好休息一下，缓解这段时间的紧张与煎熬。而在后来的系列整顿中，董明珠“霸道女皇”的原则性，也进一步体现了她的不容侵犯个性。

那一天，天下着小雨。

四 危险上演，十面埋伏

难得的休息时间，董明珠似乎找到了久违的某种轻松。陪着孩子，母爱的天性让董明珠回归得很彻底。然而，也正是这种久违的放松，给董明珠提供了梳理思路和心得的空隙。

如上所述，此时的董明珠，已然升任格力电器销售公司的一把手，她的所思所想自然离不开自己所处的岗位高度。回望董明珠之前的营销历程，经历可谓丰富多样，该遇见的、不该遇见的人和事，她似乎都经历过了。更有甚者，一些经销商在利益面前除了不择手段，有时竟会动用黑恶势力，排挤同行，威胁董明珠。借用一些业内评论的话说，董明珠走得并不平坦。

对于董明珠来说，印象最深的一次就发生在空调大战的那一年里。

1996年的中国，改革的浪潮再一次激荡着整个社会，也改变了一些人的人生格局。不少原本生活在最底层的平民，抓住了释放自己潜能的机会，有的甚至是铤而走险，通过倒买倒卖，积累了不少财富，甩掉了从前的穷困生活。

对于董明珠来说，几年来的营销生活虽然很累，但是，她心底里却正在涌动着一股不可抑制的创业激情。为此，董明珠一直很努力地维护着客户关系，用心建立起了与主要经销商难得的良好合作机制。或许是亲身体验或亲眼所见，格力主要经销商和业务员都很敬重董明珠，这才有了前文所说的“董姐”之称。

董明珠清晰记得，一次在珠海，路上突然听到有人叫了一声“董姐”。她下意识地回头，原来是合肥的一位经销商，一位又高又壮的59岁经理。同行的业务员们看到如此一幕，都忍俊不禁。董明珠明白，这是大家伙儿对她的一种尊重，更是对她所代表的格力营销团队的一种尊重。

当然，市场发展的最根本目的，还是在于它所产生的利益。如前所述，董明珠率直的个性和对经营原则的坚守，不可避免地会侵犯到部分人的既得利益。所以，既然有人尊重她，也就会有人不太待见她。这些人中，既有势大根深的老领导人物，也有小人得志的某些经销商。

空调大战之年，中国华东发大水，气温较之前整体下降了不少，格力的许多经销商开始要求降低销售价格，以保证自己的既得利益。为了达到各自的目的，各色人等纷纷使出五花八门的手段，目标大多集中在董明珠身上。

就在格力管理层为是否降价、加入空调价格大战争辩之际，在朱江洪的支持下，董明珠明确表达了反对不计后果降价的意见。这一结果传出，格力的经销商中，有的选择相信董明珠，静观其变；而有些经销商则愤愤不平，试图大力发作。这其中，名为H的经销商便是影响较深远的一个。

根据公开或不公开的资料显示，名为H的经销商是当时格力的第一销售大户。或许正是这样的身份，H在得知格力管理层关于价格战的最终态度后，第一反应就是非常不满，并以最快的速度直接飞到了珠海。用当时一些亲历者的话说，H是专程飞过来给董明珠施压摊牌的。

听说第一销售大户要来，掌管格力经销大棒的董明珠，自然也得有些做准备。

说起当年的H，也确实要算个人物。此人身材比较魁梧，说话声音洪亮，在空调市场摸爬滚打了多年，老板派头很足。而他和董明珠及格力间的关系，也有着一段演变的过程。

一开始，H做春兰品牌的经销。1994年暑假，董明珠还在江苏办事处任职时，H便找上门来。他倒是开门见山，直言说看到格力好销，准备放弃春兰产品，一心一意经销格力品牌。看着顶着酷暑、满头大汗的H，董明珠感受到了此人的诚意。同时想着H还是当时某国有经贸公司的总经理，实力也值得信任，董明珠也表明了态度，愿意合作。不过，如前文所述，当时江苏已有五交化在经销格力，所以董明珠就跟H讲明原则，他只能到五交化去做二级代理商。

听到让自己去做二级代理商，H自然不能满足。于是，他又一次笑着找到了董明珠说："我希望和格力做的是长久生意，做大生意，而不是零敲碎打。你也知道，我一直在做春兰，可我现在更看好格力。我想做格力就是因为格力质量好、在用户心中的信誉又高，绝对是一匹'黑马'。董姐，我听人说你有魄力、有眼光、胆识过人，那么多品牌竞相降价，是您坚守让格力稳坐钓鱼台，稳定了价格，还保护了经销商的利益。这样的直觉只有神仙才能做到。我相信我们的合作，一定会无往不利。再说，很多事情也都是可以变通的嘛！"

最后，H还自信满满地说："我在苏、锡、常怎么说也算是有一定的影响力。格力在苏、锡、常地区的市场还是一片空白，如果选择跟我合作，我可以同时帮助格力开拓武汉的市场。"

H的话，董明珠并没有立马采信，她着手进行了调查。调查发现，H的确有一定的实力。尤其是确认他在武汉还有公司后，似乎打动了董明珠。而董明珠的老板朱江洪，似乎也被这个有点匪气的H所吸引，还曾跟董明珠嘀咕过："这个H的来头多少还是有的，我们不妨给他一点儿空白去试一下。"

据后来了解内情的人士披露，当年H之所以最终打动了董明珠，其实还有着另外的缘由，这就是格力同江苏五交化的合作。

自董明珠代表格力与五交化合作以后，双方之间并非一帆风顺，甚至还有着一定的摩擦。作为当年的国有企业，五交化确实存在市场空白的地方，没有零售市场，总是不愿意根据市场的变化调整自己的经营策略，集中了那个年代国有企业所有的通病。

不久后，开拓武汉市场摆上了董明珠的工作议程，再考虑到苏、锡、常的零售，董明珠便答应了一直在等着的H，双方可以合作试一试。

H的能力和胆略，很快就让董明珠和格力人感觉到了。就在他加入格力经销商的第1年，就入围了格力当年经销商"10强"之列。在参加颁奖大会的时候，H向董明珠提出了新的要求——格力的上海市场。这一想法多少也正中了董明珠的想法。一方面，H的能力和成绩确实令人满意；另一方面，当时的上海市场确实也让董明珠头疼。

此后，H的表现进一步在市场中得到了验证，他向董明珠和格力也进一步证明了自己的实力。一方面，H提升了格力在市场上的销量，帮助格力占有着越来越大的空调市场；另一方面，H也依托着格力积攒了不少的资本，进一步壮大了自己的实力，其在格力经销商中的影响力直线上升。

于是，当又一次颁奖大会开始的时候，H有些得意地发表着获奖感言："只要好好地做过了，格力就不会亏待我，我相信用皮箱来装钱的日子是迟早会来的。"

会后的庆功宴上，H举着杯子，激动地对董明珠说："董姐，真的要谢谢你啊！如果你当初没给我做格力品牌的机会，现在我也赚不到钱。不瞒你说，之前我做春兰和其他牌子的时候，每到年终欠款都收不回来。现在嘛，不仅仅是还上了欠款，还能余下很多钱……真的谢谢你啊，董姐！"说完，H还紧紧地握住了董明珠的手。

看着H的样子，听着他的话，董明珠知道，此时的H一定是喝多了。于是，她便接过H的话说："只要你跟着格力，一心一意做格力，我相信咱们的合作还是会长久下去的。我也希望在现在的市场竞争中，通过我们大家伙儿的合作，个个挣得个盆满钵满，谁也不吃亏，都是大赢家。"

不一会儿，更多的经销商都端着杯子聚到董明珠的周围，她很是欣慰，由衷地说道："今天看到大家都能有成绩，努力都有了结果，我由衷地为你们感到高兴。我们大家出来经商的目的，不是为了非要拼个你死我活，不分输赢誓不罢休，而是更多地追求共同发展。当然，要达到双赢也绝非易事，还有些必不可少的条件。在我们的周围，父子、夫妻、朋友因为做生意，闹得不欢而散，乃至大打出手的，并不少见。但是，'商场无父子'并不代表着我们在生意场上就交不到朋友，今天我们大家能够聚在一起，就是难得的缘分，也是我们共同努力的结果。"

董明珠话音刚落，又是一阵雷鸣般的掌声，大家都送出了一些感激的话。

就这样，随着时间的推移，H的销售能量继续放大，他在格力经销商中的地位攀居到第1位。与此同时，H的脾气也水涨船高，张狂的个性逐渐显露出来。尤其是格力做出的政策规定，H总是带头宣称："我现在是格力的第一经销大户，我才不听格力的什么政策，我想怎么做，格力就会答应我怎么做。”

很快，H的话通过一些经销商传到了董明珠这里，个性同样强烈且坚守原则的她有点坐不住了。在董明珠的意识里，H如果只是自己讲着酒话也就算了，但他在格力经销商中公然造次、扰乱人心的做法，决不能继续下去。

“人不能狂妄到忘了自己是谁。如果没有格力的支持，自以为很得意的那些经销商，业绩根本无从谈起。”董明珠开始做出回应。

中国有句俗话，人不能忘了本。而董明珠的回应也没有让H清醒起来，他甚至有些变本加厉。董明珠更是发现，H是一个很有野心的人，为了挣钱可以不择手段。

还是在1996年的凉夏淡季，H做出了一个出人意料的决定——他一下子打了8000万的货款，并向董明珠要货。此时，董明珠当然明白H的真正用意。只要格力发给了H货物，一等到格力降价，他就会多出一大笔的资本，可以轻易地挤掉自己身边的竞争者，一举垄断江苏市场，实现自己独霸一方。果真如此，格力恐怕要反过来依赖H了。

对于董明珠的如上顾虑，格力管理层部分人员则表示：“管他一级二级的，只要把我们的格力卖出去，格力把货款收回来，都一样嘛！”

针对这样的看法，董明珠的态度如同格力是否降价一样，她坚持自己的意见，主张不能容许这样的行为。

“空调不同于其他的产品，空调的季节性比较强，产品的体积又大，不可能由生产厂家大量库存。如果没有经销商的参与，工厂只能停工检修。而到了旺季，市场的需求量一下子上来，公司即使24小时工作，也无法供应市场的需求。更何况，赶出来的东西，质量也很难保证，那品牌的保证就更是无从谈起了。换个角度再说，淡季开工原料的货款必须得到保证，所以我们就更不能失掉众多的经销商，还应该对淡季汇款的那部分经销商给予一定的奖励。我建议，对于淡季进货的经销商及厂家，给予‘淡季让利，提货越早，让利越多，淡旺挂钩’的政策；还要为经销商做一定的保险，按银行的利息返利给他们。这样一来，即便空调经销商卖不掉也不至于吃大亏，有助于格力稳定经销商的利益情绪。最不能要的，就是一下子把市场都给了H，那样的话，到头来我们只能是被H牵着鼻子走，受制于人了。”

在一次集体会议上，董明珠明确提出要制裁H。“假如制裁让格力损失了这样一个经销商，短期内销量肯定要受到影响。但是，站在长远的角度去看，为格力的整体形象和利益考虑，我绝不允许H这样胡作非为、称王称霸；格力也必须要捍卫消费者和其他经销商的根本利益。”

其实，董明珠的看法，在格力管理层并不孤单，一位领导也看不惯H的横行霸道。“是啊，被人架着往前推的感觉是不太对啊！那咱们就听听小董说说具体做法吧！”

得到高层支持的董明珠，便放心地表示：“首先，分开来看，经销商对厂家的最大威胁就是不做我们的产品，改做我们竞争对手的产品；而厂家对经销商的最大制约，就是产品在旺季、销售火爆的情况下停止供货，或者只供那些利润微薄的、销量不高的产品。”

董明珠的坚持，最终推动了格力相关政策的出台。

新政策的出台，立即引起了众多经销商的追捧。而不出董明珠所料，随后的H越发狂妄，采取的经销行为不再知晓格力，私下里开始排挤二级经销商。

为了对抗，这期间，H仗着自己的财大气粗，凭借自己在格力经销商中的地位，不赢利地大搞特搞倾销，冲击着市场。在淡季的时候，H不断地以低价、不挣钱的方式，向四川、广东、湖南、河北、江西、安徽等地发货。在格力100万元进的货，转手80万元就卖出去，严重冲击着格力产品在上述各地的市场，扰乱着董明珠坚持的格力价格策略。

看着H的做法不可收敛，有少部分经销商开始效仿。如此一来，有钱的大经销商都试图挤压规规矩矩的二级、三级经销商，情势向不稳定状态发展。

在这种情况下，格力的许多经销商变得无利可图，渐渐苦不堪言。于是，他们相继跑到了董明珠这里，竞相诉起苦来，一时间，董明珠被投诉的电话缠绕得离不开身。

其实，董明珠向来愿意站在经销商的角度想问题，加之大环境的残酷性，她完全可以理解经销商的难处。所以，一些经销商选择用些小手段，董明珠往往也不愿意刻板地较真。但是，H的做法确是董明珠无论如何不能容忍的。

在董明珠看来，H的狂妄手段，首先伤及到了消费者的利益，对厂家和对整个行业，也是百害无一利的；其次，严重破坏了格力经销政策的统一性，扰乱了格力对品牌和市场的整体布局，威胁到了格力的成长。

五 霸气清理违规大户

眼见以H为代表的小部分经销商，继续无视格力的规则警告，董明珠根据格力管理层研议后的计划，力主停止对H的供货。在此期间，董明珠安排相关人员电话通知H，不要再往格力转账，即便再转账给格力，也不会再拿到货。

H一度觉得董明珠只是嘴上威风一下，当他确认来自格力的通知并不是说说的时候，他气不打一处来，照例搬出了董明珠熟知的“三部曲”，即：先给董明珠说好话；不起作用后，开始对董明珠说狠话；见董明珠也不吃这一套，才决定再一次直飞珠海而来。

所有人都能看得出来，这种背景下，H直飞珠海，目的就是要以格力第一经销商的身份，力压董明珠和格力管理层改变上述决定。

而据当年的经历者回忆，H不久前也在格力经销商圈子里放言：“只要我们做大了，就可以不要什么事都听格力的了。到那个时候，格力就不敢把我们这些大的经销商怎么样，我们要多少补偿，格力都只能听我们的，拿我们没办法了。”

到了珠海，H第一时间就找到董明珠，摆出了嬉皮笑脸的姿态：“董姐，您工作忙啊？”

见董明珠不搭理自己，H又用上了动身前的小伎俩。他鼓动起另几个较大的经销商，直接在电话里威胁董明珠，同样的调子——要放弃格力，做其他品牌产品。

个性十足而又霸气外露的董明珠，已然不为所动，甚至表现出了一幅满不在意的神情。如此情景终于激怒了H，他原形毕露，气势汹汹地推开董明珠办公室的门，对着董明珠吼道：“董明珠，你要明白一点，你今天能坐在这个办公室里办公，都是我们几个大的经销商在支撑你。你把我们都搞好了，这个位置才是你的，才能坐稳。你想想，要是我们几个都说你不好，都集体联名上告，你这个位置还能坐得这样稳稳当当吗？”

看到H这般狰狞的面目，董明珠这才抬起头来。她放下手里的工作，不紧不慢地回应道：“我想你还不了解我董明珠到底是怎样的一个人。你拿所谓的官职来威胁我，一点儿用都没有，所谓的部长、经理、副总，都不是我所追求的目标，你这番话对我没有任何威胁。如果我今天容忍了你的恐吓行为，答应你们的降价要求，等于把格力产品的定价权拱手让给你们。真要是那样，格力就会丧失市场的主动权，也就会失去竞争力，很快就会被市场淘汰。你觉得，我董明珠是那个可以眼看格力一步步沦陷的人吗？”

董明珠的话透着不容商量。

“好，算你有种，在格力你还不是拍板儿的人，咱们走着瞧！”H起身，他要去找格力的其他领导。在H的意识里，对付格力的某些高层领导，显然要比对付董明珠容易得多。

果不其然，董明珠很快就被请到了格力的会议室。

进会议室时，董明珠原以为经过了之前那么多的波折与危难，格力内部应该能够团结一致、共同对外了。然而，当她迈进了会议室后，事实又一次给了董明珠意外。

如前所述，格力领导层中不少人都跟大经销商熟悉，有的甚至还跟经销商存在利益上的“往来”；再加上多年来国有企业迟迟改不掉的通病，部分领导人间存在着窝里斗的恶劣习惯；更有些人一时经不住诱惑，在金钱面前不能坚持原则，如此等等……就这样，H又摆出了一副得意扬扬的样子。他在格力大肆传播，说某某总跟自己关系非同一般，是支持自己的，董明珠的所作所为是不可行的，在各经销商心中的印象如何如何差。

据知情者文字回忆，当年格力管理层中，一些人员因为复杂的利益关系，或不可言传的过节，会议上总不能坦诚合作、精诚团结。正是存在着这种或那种不可言明的原因，当一些经销商开始煽风点火，H变本加厉地软磨硬泡之下，格力管理层中终于有人表态说：“小董啊，大户向来是咱们的衣食父母啊！我们要是得罪了他们，损失就大了。要不，我们还是象征性地降个5%，算了吧！”

还不是高层之列的董明珠，又一次陷在了左右为难之地。消息传出，格力上下又一次出现了人心骚动。

若干年后，董明珠依然能记得自己当时的反应。

“什么叫降个5%？还算了？你当格力的钱不是钱啊？格力要是现在听了他们的，那以后格力还有发言权吗？我就不信格力离了他们就不行了！1994年秋格力也是跑了一批业务员，外加还有被他们带走的一批经销商，就连各大媒体都说格力要完了。可是结果呢？格力不是照样挺过来了？而且我们的业绩还翻了一番！我并非想要故意得罪经销商，但是我的原则就是要维护绝大多数经销商的利益，有了绝大多数经销商的支持，才能保证格力的根本利益。即便有时候不可避免地得罪了某一位大客户，或者某几个大的经销商，我相信我们的市场也不会缩小，只会扩大。再说H这个人，他做的一切不过是排挤二级、三级经销商，以达到让更多的经销商为他服务的目的。失去这样的一个大客户，我想格力的市场也不会受到多么大的影响。”谁都听得出，董明珠说这话时，怒火已然忍无可忍。

然而，当时在场的格力领导们，却对董明珠的一席话不置可否，或是将信将疑，会场一时陷入了僵局。

前文提到的那位王姓业务员拿来了经营部的调查分析表，董明珠每人发了一份，并进行了解释：“这是我对H做的一项调查。这一年来，表面上H看似做得很大，但如果仔细观察，不难发现，H并不是以向社会提供优质空调和服务的心态正常做大的，而是以低价倾销、抢占市场，再回过头跟我们讲价，意图威逼格力退让、让利。如果任由这样，谁都能看得出，H做得越大，对市场的冲击就越大，对格力和各地的经销商都是一个不小的威胁。”

看着手上细致的调查分析表，听着董明珠清晰的分析，在场的领导们终于开始点头了，大部分最终选择了支持董明珠。

然而，事情并没有到此结束。

不久，董明珠出差到武汉。刚住下宾馆，两三个经销商就找上门来，他们向董明珠投诉说，自己和H有着2000多万元的格力空调业务，但H一直不支付安装、服务等费用。听着这些二级经销商的控诉，董明珠坚守原则的个性进一步显现出来。

随后，董明珠利用多个场合，反复提及H肆意违反格力原则、扰乱市场的不端行为。董明珠希望，这样能尽可能地减少不明就里的受害者，同时也能给其他经销商敲个警钟。

很快，意图霸占一方的H就气势汹汹地找上门来，手指上文的二级经销商破口大骂："她董明珠算个什么东西？你知道我跟格力的××、××有多铁吗？你知道他们比董明珠的职位大多少吗？你以为有姓董的撑腰你就有多么的了不起了？你等着吧，看我到珠海怎么收拾她。"

看来H还真是不太了解董明珠，他依然不懂自己想要收拾的这位霸道女子。

而董明珠却正式下达了对H的封杀令——"谁都不许再给H空调，否则后果自负。"

适值凉夏初现，空调市场寒气阵阵，价格战更是雪上加霜。如此情景之下，整个行业内的人都看得明白，做什么品牌的空调基本上都挣不到钱，只有格力还有些例外，可以保证经销商不亏本。

而原本就是靠着格力品牌吸引顾客来代销一些小品牌的H，因受到封杀断了货源，形同于丢了招揽顾客的金字招牌，损失惨重。虽然他感觉到了后悔，却也很是无奈。不过，投机钻营者，也最善于因利而屈尊。

一番准备后，H又用起了老办法，他亲自找到朱江洪，完全没有了曾经不可一世的横劲儿，换上了一脸的讨好。

"朱总啊，我这个人您还不知道吗？这段时间我跟格力是有一些误会，主要是我不太习惯商家的互相竞争。虽然我有意欺骗了格力，但是没有给格力带来不好的影响啊！您看，我做的格力产品都卖出去了，而且在货款上我从没有拖过格力一分钱。眼下资金周转不开，格力产品又不给我做了，这不是让我一下子陷入僵局吗？"

看到朱江洪貌似有些松动，H又特意扮出了一副极为委屈的样子，说："其实，我一向是很尊重董姐的。只是，不知道什么情况，董姐忽然就不理我了。可能是她真的误会了，对我有些意见吧！"

有着格力“老好人”之称的朱江洪，在同情心的驱使下，找来了董明珠。“H已经承认错误了，你该给人家做的还给人家做嘛，谁都有犯错误的时候。”

虽然是朱江洪的话，但董明珠似乎并没有打算转变。“一个人连人都做不好，还谈什么生意？”她越说越气愤，“做人正派、为人真诚，是做生意最起码的原则。要维护好双方的关系，这些也是格力电器与经销商合作最起码的条件。很显然，H达不到这些，所以我觉得没有必要再跟他合作。”

董明珠的态度没有出乎朱江洪的意料，他在内心里最欣赏的，也正是董明珠身上改变不了的这种个性。“话是不错。不过下午还是先见个面，不要发脾气，有事说事嘛！”

凭着对朱江洪一直以来的敬重，董明珠觉得见个面也好。她也想借此机会，当面揭穿H的真面目，让更多的人看到真实的H，断了他继续与格力合作的念头。

然而，接下来的场景，并不是董明珠所乐见的。董明珠更没有想到，正是这一次的正面交锋，让她主导了中国空调史上轰动至今的“打大户”战役。

六 "铁娘子"惊艳炼成

如果说，加入格力以后的董明珠吃了太多的若，那么，与H的正面交锋，便是董明珠有生以来记忆中最为彻骨的一幕，也是她营销拓展路上具有转折意义的特殊一幕。

按照约定，下午3点，董明珠准时前来。

H果然是个江湖式的人物。一见到董明珠，H好像什么事儿都没发生过一样，他客客气气、大方热情地伸出手，主动与董明珠打起了招呼。

只是，从金陵古都走出来的董明珠，却无法忘记H一段时间来的所作所为。看到H一脸的嬉笑，董明珠一时说不出话来，隐约之间，一种霸气从她身上散发开来。

见此情景，一旁的朱江洪打了个圆场："小董，站起来嘛！"

H也借机讨好地说："不要生气了，董姐。好多事都是误会，是误会啊！你知道，当时我也是脑子一热，喝酒喝得冲昏了头，这次来是特地赔礼道歉的，也彻底表个态，今后我一定好好做格力，格力是个好品牌，我不能丢啊！"

董明珠"呵呵"一笑，也跟着H说起了客套话。"您太过谦了，这么看得起我们格力啊？那我怎么听到有同行说，您在杭州一家空调厂的订货会上公开讲，如何如何看好那个品牌，说做那个品牌空调是您的荣幸呢？听说您还当场大骂格力，贬低格力，说董明珠是怎样怎样的一个人。即使不做格力了，也不过是换个牌子而已，没什么好吃惊的。"

董明珠的话，并没有让H感到难为情，他有意避开，接着向朱江洪讨好。

"朱总，您评评理啊！这段时间我的资金周转困难，但我也不停地向格力打款啊？"

没有人了解当时的朱江洪是什么心情，平静下来的董明珠却开始直接发问。

“这样吧，我只想问您两个问题：第一，朱总对您怎么样？是不是一直拿您当朋友？第二，您在做格力的两年中，我们在货源和售后服务上对您的支持又是怎样？”

H沉默了一会儿，正准备发话时被董明珠抢了一个头：“您曾多次在公共场合诋毁朱总，您跟朱总又有什么过不去的地方吗？”

或许董明珠击中了H作为江湖人的软肋，他不再正面回答，额头上甚至开始冒汗，话语也没有了开始时的从容和嬉皮。

“误会，误会，这都是误会啊！”

看到H心虚的样子，董明珠不准备见好就收。

“说心里话，我们当初选择跟你合作，是看你有实力，更希望你能做大，也给我们格力带来一定的效益。你倒好，在公共场合和同行面前乱讲一气，对不对得起我董明珠不说，但是你不能平白无故地诋毁格力啊？不能用格力给你带来的资本反砸格力的牌子啊？我们一心一意做售后，你倒好，连返修过来的产品压缩机都给拆了。这些你又该怎么解释呢？”

此时的H，早已没有了嬉笑，他不再说话，低着头，听着董明珠继续叙述着。

“二级代理商跟你有什么矛盾？人家主动去找你，你却对着我和朱总破口大骂，希望你能正确对待这个问题。”董明珠稍作停顿，微微一笑，“另外，你不是总讲你自己跟格力的××、××的关系如何不一般吗？我董明珠、甚至朱总对你都无关紧要了，怎么现在又过来找我们俩呢？”

董明珠一连串的话让H没有了回旋的余地，但他毕竟行走江湖多年，一定的能屈能伸能力还是具备的。“我只是说我喜欢做格力，与格力集团的关系好。不要为难我了，董姐您就高抬贵手吧！”

看着已经下不来台的H，大度的朱江洪便打个了圆场，摆摆手说：“骂不骂我们倒不是最重要的，关键是做人要厚道嘛！你拆掉压缩机，还返回来，这不是存心想整垮格力吗？”

当年，整个空调行业的人几乎都知道，朱江洪可是个出了名的宽厚老实人。当这样一个宽厚的人也忍不住指责自己，H似乎明白，他原本想要的结果，今天怕是没有多大希望了。

就这样，格力彻底终止了跟H的合作。

此事一经传开，不仅震惊了格力各地的经销商，也在整个家电行业盛传起来。当初，包括被H欺负过的部分二级经销商在内，虽然在心底里觉得H无理蛮横，但他毕竟是格力的第一经销大户，都以为格力不会真的去清除。如今看到董明珠果然使出了铁腕，舍掉了这一所谓的“大户”，大家都从心底里对董明珠更加刮目相看了。而在空调行业内，摆平了H的董明珠，霸气之说继续盛传。

作为一个有着强烈个人色彩和发展大局的经理人，董明珠的霸气不可能仅停留在“江湖式手法”上。随着职业生涯和管理思维的成长，实践告诉董明珠，有些规则和权益可以通过罢免一个经销商就能解决，但更多的规则和权益，还是需要懂得运用法律武器进行维护。

1999年夏的一天，已转身在“珠海格力电器有限公司副总经理”办公室办公的董明珠，早早就接到经营部的报告：“董姐，山西的经销商K又做了一件很不地道的事情，他给我们的100万汇票上少了一个零。我问过银行了，银行说没有关系，可以划账，但是要去开票单位加一个字再盖个章就行。可我们跑过去找K，他居然一把抢过汇票，不给我们了。”

直率的董明珠一听，即刻拍了桌子：“这还得了！”

可转念一想，她又平静地问：“有关资料都保存着吧？”

经营部的人回应：“嗯，保存好了，小心得不能再小心了，我保证不会再像上次那样有漏洞。您放心，要是告他的话，咱一告一个准儿。”

听到这里，董明珠还不忘嘱咐：“带上律师，一定要步步谨慎。”

说这话时，董明珠已经决定，她要跟K好好地打一场官司。因为，去年的夏天，格力已经被他在汇票上耍了一把。

原来，上个夏季，董明珠有次打开电脑，发现账面上存在负数，这种状况很不正常。如前所述，在董明珠强力整肃下，格力已经全面执行“先付款后发货”的原则，同时又要求天天清账，正常情况下是不可能会有上述情况存在的。

董明珠没有停顿，她第一时间来到财务室。果然，财务看到董明珠显得慌慌张张，甚至不敢正视她。董明珠几乎可以肯定，财务已经发现有货款没有到账了。

经过询问，财会人员回答说：“董姐，是山西的K总50万元货款还没到，但汇票复印件到了。老客户，催一催应该没什么大事吧！”

隐约之间，董明珠感觉到了经销商K可能要耍什么花样儿。

几年的一线销售打拼，董明珠并不是没有了人情味，很多时候她甚至愿意站在经销商的角度考虑问题。但是，个性率直的她，最不愿意看到经销商有意耍弄小伎俩，做了一半再谈条件。

董明珠给经销商K去了一个电话。

接到电话的K却理直气壮：“对，是我抽回汇票了，谁叫你们不公正？要我汇钱也行，给我多加1%的广告优惠吧……”

“岂有此理！”董明珠电话里断然拒绝了K的要求。

随后，董明珠调出了传真，她才发现，财务为了账本的整齐美观，竟然把对方的电话号码、区号、时间都裁掉了。这样的账目拿出去后，显然给了原本就想要手段的K一个机会。

不同人的个性虽各有不同，但商界成功者似乎都有一共性——粗中有细。

董明珠也不例外。她首先要求大家保密，然后采取了一个非常规的手段，叫财务人员打电话告诉K，格力准备起诉他。

接到电话的K刚开始很不在乎：“起诉就起诉，谁怕谁啊？”

董明珠立即下令，将律师函寄到K手中，并要求驻山西的业务员开始追债。一时间，董明珠摆出了全力攻势。而每一个得知此事的人都不怀疑，董明珠能怒舍第一大户H，也就能端掉这位大户K。

然而，江湖人自有江湖人的特点，经销商K也是个不见棺材不掉泪的人。

直到接到法院的传票，经销商K才明白，自己的如意算盘打错了，董明珠是不会有任何让步的。无奈之下，他便主动打电话过来求情：“合作那么多年，我还是想继续做格力的，这次是我一时糊涂，您就不要计较了吧！”

随后，K不仅支付格力50万元，还多付款50万元。他还第一时间请求，格力撤除相关诉讼，给自己一些新的优惠政策。

收到货款后，董明珠直接拨通了对方的电话：“K总，钱已收到，多余的钱我们会返还给你。不过接下来，我们不想跟你合作了。”

闻听董明珠此话，经销商K随即派人赶到格力，当面赔礼道歉。而有着朱江洪“好人”影子的董明珠，心境不由得软了下来，谁都有犯错的时候。就这样，K暂时保住了格力经销商的身份。

令董明珠没想到的，仅隔一年，K又故技重演，甚至不惜以身试法。或许是感觉到了，这一次董明珠的每一步都是认真、不可商量的，经销商K也摆出了江湖的手段。他召集了当地一批闲杂人员，几番威胁恐吓，欲将董明珠吓唬住。

而这一次，董明珠不为所动，临危不乱。她细致安排，收集着证据，毅然决定祭出法律武器，以正格力市场规则。最终，经销商K的问题又被解决得干干净净。

就这样，在所有经销商的注视下，在整个空调销售领域，董明珠先后运用个人色彩的方式和缜密的法律手段，相继清除掉两个不可一世的大户经销商，为自己“铁娘子”的行业美誉打下了坚实的口碑。

获得了众经销商美誉的董明珠，自然也会面对他人的感恩回报。有些经销商因为真诚合作，本分发展发了财，甚至想着能够向董明珠直接表示一些心意。

这期间，董明珠有次出差四川。一到当地，她就被当地经销商硬给安排住进了高档宾馆，单日费用为1400元。万般无奈，董明珠不得不破例接受了此次安排。随后，当地经销商还安排董明珠到最贵的潮州菜馆吃海鲜。就在饭桌谈笑间，董明珠直率地问，今天吃了几台空调的钱。在座的经销商淡淡一笑地回应：“不多不少，4台空调的利润而已。”

多年过去以后，董明珠至今回想起来，心里还是一阵复杂，依然觉得自己当时有点奢侈了，当然最多的还是感动与欣慰。

如今，已经声震中外商界的董明珠，不管是在工作之余，还是闲暇时间，总能在经销商那里获得类似的感动。用她自己风趣的话说，无论出差到哪个城市，哪个城市的经销商们都是提前合计安排，“颇有古时皇帝、大官巡游，地方官员一路迎接的派头。”

这里不妨再提一下W总。

W曾开拓了江苏市场，并代表着整个华东区的格力品牌。私下里，W跟董明珠的关系一直不错。1996年底，W利用格力评选优秀经销商的机会找到了董明珠，希望格力能把下面一些小公司的业绩划到自己的名下。尽管两人私交不错，但董明珠还是断然拒绝了W。

据当时亲历者的回忆，W当时非常气愤，扬言要找朱江洪告状，要把董明珠踢出格力。可是，之后却没有任何动静，W依然如从前一样，热情地保持着与董明珠的私交。而不久之后，董明珠便从其他经销商那里听到了W说的一句话：“董明珠完全经得起考验。”

事实证明，董明珠的坚持让W比以前更加务实了，一扫身上曾有的官腔气，业绩稳步上升。他甚至还因为董明珠的影响，在格力经销商中率先转型，给后来一批又一批务实本分的格力经销商成长，起到了典型示范作用。

查阅那个时期的媒体，笔者有幸读到了这样一段文字：

在这个血雨腥风的商场江湖，竞争残酷，人情冷暖。然而，董明珠却在这一番明争暗斗中，不断地赢得了经销商的尊重与支持，把格力的发展创新责任扛在了自己的肩上。

著名领导力大师沃伦·本尼斯曾说：“如果做事没有魄力，那么其他的一切都毫无意义。”

作为营销部门的领导者，需要面对的人和事五花八门，尤其是变化无常的行业市场。如果没有应急决断的魄力，甚至关键时刻瞻前顾后，其个人不仅得不到成长，更可怕的是直接影响到一个企业或组织的生存和发展。

纵观此时的董明珠，已然表现出了高出他人的发展大局感，更在关键时候显露出了非凡的决策魄力。她敢于直面傲慢自负的大户H，又果断细致地清除了儿戏规则的大户K，更在各种利诱面前不为所动……为了格力的成长壮大，她选择不近人情地坚守规则；为了创建健康的格力销售体系，她又力挺中小经销商、大刀阔斧地清除霸道势力。如此等等，董明珠不仅维护了她所钟情的格力，也在整个空调业内树立了属于那个时代的美誉。

难怪后来有众多业内人士如此评说：

董明珠这个人外表虽凶，骨子里却是真心想帮助那些寻求发展的经销商们。她做事向来都有一贯的标准，不因人、因时、因地而异。经销商们只要吃透了原则标准，规规矩矩地做事，就一定不会有什么差错。一句话，和她打交道，让人感到安全。

而若干年后，有学者在谈到董明珠的企业发展理念时认为，董明珠在质量发展上充分表现出了自己的睿智和精明。她视公司为生存和发展的平台，所以她一直把格力看作是实现自身价值的地方，发自心底地维护着格力的根本利益，努力建设好格力这个平台。

第9章 「铁娘子」炮打「美巨人」

一个是中国空调业连年销售的老大，另一个是门店遍布全国的连锁老大，而它们的最大共同之处，便是都有着一个倔强强势的销售总管。就是这样两个强势的巨头，在2004年3月上演了一场轰动全国的争斗，影响至今。自那时起，业内外权威人士便纷纷撰文：两强争斗的本质，是传统区域代理模式和新兴连锁销售模式的对碰，是迅速发展的中国制造商和渠道零售商争夺渠道控制权的全面较量。

回望当年，那场争斗的火焰是由局部烧起，再蔓延全国的……

一 霸道强势的清场行动

经过5年的整肃和革新，到2000年的时候，董明珠和格力共同成长，赢得了全行业的刮目相看。

凭着过人的胆识和坚韧的毅力，董明珠改变了行业营销规则，使格力由被动变为主动；靠着智慧与谋略，董明珠开拓并建立了格力广阔的市场；在与竞争对手、经营商的明争暗斗中，董明珠巧妙周旋、立场鲜明，维护并巩固了格力创立的根本原则。就这样，到了2001年，董明珠升格为格力总经理。

此后，因格力的迅猛发展和行业创新不断，2002年9月，董明珠荣获“中国企业女性风云人物”称号；2003年，董明珠当选为第十届全国人大代表，并荣获“南粤首届优秀女企业家”荣誉称号；2004年3月，董明珠又当选人民日报《中国经济周刊》评选的2003—2004年度“中国十大女性经济人物”；2004年11月，董明珠则被评为“2004年度中国十大营销人物”。

根据公开资料统计，1997—2001年，凭借董明珠独创的、有着“21世纪经济领域全新营销模式”美誉的“区域性销售公司”，格力完成了对行业市场的制胜。随着国内外几个生产基地的陆续建成，此时格力已经形成规模效益；同时，通过强化成本管理，格力创造的利润实现最大化。自此，格力无论是产量、销量，还是销售收入、市场占有率，都一直稳居国内行业领头地位，在竞争激烈的家电业内一枝独秀。

不仅如此，2001年，格力提出了一个划时代的发展目标——争创世界第一。

为此，已升任格力总经理的董明珠，在管理上不断创新，引入六西格玛管理方法，推行卓越绩效管理模式，加大拓展国际市场力度，推动格力向国际化企业发展。

在此期间，格力电器（重庆）有限公司于2001年成立，并于2004年初形成了年产空调300万台（套）的生产能力；2001年6月，格力电器投资2000万美元在巴西建成了空调器生产基地；2002年3月，珠海市政府对格力集团实施授权经营，为企业优化生产要素配置，扩大整个产业链，实施品牌拓展、多元化、社会化发展战略，推动格力集团成长为国际化、多元化的现代企业集团，创造了前提条件；2002年10月，格力入股香港环球动力控股有限公司。

上述一系列重大投资项目的顺利推进，为格力集团持续注入了新的成长活力。

2005年，格力家用空调销量突破了1000万台（套），实现了销售世界第一的目标，成为全球家用空调“单打冠军”。这也就预示着，“格力空调，领跑世界”的时代已经来临。

关于此段时间内格力成长的精彩历程，及其企业制度的相关变革，后文将有专门章节详述，此处暂且不说。话题还是先回到董明珠的“霸道”营销上来吧！

就在董明珠和朱江洪的“黄金搭档”威力进一步显现，格力国内外四处开花，一切看似渐入佳境之际，一场极富个性、影响深远的强强战争，正在悄然临近。

2004年2月，成都便进入了多雨的春季，天气忽晴忽阴，变幻无常。随着气温渐渐升高，各路电器销售商的促销也竞相展开。其中，四川成都国美电器①也开始筹备春季促销活动。

---

① 国美电器（GOME）是中国大陆家电零售连锁企业。1987年1月1日，国美电器在北京成立了第一家以经营各类家用电器为主、面积仅不足100平方米的小店。1993年开始，国美电器统一门店名称、统一商品展示方式、统一门店售后服务、统一宣传，建立起低成本、可复制的发展模式，形成中国家电零售连锁模式的雏形。2004年6月，国美电器在香港成功上市。在“2004百富人气榜暨品牌影响力”评选中，国美电器位居品牌影响力企业第二名。2006年，国美电器成功收购上海永乐生活家电，2007年12月又成功并购北京大中电器之后，国美即成为国内家电连锁企业中门店数量最多的一家。2013年，国美门店总数（含大中电器）达1063家，覆盖全国256个城市；同时国美还有542家非上市公司，国美集团总门店数实为1605家。2016年8月，国美电器在中国企业联合会发布的“2016中国企业500强”中排名第104位。

当月21日，成都国美电器开始了又一轮降价促销活动。在五彩缤纷的促销海报上，国美赫然写道：“格力空调挂机，原价1680元，现价1000元！”“格力空调柜机，原价3650元，现价2650元。”

国美降价促销的消息，很快传到了四川新兴格力电器销售有限责任公司。公司负责人一听，汗都出来了，没有听到格力总部有这个降价指示啊？国美就敢随意降价呢？

如前文所述，打价格战进行促销，一直不为董明珠所允许，更不用说不打呼地降价了。而此时的国美竟然打出了这样的宣传口号，究竟是怎么回事呢？

经销商降价的消息很快就反馈给了董明珠，而此时她正在北京参加一年一度的全国“两会”。

据当年亲历此事的人回忆，董明珠一听说此事，便火冒三丈。她连声发问：“国美怎么不跟我们通报一声就擅自降价？这是在干什么呢？”

已为全国人大代表的董明珠压抑着心中的怒火，她不再像以前那样匆忙下令，而是仔细想了想。

经过一番思考，董明珠得出结论：国美在未经格力同意的情况下，大幅降低格力品牌空调价格，属于擅自单方面妄为，破坏了格力空调在市场中长期稳定、统一的价格体系，并有损格力一线品牌的良好形象。

结论既出，董明珠立即打电话给四川格力销售公司的经理，明确要求：“国美立即终止低价销售格力的行为”。

四川格力销售公司经理接到董明珠的指示后，马上通知成都国美电器的负责人，传达了董明珠的意见。但是，国美并没有做出正面回应，相关促销行为依然继续。再次接到消息的董明珠彻底恼了，做出了一个决定：正式停止向国美供货，并要求国美向格力道歉。

此时的国美气势冲天，正值香港上市临前，而格力也崭露空调行业，两者可谓都是“强头”（强势的巨头）。所以，消息传出，舆论瞬间哗然。一时间，诸如“首次公开对商业连锁巨头国美说‘不’”“大型家电厂商第一次对国美说‘不’”等标题，纷纷登上媒体。

于是，“格美之争”便成为当时中国商界一大重磅新闻，各路人如同看戏一般追踪事情的进程，谁胜谁败更成为业内外议论的一大焦点。如《中国营销传播网》当时曾刊有营销专家罗清启先生的文章，他发文断言“格力必败，国美必胜”。

罗清启先生在文中不无激情地写道：“在未来的某一天回望这场战争的时候，我们会发现，战争的真正角色是格力与新连锁的矛盾，而不是与国美的矛盾。我们也不要认为，格力不与国美合作而转向了苏宁①，格力就赢了，国美就输了。输赢的标志是看格力跟不跟新连锁合作，而不是跟不跟国美或者苏宁合作。”

在罗先生看来，新连锁模式对于家电企业有着决定性的影响。而当时的权威声音中，此类看法并不孤单，不少媒体也认为，国美对格力的销售基本上没有什么影响。

之所以会有这样的评论，主要是因为当时的中国市场经济处于快速发展变化之中，市场情况更是复杂多样。单就空调市场来说，除了一级市场，还有二级市场、三级市场等等，产品适合一级市场的渠道，并不一定适合于二级、三级市场。所以，当时业内有不少人即认为，家电连锁这种渠道模式适合于人口与经济相对集中的中心城市，但对于人口与经济相对并不集中的小城镇或者农村来说，就不再适用了。事实上，当时的国美、苏宁等家电连锁巨头，也仅仅是在一级市场上扩张开店，远没有涉足二、三级市场。用当时一些业内权威者的话说，这并非是连锁巨头们对二、三级市场不感兴趣，而是因为那里的“水土不服”。

当然，也有不少声音为格力抱不平。

《IT经理世界》在当时便一针见血地指出：“供应链的共赢只是一

---

① 苏宁即苏宁云商集团股份有限公司，创办于1990年12月26日，总部位于古城南京。主要经营商品涵盖传统家电、消费电子、百货、日用品、图书、虚拟产品等综合品类，线下实体门店1600多家，线上苏宁易购位居国内B2C前三，线上线下的融合发展引领零售发展新趋势。2004年7月，苏宁电器股份有限公司成功上市。2014年10月26日，全国工商联“中国民营500强”发布，苏宁以2798.13亿元的营业收入和综合实力名列第一。2015年8月10日，阿里巴巴集团投资283亿元人民币参与苏宁云商的非公开发行，成为苏宁云商的第二大股东。2016年8月，全国工商联发布“2016中国民营企业500强”榜单，苏宁控股以3502.88亿元的年营业收入名列第二。

个真实的谎言，‘店大欺客’却是真理。”夏新上海手机销售经理对媒体说，“国美的售价已经低于进货价，这是在搞‘低价倾销’，不能因为他们一家的价格而搞乱整个市场的秩序，最终将伤害到厂家利益。”

各路舆论的甚嚣尘上，使得成都国美电器的负责人不敢大意，他们也感觉事情不对劲，便详细地向国美总部进行了反馈。

国美总部位于北京朝阳区燕莎商圈，当年属于附近标志性建筑，亚洲单体面积最大的写字楼。此处北接机场辅路，南临第三使馆区，西临东三环，是以顶级写字楼为主、超五星级酒店相辅的综合性涉外物业。其所在大厦顶层还设有两个直升机机坪，当年更是京城独有。

如前所述，国美创建人、掌门人黄光裕，同样是个性独特、气场强势的人物。根据公开或不公开的资料，在国美公司里，能同黄光裕直接讲上话的，也就只有几个高层，下面的人甚至很少能见到他。

当接到成都国美电器的相关报告后，在深如宫殿的办公室里，黄光裕不禁踱起了步子，他隐隐预感到了这一次的格力叫板味道。

20世纪90年代至21世纪初，黄光裕在中国家电业界有着“价格屠夫”之称，是一个让家电业又恨又爱的人物。

根据公开资料记载，黄光裕出生在广东汕头一个清贫的家庭，少年时甚至还曾拾过破烂儿，16岁初中未毕业就辍学了，跟着20岁的哥哥北上内蒙古做起了生意。

1986年，黄光裕跟着哥哥黄俊钦，带着在内蒙古攒下的仅有的4000元，及借贷的3万元，于北京前门珠市口东大街420号盘下了一间100平方米的门面，成为“国美”的前身。就是凭着这样的一间门面，黄氏兄弟开启了令人惊奇的发展模式。

到了1993年，黄氏兄弟的小门面已然变成大型的电器商城；两年后的1995年，国美电器商城又变成了拥有10家连锁店铺的新型零售企业；1999年，国美进一步壮大，并由北京向全国扩张，其成长势头一发而不可收。

到了2010年，国美电器业绩报告显示，国美当年实现收入509.1亿元，同比增长19.32%，净利润19.62亿元，增长39.25%。而截至2010年年末，国美门店数量已增长至826家。事实上，此时的国美集团分为上市公司和非上市公司两部分。也就是说，国美公开的《业绩报告》中并不包含非上市部分，其真正的门店总数已达到了1320家。如果按照国美电器上市门店实现509.1亿元计算，国美非上市门店的销售总额则超过300亿元。按此计算，国美集团的总销售规模在2010年已经超过了800亿元。

然而，正是在这一年，国美的主要创始人黄光裕因故锒铛入狱，震惊中外商界。此处无须多述。

关于黄光裕和国美公司的发展模式及成长历程，解读不一，各见其理。不过，有一种说法几乎是业内共识，即黄光裕执意奉行的“低价销售”策略，为国美的迅猛扩张立下了重大功劳。如“地球人都喜欢低价”，便是国美公司人人常说的一句话。

记得国美公司在发展初期，站稳北京市场后，即将天津视为向全国进军的第一站。据当年的媒体消息，初进天津后，国美门店所售大部分商品价格即比天津市场便宜100~200元，有的商品便宜幅度甚至高达千元。

国美如此势头，在开业当天就引起了众多当地商家的恐慌，并在第一时间掀起了市场争夺战。那个时候的天津，十大商场占有着90%以上的市场份额，为了阻止国美带来的这种冲击，天津的主要商场不得不迅速打响一场艰苦卓绝的商战。然而，一番对抗之后，最后的胜者依然是国美。

此后，国美掀起的进军势头已然不可阻挡。到2004年6月，国美电器更是精心运作，成功借壳“鹏润”得以在香港主板上市，黄光裕和国美公司迎来了最为得意的时候。也正是在这个得意之时，国美公司却向同样习惯了强势作风的格力和董明珠发起了挑战。

思虑再三，黄光裕还是在国美总部召集了主要高层人员，特意就此事进行了商讨。

那时的格力，在全国有20多家销售分公司，其中广州、北京、上海、成都等5家公司与国美有合作。不过，这些城市的合作模式均是通过格力当地的总代理与当地的国美进行合作，也就是说格力总部和国美总部之间并没有任何直接的合作。

与会多人认为，董明珠带领下的格力早有市场规则，成都国美的降价确属单方面行为，使得行业道理站在了格力这一边。迫于无奈，黄光裕同意国美向格力道歉。

但是，一向强势且风头正劲的黄光裕，岂能容忍格力的公开叫板，他决定要把格力清理出场，以震慑整个家电厂商。

2004年3月9日，一则“关于清理格力空调库存的紧急通知”从国美北京总部发出。该通知宣称：格力代理商模式、价格等已不能满足国美的市场经营需求，因此决定终止双方的合作。国美各地分公司须在3月10日中午12时以前，将格力库存产品及业务清理完毕。

当时，国美广宣部有关人士在接受媒体采访时公开表示，格力依旧实行代理制的渠道模式仅仅适用于国内二三级城市，对于一级市场而言已经不适合。由于格力在渠道政策上过于“死板”和“不灵活”，国美难以和格力达成共识。

就这样，黄光裕的国美电器以强示强，对格力展示出了咄咄逼人的态势。随之而来的，便是国美公司全国所有卖场都行动了起来，而格力各地的分公司则应接不暇，出现了大量国美卖场退货清场的电话。

至于格力，也在第一时间给出了进一步反击：“如果国美不按照格力的游戏规则处事，格力将把国美清除出自己的销售体系。”

一时间，中国家电行业的两大巨头——格力与国美，剑拔弩张，你我针锋相对，引得业内外所有舆论高度聚集。据知情人士披露，当时的紧张情形还一度使得双方内部都人心惶惶。

笔者查阅当年的部分媒体，有一则董明珠公开回应媒体的谈话颇为耐人寻味：

格力与国美，既没有开始，也没有结束。这次事件被媒体炒得沸沸扬扬，其实两个总部之间从没有过交流，以前的合作也是区域性的。国美的商场，只是格力的经销商而已。国美的目的究竟是什么，我不想去研究。因为在我们的销售额中，国美那里卖出的占不到1%，算下来也只几千万而已，所以国美的举动对格力空调销售的走势，不会产生任何影响。格力空调现在仍然保持每天两万台的出货量，就是最好的证明。

二 国美：渠道王舍我其谁

鉴于董明珠和黄光裕两人的强势个性，格力与国美的对立俨然针尖对麦芒，一场原本属于厂商的渠道之争，迅速演绎为中国家电行业影响至今的模式和理念的对决。然而，更多的人却暗暗为董明珠和格力捏了把汗。

如当时的科龙公司即表态认为，国美、苏宁在北京、上海至少垄断了50%以上的家电销售市场份额，所以科龙不会放弃国美这样的连锁店。另一家电巨头TCL认为，在二、三级市场，格力的批发和代理商做得非常好，仍然有机会。与国美齐名的零售商苏宁则认为，格力在北京一直不与家电连锁直接联系，苏宁也不把格力当作主推品牌，长此下去，其在北京的市场份额会被其他品牌分食。

更有不少业内研究者撰文认为，大城市放弃国美，格力将会给自己带来3个致命损伤：

一是对格力品牌的致命损伤。由于放弃了国美渠道，格力可能会让人感觉在一级市场中的第一梯队消失，进而使格力越来越像“一个二三级市场的农村品牌”。二是格力通过代理商与国美合作，其价格优势会被中间代理商吃掉，最终其产品与海尔、LG、三星等对手相比会丢失价格优势。三是格力坚持的渠道形态客观上对现实消费的把握不准确，限制了自己的制造革新。

据此，当时有代表性的舆论预言，新的空调价格战将主要集中在一线大品牌之间，如海尔主动与国美等新连锁接洽，其实质就是在为自己销量的扩容提前进行价格、渠道、品牌、制造上的充分准备。“至于格力，若顽固坚持自己的渠道形态，无异于走错了路。”

2010年前后中国家电市场的渠道变化

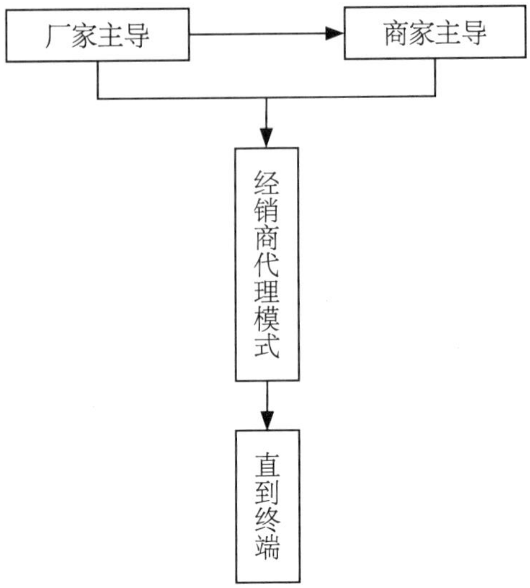

争论归争论，外界的质疑和担心，并没有动摇董明珠和格力的决定。如同若干年后董明珠自己说的那样，当年的自己绝不是简单地赌气、倔强，她坚信格力的营销模式和理念是正确的。

事实上，自1997年正式确立以来，格力的营销模式经过几年的磨合和运行，已经逐步完善起来。只要对比一下格力这几年来的成长轨迹，所有人都不得不正视这一事实。或许正因为这一事实，对于不少舆论宣称的“格力建立的区域营销模式有些过”，董明珠才敢于不屑一顾。

那时候的董明珠认为，国内市场发展得还没有那么快，大量的二、三线城市依然需要区域营销代理制，这恰好正是格力空调销售的主战场。既然格力的重心不在一线城市，那么一级市场的变故不管有多大，都不至于威胁到格力的命运。

而实践也证明，与一线城市大卖场相比，由董明珠亲手建立的格力营销模式，凸显着一个根本的优点——产品可以直接面对终端，减少了中间环节。至于那些大卖场，其选址多处于商业旺地，场租成本高；再加不可少的广告宣传、销售、配送、售后等多种运营成本，显然不是一个小数目。由此，也可见其被动一二。

然而，黄光裕和国美清除格力的高调动作还在后面。

2004年2月24日，一场被誉为“中国家电业最大规模”的峰会在北京长城饭店隆重登场，这便是享誉一时的“2004国美全球战略合作高峰会”。由其名可知，此次峰会的主角就是国美公司。

看一段当时媒体写的话，即可见国美的高调决非一般：

今天，国美电器在北京长城饭店举办盛大的“2004国美全球战略合作高峰会”，这是中国家电行业有史以来规模最大、规格最高的一次盛会，引起业内空前关注。据悉，“战略合作”“规范市场”“国际化”等将成为巨头们探讨的核心议题。

另有《北京晨报》在峰会当日则刊出了这样的标题——《长城饭店今成家电厂商根据地》。文中写道：

由于今天举办的“2004国美全球战略合作高峰会”来了上百位国内外家电巨头，主办方国美电器在会议筹备上异常“挥霍”。目前，长城饭店的所有贵宾间和商务套间都已经被国美预订一空，同时长城饭店二楼1500平方米的大宴会厅也已经被装饰一新，国美有关负责人声称将把此次高峰会办成一场不折不扣的家电盛会。

媒体之所以这样说，绝不是凭空炒作。当时参加峰会的，包括了当时中国家电行业公认的百余位领军人物。如青岛海尔集团副总裁周云杰，TCL集团股份有限公司副总裁袁信成，海信集团有限公司总裁于淑珉，创维集团中国区域营销总部副主席张学斌，广东美的集团副总裁方宏波，东莞市金正数码科技有限公司总裁万平等等。

不仅国内家电巨头对峰会给予了极高重视，国外各著名家电企业的中国区总裁同样也是纷沓而至。如索尼（中国）有限公司家用电器本部总经理松岛忠信，三洋电机（中国）有限公司董事长高野彰允，伊莱克斯（中国）有限公司总经办中国区CEO唐佳敦，艾欧史密斯（中国）热水器有限公司董事长麦克·库尔，诺基亚（中国）投资有限公司销售副总裁许培桢，摩托罗拉（中国）电子有限公司高管乐嘉明，等等。

查阅当时峰会的相关资料，笔者还发现，除了上述耀眼的实业代表人士外，国美主持的“2004国美全球战略合作高峰会”还吸引了多名官员和学者，甚至信息产业部、商务部、中国家电协会、中国连锁协会等家电主管部门和行业协会的不少领导，也都亲自出席。

与此形成鲜明对比的，唯独不见空调老大——格力的身影。所以，几乎没有人怀疑，透过这种层级的行业峰会，国美在向所有人宣示，在自己的市场战略中，格力是可有可无的。

或许如此，才引得当时主要媒体竞相感叹：“这些中国家电业的旗帜性人物平时很少公开出席家电业会议，此次集体亮相实属难得，也足见此次会议的重要性以及国美电器的强大号召力。”

一位资深行业研究者更是就此撰文写道：

作为中国最大的家电零售企业，国美电器将在此次大会上与战略伙伴、行业权威一道，围绕“面对新的经济形势，中国家电行业急需建立面向未来的新型厂商合作关系”以及“面对全球化竞争，中国家电制造企业与流通企业的战略合作成为制胜之道”进行主题研讨，共同探讨、建立新型厂商合作关系，营造新的合作发展空间。

在竞争日趋激烈的今天，市场的导向越来越倾向于满足消费者的需求，国美举办此次会议的目的就是要和厂家达成共识，双方建立通畅的沟通渠道，一方面通过卖场终端将家电产品的市场竞争力及消费市场的变化及时向厂家反馈；另一方面厂家则根据反馈的信息生产出更为贴近消费者需求的产品，促进商家的销售，厂商共同制定市场营销计划方案，资源共享，优势互补，为消费者提供更加满意的家电产品。

同时，在此次大会上，家电巨头们还将就“中国品牌的国际化”和“规范家电流通渠道”等议题进行研讨，目的就是要规范整体市场环境，使质量没有保证、服务差、缺乏竞争力的中小企业退出家电市场，为消费者提供质量好、价格廉、服务优的家电产品，使消费者的利益得到充分的保障，真正实现商家、厂家、消费者三赢的局面。

翻阅当时主流媒体和部分权威人士的分析文章，笔者能想到的最贴切词汇，便是“峰会盟主”。当然，它所指的也只能是当年的国美电器。

作为“2004国美全球战略合作高峰会”的主办方，国美电器不仅已在全国快速扩张着自己的门店，销售网点遍布大江南北，更以“薄利多销，服务争先”的经营理念赢得了相当部分消费者的青睐。在当时商务部公布的“全国商业连锁30强”排名中，国美电器就以177.9亿元的年销售额位列第三，在家电零售连锁领域则排名第一，是名副其实的行业“领航者”。

继续查阅当时国美电器的数据，笔者还看到了如下的数字资料：

国美门店每年销售的彩电有160万台，平均每天4000多台；空调124万台，平均每天3000多台；手机206万台，平均每天5000多台……同时，在双赢原则下，国美与海尔、长虹、TCL、海信、美的、科龙、厦华、索尼、松下、东芝、LG、西门子、飞利浦等主要生产厂家，都建立了长期的战略合作伙伴关系。

2003年“十一”前夕，国美向全国消费者宣布，取消返券促销形式，推广价格直降，切实让利消费者，在市场上引起强烈反响；当年11月底，国美又在全国推出了“激情12月，天天过节”的大型促销活动，将集中进行的节日促销分阶段、分品牌进行，不仅拉动了节前市场，也充分满足了消费者多样化的购物需求。

2003年11月，国美电器在香港开设了第一家门店，同时也成为香港最大的家电卖场，使国美电器在国际化的道路上秀出了精彩的一步。

而此前，国美与华谊兄弟携手推出与贺岁片《手机》联合互动营销的全国宣传活动，使消费者与影视大腕儿在国美各地卖场面对面，成功尝试了从价格营销向文化营销的转变。

如此等等，国美似乎真有了舍我其谁的“盟主”气势。所以，当“2004国美全球战略合作高峰会”正式上演之际，那句风光无限的“国美如日中天”也在舆论界流传了开来。

正是因为国美电器在家电流通领域的巨大贡献，使得其赢得了全行业的尊敬和爱戴，同时也成为中国民营企业成功的典范。所以国美成为此次峰会的盟主应该说是众望所归，改变了以往家电大会均由政府部门或家电主导厂家组织的惯例。从这一点也可以看出，作为中国家电连锁业规模最大的企业，国美电器已经开始成为主导并影响行业的重要角色。

上面这段文字，也是那个时候的主流媒体发出的代表性声音。

三 格力：我的命运我做主

与高调强势的黄光裕和国美相比，董明珠代表的格力尽管看起来也很强势，但在骄傲的背后，她却心存细致。不管业内外的舆论有没有道理，董明珠内心很明白，这一次格力必须要谨慎应对。

在第一时间回应了国美的“清理通知”后，董明珠连夜召集了会议，主题就是研究如何调整格力的销售策略，应对由此产生的综合变化。在董明珠的心底里，她比所有人都清楚地牢记着一个数字——700万台。这是2004年格力定下的销售目标。

会场里，气氛严肃，每个人的脸上都透着一股凝重。

最先开口的还是董明珠：“不要多虑，我相信我们的销售策略是正确的。”

这句话打开了大家的话匣子。

有人就此提出：“董总，以后我们是不是就不在国美卖场设柜了？真要是这样，我们的一级市场恐怕还是会受到影响的。”

董明珠的回应斩钉截铁：“格力的原则不会改变。国美一天不接受格力的价格原则，格力就一天不在国美卖场设柜！”

看着众人都眼盯着自己，董明珠进一步解释：“如果经销商逼着厂家降价，以低于成本的价格来销售产品，所谓的高成本、低售价就只能靠压榨制造商来实现。近几年的彩电行业就是我们眼前的教训，空调业决不能再走彩电业的老路。作为渠道商，必须爱护自己的上游——生产商，下游——消费者。只有对上游和下游都保持着诚信的态度，才能使自己真正强大。在我们的销售数据里，国美只是格力1万多个经销商中的小部分，像以前一样，我们绝不允许独个经销商利润通吃的局面存在。”

坐在一旁的朱江洪点着头，用欣赏的眼光看着董明珠。

“我支持董总的观点。如果厂家听命于商家，会陷于被商家左右命运的境地，这是我们不能接受的，也是原则性问题。我们国有企业是共和国的长子，肩负着为国家保值增值、创造财富的重任。”

朱江洪的表态，让董明珠心里升起了一股暖意。

“按照这种无休止的低价倾销方式，我们如果跟国美大面积展开合作，很多企业会死得更快，我们应该明确地意识到这一点。所以，必须确定一个合理的价位，用这个价位去跟经销商们商谈营销。一句话，你这里不销，我可以到别的地方去卖。”董明珠语气透着坚定。

与董明珠风格迥异却沉稳温和的朱江洪，适时地接上了董明珠的话说：“就这样定了吧！国美接受我们的价格原则就可以合作。大家就讨论和考虑如何安排下一步的销售工作吧！现在，既然跟国美决裂了，各位的任务也自然会重了些！”

于是，会议集中在了营销的话题上。大家你一言我一语，整个会议室的气氛陡然热烈起来。

或许是受到了朱江洪和董明珠情绪的感染，亦或许得益于董明珠用心建立起来的格力新制度，大家一番畅言过后，在董明珠的主导下，会议做出了一个决定：建设格力自己的销售渠道，惊诧业内外的“股份制区域性销售公司模式”浮现出来。

追根溯源，加盟格力营销团队后，董明珠开创性的营销模式大致经历了这样几个阶段：1994年首创“淡季贴息返利”模式，1996年“年终返利”模式，1997年独创以资产为纽带、以品牌为旗帜的区域性销售公司模式。其中，最后一种模式，后来被经济界、理论界誉为“20世纪经济领域的全新革命”，也就是此处详述的“股份制区域性销售公司模式”的前身。

事实上，所谓的“股份制区域性销售公司模式”，最早形成于湖北。究其形成的背景，还得从本书前文讲述过的那场“空调大战”说起。

1996年，空调大战最热时，湖北市场上有4个空调批发大户，业绩都做得不错。随着空调大战的爆发，这4家大户为抢占地盘，一场不可避免的竞相降价、窜货、恶性竞争，最终上演了。就像前文所述的那样，格力空调价格及市场也被冲乱，商家和厂家的利益都受到严重损害。

1997年12月20日，经过一段时间的准备，董明珠凭借大胆设想，与湖北的经销商成立了一家以资产为纽带、以格力品牌为旗帜、互利双赢的经济联合体——湖北格力空调销售公司。这便是董明珠独创的中国第一家由厂商联合组成的区域性品牌销售公司。

这种所谓的厂商联合销售公司，采用股份制组成，其模式的主要特征可归纳如下：统一渠道，统一网络，统一市场，统一服务。其实质就是在每个省选定几家大的经销商，共同出资参股组建销售公司，组成“利益共同体”。在这种模式中，格力占有销售分公司少许股份，只输出自己的品牌和管理，达成了区域内大的经销商与自己捆绑在一起，共同占有并操控区域市场，进而实现共赢的目的。

随着湖北格力区域股份公司的成立，董明珠独创的“股份制区域性销售公司模式”计划正式进入实施阶段。一段时间后，这种被业内舆论评价为“开辟了独具一格的专业化销售道路”的布局，不仅取得了实际收获，还开始赢得整个家电行业的瞩目。

如今，面对渠道王者——国美的强势清场，已统领格力市场及销售的董明珠，不得不背水一战，要誓将“股份制区域性销售公司模式”推向全国。

董明珠同时要求所有营销人员，必须立足于为渠道商提供更好的服务，包括店面装修、导购培训、服务培训等每个环节，以保证格力在全国的店面整洁漂亮、门面统一、服务规范周到。后来，有研究者称此为“格力为了应对家电大卖场连锁疯狂开店所布下的一张大网”。

知情人回忆说，当时面对一些下属流露出来的担忧，董明珠有着这样的表态：“格力自建渠道，除了可以抑制来自渠道的价格打压，还可以最大限度地实现顾客价值。国外许多优秀品牌都可以有自己的专卖店，为什么我们就不能这样做呢？”

董明珠的这番话，让那些仍在犹豫之中的人如同吃了颗定心丸。

很快，格力在各地掀起了轰轰烈烈的大规模专卖店扩张运动，向全国发出了积极抢占二、三、四级市场的号声。

如2004年3月18日，格力电器广州分公司所在地区，即同时启动了8家专卖店的开业仪式。当时，8家专卖店均分布在花都、番禺所属的镇级市场上。至当年底，仅广州的格力空调专卖店就达到了50家。

紧接着，格力先后在重庆、安徽、湖南、河北等全国32个省市成立了区域性销售公司，打造起了自己参与激烈市场竞争的“杀手锏”，并逐渐形成了独具特色的销售网络。

这里不妨看一段当时媒体是如何报道的：

有人认为，天下熙熙皆为利来，天下攘攘皆为利往。其实格力空调的销售模式并不神秘，关键存在3点成功的因素。

第一点是淡季贴息返利、年终返利，甚至不定期返利政策，能够很好地稳住经销商。格力的年终返利，也是一种有中国特色的销售模式。在外国，商家赚的纯粹是差价，而在中国的格力，还有返利。返利政策得到了拥护，做格力空调就等于进了保险箱，不会亏本。第二点，则是格力的“股份制区域销售公司”模式，通过相对清晰的股份制产权关系，很好地解决了利益的创造和分享的问题。在客观上，发挥了各区域经销商的主观能动性，并充分整合与调动了当地的人脉资源；在业务上，各地销售公司是总部的一个营销部门，并受总部的业务管理；在形式上，销售公司是独立法人，是一个产权非常明晰的企业，有了良性的产权激励机制。总部给销售公司提供品牌和市场，并实施监督，其他的一律下放给销售公司。销售公司有制定价格和政策的权力，有很大的自主权。这样也同时培养了各经销商对格力品牌的忠诚度，统一了价格体系，真正成了利益的共同体。第三点，则是朱江洪、董明珠为主导和倡导的诚信践诺、制度严谨、执行到位的企业文化，其蕴含的持久张力，能够聚拢到一批大户经销商和格力一起打拼市场。

舆论界这样的评价，无疑是对格力独创自我渠道模式的无形支持。

就这样，到2005年底的时候，“股份制区域性销售公司模式”让格力再次领跑着中国家电行业，其在全球开设的格力专卖店超过了2000

家。正是凭借着持续不服输的创新魄力，董明珠和格力管理层坚定了格力电器在行业内的领导地位，也实现了格力产销量、市场占有率、销售额继续稳居行业领头羊的愿望。至于具体业绩，后文将会细述。

与上述积极扩展渠道的情形不同，此间的格力团队，继上演了“格美之战”后，对另一零售大户苏宁也采取了冷对待的策略，一时也引得业内外种种猜测。

先看看苏宁。

此时的苏宁，在中国空调销售市场上已连续11年蝉联第一，但依然在苦苦地追赶着行业巨头国美。每年，苏宁也主导召开一次空调峰会。只不过，2004年的空调峰会与往年有所不同。在峰会之前，苏宁已公开宣布，将拿出40亿元集中采购空调产品，格力即是自己特别看重的厂商之一。

而更令人关注的，便是苏宁第一次把自己主导的这种峰会搬到了总部南京之外，改在广州进行。

看起来只是一个地点的变化，但业内有识之士却有一个共识：论坛地点的变化，透露出苏宁希望借此机会，巩固空调销售霸主地位、甚至重整空调市场的企图。

至于苏宁主动释放出来的合作信息，则被行业舆论解读为热情的“橄榄枝”。因为，随着格力与国美的公开对抗，其他零售商自然获得了难得的市场机遇。作为国美之外的连锁大户，苏宁如果能够趁此牵手空调老大，无论是实际作用还是象征意义，都是显而易见的。

正因为如此，苏宁主导的2004年空调峰会，才会让整个行业高度关注。

就像当时《中国经营报》刊文所说：作为启动空调市场的第一仗，一场峰会哪怕再隆重成功，也不会为苏宁带来多大杀伤力。苏宁举办此次峰会，显然“醉翁之意不在酒”，另有图谋。

苏宁主导的空调峰会选在3月24日举行，与国美主办的家电峰会整好相隔了一个月。

峰会当天，国内的空调巨头悉数到场。如时任海信集团总裁于淑珉、格兰仕总裁梁昭贤、春兰集团副总裁徐伟、长虹集团副董事长刘体斌、松下营业本部部长原田健、志高营销中心总监张辽云、TCL国内公司总经理易长根、科龙集团副总裁石永昌、美的国内销售公司总经理陆剑锋、LG营销总部白电总经理郑大泳……

会后媒体不完全统计，亲临苏宁空调峰会现场的大佬级人物和品牌空调高管，虽然不及国美之前召开的家电峰会，但人数也有数百人之众。然而，各路媒体也敏锐地发现，这次以空调为名的业界峰会，却少了一个重量级的身影——领头者格力。

格力的缺席引来了多方猜想。

“值得玩味的是，在上月的国美峰会上，黄光裕尽管邀集到100余位家电老总，但唯独国内空调老大格力的高层缺席。不管是董事长朱江洪还是总经理董明珠都没有出场。之后不久，便传出国美与格力在返点上未能达成一致协议而翻脸，在全国卖场封杀格力的消息。”

“在昨天的苏宁广州峰会上，格力的两个铁腕高层朱江洪和董明珠同样没有出席。记者几番寻找，仅在台下发现广州格力的一位副总级高层……”

这些话，都是当时媒体和舆论的声音。而峰会后的苏宁总裁张近东，也在第一时间成为各路媒体围堵的焦点人物。

对于格力的缺席，张近东在会后第二天表示：出席苏宁峰会的空调厂家，绝大部分都是与苏宁拥有十几年合作关系的老朋友，不少老总也是张近东本人的老朋友。虽然空调市场集中度增加，但并不意味苏宁经营空调就要包容、销售所有空调品牌。

张近东的话，在业内人士看来，显得意味深长。

至于苏宁将此次峰会地点改在广州，张近东也曾表示：除了考虑到广东是中国最大的空调市场和空调制造基地外，也和苏宁连锁在全国的整体布局有关。因为华南大区已是苏宁全国四大分区之一，所以苏宁峰会改址即是出于对这一市场的重视。

而当年参加峰会的一些厂家负责人则认为，在空调老大格力与国美翻脸成仇后，空调市场上厂家与渠道商的关系，已成为当时业内最敏感的话题。家电连锁商家举办类似峰会，厂家其实处于下风，无一不是随叫随到。不过苏宁2004年“屈尊”到广东举办峰会，实际上包含着借对厂家表示某种低姿态，谋求利益上的更大合作，或者说“还是对市场的磨刀霍霍”。

撰写本书时，笔者查阅了当年大量的相关资料。关于苏宁2004年空调峰会的举行，其背景大致呈现出以下特点：

当时的中国空调行业，原材料成本出现了不断上涨的压力，厂商生存环境开始变得日益严峻，行业整合破冰在即。一方面，2004年的空调市场从2003年8月后，钢材价格已经上涨11.5%至21.5%，部分优质钢材更是上涨40%以上，中型钢材上涨幅度也达20%以上，且趋势不止。与此同时，空调整机价格却在下跌。就像时任美的集团副总裁方洪波透露，美的的价格在半年内已降低了20%，预计整个行业的降幅会更大。

空调行业“一边涨、另一边降”的结果，最直接的就是制造企业面临着将产品低价抛出去，却难有利润收回的窘迫状况，实际上当时已有不少空调企业纯为亏本赚吆喝。这也是“众多二、三线品牌面临消失”的判断，在当时整个行业持续扩散的内在原因。

在这种情形之下，苏宁召开峰会，其管理层最明显的意图，就是希望率先甩出空调旺季启动的第一张牌，进而在全国范围内迅速形成多米诺效应的燎原之势，达成部分厂商所说的“对市场磨刀霍霍”的目的。

所以，就在2004年峰会后不久，时任苏宁电器副总裁的孙为民便宣布，将在全国范围内举办为期4周的大型降价促销活动，正式启动2004年空调市场旺季之战。孙为民宣示，苏宁将在全国投放10万台特价空调，使空调平均单价整体全线下沉。业内资深人士注意到，当时的苏宁与以往单纯降价有所不同，打出了“朴素营销”贯穿整个年度的促销口号。

当时即有媒体追问孙为民后披露：越来越多的厂家与苏宁采取了大连锁和大品牌之间的直供、订单模式，使空调厂商均有进一步降低成本的空间；2004年一线和合资空调品牌的价格整体下降幅度较大，带动了整个市场平均价格的下降，所以苏宁视价格战为激烈竞争的重要手段。

而时任国务院发展研究中心市场所副所长、著名家电专家陆刃波更是预言：2005年年产量低于100万台的空调厂家可能全部出局。

然而，苏宁毕竟还得面对，它一度寄予厚望的格力，并没有接过自己抛出的橄榄枝。

四 “铁娘子”长袖善舞

一面与渠道王国美高调中止合作，一面又冷漠得无动于衷，就这样，在众目睽睽之下，格力更是拒绝了苏宁抛出来的40多亿元采购大单。

那么，董明珠主导下的格力营销究竟意欲何为？格力又将如何在一线城市经营自己的渠道呢？

其实，当时已经有相当多的人在暗暗替格力捏把汗。就在格力缺席苏宁2004年空调峰会的消息传出后，担任华南理工大学商学院院长、博导蓝海林教授便公开撰文，提出：小渠道造就小企业，大渠道造就大企业。空调厂家与大的家电连锁商建立直供关系，可减少大量交易成本和开拓市场费用，厂商再将这部分节省的费用转让给消费者，无形之间会迅速扩展并巩固自己的消费市场。

与之相应的，则是众多的生产厂家。如知名厂家代表——海尔集团副总裁周云杰，当时即公开回应说，空调厂家的生产是为订单生产，而不是为库存生产。苏宁这样的家电连锁店开得越多，海尔产品到达消费者手中就越快，资金周转也越快。

于是乎，随着这种声音的日渐增多，替格力和董明珠担心的人士也自然多了起来。

然而，董明珠毕竟还是董明珠，从销售一线滚爬摸打的丰富经历，决定了她的公开争斗和冷对橄榄枝，绝不是一时的头脑发热，更不是思绪混乱。

据业内早已公开的资料披露，当董明珠坐镇江苏的时候，有位拿着500万元支票来买格力空调的人，正是苏宁的一位负责人。在本书开始时，曾就此有过相应交代。当时的董明珠并未接受尚无名的苏宁，理由是格力“和江苏五交化达成地区代理协议”，并由此留下了“张近东和董明珠40分钟电话骂战”的业内传闻。或许，这便是舆论所传的“张近东与董明珠私人恩怨”的开始吧！

若干年后的2012年，在一次媒体访谈中，有记者提及张近东评价董明珠太强势时，董明珠依然回应称：“他说我强势，其实，他才强势，他比我还强势”。由此，笔者便不难猜测，为何面对苏宁40亿元采购大单，董明珠依然能无动于衷了。

那么，这会是董明珠无视苏宁大单诱惑的唯一原因吗？如果真是，当年的董明珠显然也成就不了今天的格力。

2004年3月20日，也就几乎在国美举办家电峰会的同一时间，北京另一家连锁巨头——大中电器与格力销售公司悄然合作，双方签下了一份包销1.8亿元空调的年度协议，总销量8万台左右。而在一年前，格力在大中的销售额只有1000多万元。

一日后的3月21日，大中电器向媒体公开宣示，在北京地区，格力将首次直接向大中供货。消息一经发布，业内一致感慨：这是北京地区连锁卖场第一次大规模从格力公司直接进货，正是国美的“清场令”把格力和大中推进了同一战壕。

据公开资料，2004年大中电器已经是电器销售行业中的一支重要力量，在北京拥有42家连锁门店，稳居京城家电卖场数量之冠。于是，当大中与格力合作的消息公开后，就连不少权威人士都认为，此时的大中与格力联手，显然是个双赢的格局——格力寻觅到了称心的连锁大卖场，大中则少了一个在主流空调方面的竞争对手。

其实，大中与格力的合作，也始于大中主动抛出的橄榄枝。与国美和苏宁不同，大中电器率先表态，认可格力的价格体系，并同意“先打款，后提货”。正是大中真诚的合作意愿，在国美宣布对格力清场的特殊时期，打动了外人眼中的强势女子董明珠，使其打破了在与其他大卖场谈判中一向谨慎的惯例，所以双方很快便达成了合作共识。

不仅如此，大中电器在当时还私下承诺，将帮助格力进入大中销售排行榜的前3。而在此之前，格力产品在北京大中各门店销售中的排名基本徘徊在14～15的位置。

果然，半月时间不到，格力产品在大中电器的周销量就激增了近40%，就连时任大中电器副总经理的史明也对媒体表示：“格力撤出国美后，其在大中的份额正在快速提升。”

就这样，经过一段时间的磨合与调整，与国美分开后的格力空调，其销售量不但没有减少，反而实现了持续增加，每天的出货量接近3万台。整个淡季的销售量比上一年同期增加了一倍多。当时的销售数据显示，格力空调的一些型号甚至还出现了断货。

如此情境，让一向心境不轻易外露的董明珠，也长舒了一口气，满脸灿烂。甚至当时在面对媒体时，她也难掩兴奋：“五一放假7天，我们空调卖了20多万台！”

至此，沸沸扬扬的“格美之争”阴霾，在董明珠的心里总算扫去了大半。

再看与格力策略不同的其他家电巨头们。

前述苏宁电器采购完后，时任副总裁孙为民即宣布，苏宁将在全国范围内举行为期4周的大型降价促销活动，正式启动2004年空调市场的旺季之战。就是在那次活动中，苏宁在全国投放了10万台特价空调，进而推动了空调平均单价全线下沉。其中，又以1.5P为主，占到了总量的2/3，降幅在7%~10%之间。而1P机的降幅约在8%左右，2P柜机则达到了10%。

下面是2004年夏季某主流媒体的一段评论：

价格战永远都是国内空调厂家心中的一个痛。特别是一些行业新兴者和中小厂家，将价格作为刺激消费、提升品牌影响力和抢占市场份额、淘汰竞争对手的一种重要手段。这种做法，不但让整个行业陷入恶性价格循环，降低行业赢利水平，更让商家在这长期的熏陶中沉淀了众多弊端。

现在，以国美、苏宁为代表的现代家电连锁企业开始主动进攻，将价格作为吸引客流量的一种噱头。降价品牌几乎包括国内前10强空调厂家，而降价的幅度也是让人咋舌。1P机600元、2P机1500元，这种比同类产品正常售价低30%的价格，能够吸引消费者关注的眼光也就无足为奇。一旦国美、苏宁的这种阶段性降价手段不断上演，还影响了众多同属一级市场的传统百货大楼、家电商场的迅速跟进，从而再度上演一场由流通渠道发起的恶性价格战、比低跟进风气，严重扰乱了厂家正常的市场价格体系。

对于商家行为，许多厂家迫于市场竞争压力大、供大于求不平衡关系，显得无能为力。最终商家这种擅作主张的降价行为，还需要厂家来给予补差。目前，这种趋势还在继续上演着。对于厂家而言，虽痛只能承受着。

如此情势之下，原本高兴抢到苏宁采购订单的家电巨头们，纷纷傻了眼，因为销售量看起来增加了，但是利润却全面下滑。

公开数据显示，2004年结束的时候，格力电器实现销售收入138.32亿元，比上年增长37.74%；实现净利润4.20亿元，比上年增长22.74%；净资产收益率达17.24%。格力电器新闻发言人在接受专访时表示，2004年格力取得快速增长的原动力，即是格力独创的营销模式。“销售公司贯彻落实了格力电器独有的‘三个代表’思想，经销商对格力的向心力和凝聚力强，有效避免了市场竞争的无序对格力市场的冲击。其次，格力规模的不断扩大、产能的扩张有效化解了原材料上涨带来的各种不利影响。”

格力的掌门人朱江洪更曾高兴地表示：“格力从来没有为退出国美感到过半点后悔。虽然一开始有很多人替我们担忧，认为我们会掐死自己。但事实证明，格力在2004年第三季度的销售额就达到了129亿元，几乎是2003年全年的销售总额。这很大程度上要归功于格力电器遍及全国的几千家专卖店和专营店。”

紧接着的2005年，国内空调厂商之间的销售差距不断加大，格力空调在经营、管理和技术上则全面升级，其销售量得以进一步扩张。这一年，格力空调实现收入182亿元，净利润5.2亿元，完成了向世界级空调生产商、供应商的第一步跨越。

趁此发展势头，格力空调又创新式地提出了打造“4S”专卖店的新举措，全面提升专卖店的素质，以符合未来空调业巨人的发展思路。用当时主流媒体的话说，“一支由格力电器近卫军组成的销售联合舰队终于浮出了水面。”

而今来看，当年对于流通渠道存在的渠道王现象，董明珠敢于采取与其他家电厂家截然不同的做法，是对当时国内市场行情的贴切把握，是对中国制造企业发展的战略性选择。后来的事实也充分证明，正是格力和董明珠当年的正确决策，为格力其后的发展奠定了扩张的基因。这种基因，也成为格力后来赢得行业尊敬的根本保证。

2004年11月，由《南方都市报》《新京报》《南风窗》和《新营销》联合主办的“2004年度中国十大营销人物”评选结果浮出水面，受到整个营销业界的高度关注。

此次活动中，来自家电、日化、零售、通讯、汽车等十个行业的企业老总，一并获得了“2004年度中国十大营销人物”称号。其中，格力的董明珠以其硬朗、坚决的作风，不轻言妥协的性格，优异的年度业绩，征服了中国商界与媒体，名列“2004年度中国十大营销人物”之列，成为各路舆论的焦点话题。

2006年5月，“格美事件”两年后，在“格力电器2005年度股东大会”上，面对喜人的业绩，一向沉稳的格力掌门人朱江洪难掩兴奋。他总结道：“我们坚持格力模式，即销售公司模式和大力发展格力专卖店，使得格力电器每年都有大幅度的增长。有些企业依靠国美，如果这个渠道是好的，它的增长应该比格力要快、要好，但为什么不行？而我们不依靠国美、苏宁，销售额并没有下降，相反这几年每年都有30%的增长，这种增长难道还不能说明问题吗？”

就连某位资深的学者也不得不表态认为：“说格力不进苏宁、国美，已经滑坡，已经掉出了主流品牌，已经摔出了前三甲，这完全是瞎话。格力的业绩是明明白白地摆着的，他们不仅是全国第一，甚至还是全球第一。事实说明，格力的销售模式、专卖店模式，非常符合中国具体的市场情况。”

于是，也就难怪了，后来在面对媒体时，朱江洪也毫不掩饰自己：“我们毫不后悔当初撤出国美，现在也是一点儿也不后悔。相反，如果撤得更早，可能更主动。我们这么多年，年年分红，这些都是真金白银的，如果说造假，除非去抢、去偷。”

五 无奈的“中国首富”

这个世界唯一不变的，就是一切都在变。借用近年甚为流传的励志语：上帝对你关上一扇门，必然会给你打开一扇窗。

不过，当渠道之王对格力关上门的时候，新的那扇窗最终还是董明珠自己打开的。她所凭借的，正是自己在格力若干年倾情锻造的营销利器——敢于正面市场变化，将服务做到极致。换句话说，即使渠道清理的战争突然而至，格力的营销模式也能积极适应市场变化和需求，而不会陷入传统与现代两种模式之间被动选择。

董明珠相信自己多年的亲身实践。只有通过灵活、有效的改革措施，不断完善格力自我销售渠道，才能保证格力未来发展航道不受他人左右。而朱江洪之所以公开宣示“毫不后悔撤出国美”，其内心所得意的，也正是董明珠主导、格力日渐成形的全新销售渠道模式。

若干年后，笔者在梳理董明珠的营销逻辑时，有一种感觉时常跳将出来。归纳起来就是，董明珠在大力推进格力专卖店模式的同时，也在潜意识里有着这样的布局：格力需要专注打造百年制造企业，必须有百年生命力的流通渠道相匹配；国内流通领域虽然出现了“国美”“苏宁”等超级大卖场，但并不能致力与格力百年经营相匹配。

谋略的背后是实力，更是智慧。

借用格力营销大将的话说，“我们都在寻找共同的游戏规则，期待‘正和博弈’——不是你吃掉我，也不是我吃掉你。”而一位资深业内人士的话，更能直击要害：“如果说专业化制造是格力电器取信于消费者的基础，那么专业化营销则是其在市场上攻城略地的关键。”

如前所述，2004年3月，南京新街口，“格力空调园”作为格力在江苏开设的第一家品牌专卖店亮相了。虽然专卖店当时只有180多平方米，但是格力电器董事长朱江洪还是亲自出席了剪彩仪式。翻阅当年的相关资料，轻易就能发现如下一句话："能很好地销售格力空调的渠道就是好渠道。格力愿意与任何经销商共担风险，共享利益。"朱江洪的话，在当时即引起了业内不少人士的解读。而最能令人信服的解释，还是董明珠一手打造的营销团队。

"今后，我们还是坚持和完善格力独有的营销模式。需要明确的是，我们不排斥任何坚持真诚平等、互惠互利经营原则的销售渠道。连锁渠道也是格力经销商的一部分，而且连锁渠道也有很多合作伙伴可以供我们选择合作。但目前在我们的渠道中，专卖店和专营店是我们的主流，尤其是专卖店，仍然是我们大力发展的方向。"这段话便出自于当年格力的一位营销大将之口。

或许因为有着这样的定力，后来的空调市场即便风起云涌、竞相厮杀、云谲波诡，格力的市场表现却能稳如泰山，让整个同行看见了一股深厚的内力。这种内力展现的，也正是格力营销模式的重心——代表经销商的利益。而在笔者看来，董明珠当年锻造的"代表经销商的利益"，也最大化地赢得了经销商们的凝聚力。

"对经销商，不论大小，我们是一视同仁，真诚相待，政策一致，平等合作，互利互惠。另外，格力在处理与经销商的关系上，十分讲究'诚信'，不欺骗经销商，对经销商说一不二，承诺就一定兑现，不承诺还会给经销商惊喜。"此为格力当年一营销悍将公开之语。

前文所述"清理大户"自不用多说，格力一位经销商的话，更具有代表性。"格力最吸引人的地方，就是它说一不二和说到绝对做到的风格。格力的各种销售政策、返利、奖励办法等，凭业务员的一句口头通知就能生效。"说此话的，即是格力当年在四川内江的经销商——卓越电器。

正是因为有着经销商们的高度信任，几年前CCTV财经频道在谈到格力时，才会有如下一段评论：

凭借"诚信""亲情""公平"三招，格力在商界赢得了渠道的普遍尊敬，从而居于领先的主动地位。这也就不难解释，销售规模已过数百亿元的格力，能保持一个非常独特的现象：从1995年起，没有一分钱应收款，没有一分钱银行贷款，也不欠供应商一分钱。这也从某个侧面反映了格力已经积淀下了深厚的市场价值。这种市场价值，对于一家有志于冲击世界知名品牌的中国制造企业来说，其意义远胜于有形的产品。

换句话说，正是占据了渠道上的如此优势，当众多厂家面对不平等敢怒不敢言之际，董明珠才心存无形底气，单挑渠道巨头国美，进而更坚定了传统经销商们与格力深入合作的信心吧！

2006年3月，在CCTV一档节目中，董明珠在谈及格力与国美之争时，曾有过如下回忆：

我觉得当时发生这件事，根本上来说并不是因为我们的变化带来的冲突，应该是国美自己制造了这样一个现象。对格力来说，坚持厂商之间合作有一个平台，这个平台最重要的就是消费者。同时，我觉得互相的利益是重要的。如果没有这两个前提的话，这种合作是不可能成功的，所以我觉得我们应该没有选择错。

当然，双方之间还存在着观念的冲突。究竟是走大卖场还是走专卖店，实际上都不是绝对的。归根到底，如果我们能达成个共识，把消费者的利益摆在一起，把对方的利益考虑更多点儿，我认为这个合作就可以开始。如果没有这一点，那双方间的合作就没有了上述的前提了。

当主持人问："现在就假设一下，我们已经有了这个共识，和黄光裕先生坐下了，现在已经准备要开始谈了。您愿不愿意猜测一下，他将会怎么来回答您呢？"

原本以为董明珠会畅想一番的主持人和观众，听到了这样的回应："因为我没跟他接触，我不知道。"

接下来，呈现在董明珠和观众眼前的，是央视提前采访的一段画面。

画面中，国美创始人黄光裕有这样一段话：“我想，从大多数来讲的话，厂家离不开商家，商家离不开厂家，那么像格力建立这个途径我也是很佩服。建立一个独有的途径，这种做法我认为是注重营销强于生产，我觉得这是我们没想到的事情，大家也非常惊讶。但不管怎么说，我认为工厂它必然技术强于销售。我记得松下在日本建立了很多自由的营销途径，实际上到现在来看几乎是不存在了。我觉得，可能回到市场上竞争和回到销售途径上来，我们专业店是销售途径之一，这个应该是大势所趋，也是必然趋势。自行建立渠道，我觉得是一个补充，绝对不是长久之计。”

然而，董明珠还是不认可黄光裕的观点。她认为，自己跟朱江洪的观点一致。中国市场广阔，销售模式多样化，大卖场只是中国众多商业流通渠道中的一种，并不能代表所有的渠道和模式，也不可能“通吃天下”。董明珠特别强调，格力专卖店灵活、机动，有很大的生存和发展空间，既可以开到城市的小区里，也可以开到广阔的乡镇中去。

所以，董明珠认准了一条，小卖场、大卖场并不能眼前决定胜负，决定持续发展的关键，就是经营者的理念。

“我觉得一个企业也好，一个流通领域也好，如果不能顺应市场的变化而变化，它就应该说是传统的、落后的。能够适应市场变化而改变自己，才是先进的。”董明珠补充道。

写到这里，笔者想起了董明珠10年前说的另外一段话。在这段话里，她较为系统地阐释了自己关于“传统营销”和“现代营销”的看法。

在董明珠看来，自己在格力打造的营销模式并不是传统类的。那种把厂家与经销商的合作视为传统式模式，而将大卖场看作某种先进的模式，并不完全正确。董明珠认为，一种营销模式的关键，取决于消费者需要什么，必须把这个要素先搞清楚。如果格力与国美、苏宁这些大卖场大面积合作，很多企业可能死得更快。

笔者清晰记得，之所以会有这样的看法，当年的董明珠也谈了自己的理由。她认为，一个优秀的品牌、产品，如果大面积进入大卖场，绝大部分消费者自然会远离那些稍显低质的产品。格力需要的是持续的、长久的、永远的发展，不是短期的利益，虽然需要有个过程。董明珠同时还阐明，格力打造自己的渠道，并不是想独自占领这个渠道，而是希望通过这种努力，改变国内营销渠道的整体思路，真正树立为消费者服务的营销理念。如果抓住了这个理念，不管是大卖场，还是小卖场，最后都是赢家。

后来，一些业内研究学者则从企业文化的角度，对比分析了董明珠主导的格力与黄光裕主导的国美之不同。

主流观点认为，国美与格力的纷争，最根本的原因体现在企业文化上的冲突。国美希望自己的市场可以不断地扩张，有时为了达到扩张的目的，甚至不顾厂商的利益，不顾竞争对手的利益，奉行“有你无我，有我无你”的零和铁律。或许正因为有着这样的市场印象，在众多厂家眼里，黄光裕便成了最可怕的“价格屠夫”。

撰写本书查阅资料时，笔者无意中还看到了数年前媒体如下一段话：

常常是黄光裕大嘴一撇，声色难辨，随口说出一个让众多厂家瞠目结舌的价格，一刀切，不容任何商量的余地。

而在董明珠看来，黄光裕也有着极强的控制欲，习惯了霸气和强势，难以容忍对手，更不能容忍挑衅，信奉“有国美的地方就不能有其他家电连锁店”的竞争理念。

事实似乎也是如此。

2007年后，黄光裕主导国美，一口气收购了大中电器、北方电器、三联商社等多个业内竞争者。完成这些动作之后，黄光裕甚至将目标瞄准了与自己“同等重量级”的对手——苏宁。用不少业内人士的话说，他咄咄逼人，半是调侃半是认真：“国美与苏宁合并只是时间问题。国美将继续在规模上领先对手，打到对手求和为止。”

与此同时，国美的三板斧，也让业内同行领略了厉害。国美每一新店的开业，常常要用数月进行前期筹备，悉数演练各种攻敌套路，夜间零点突然袭击开业，或直接低价促销。用一位业内大佬的话说，“能冲垮对手的广告排山倒海，过程波澜壮阔、惨烈血腥，不留后路。”

这话或许有点儿夸张。

但与国美不同，董明珠主导下的格力，所表现出来的企业文化，在业内有着“正和博弈”之说。如果用一句话概括，可以如是说——尽最大可能，达成厂商、经销商、消费者多赢的格局。

能够贴切反映“正和博弈”之说的，董明珠如下一段话即能足以佐证：“做生意，不是你吃掉我，我吃掉你。企业与企业之间能不能合作，最基本的应该是彼此之间能否达成一个共识。这个共识的存在是需要前提的。比如，彼此间的经营理念和价值观是否相同，如果经营理念和价值观都不同，那就很难成功合作。如果你为了赚钱去做一件事，我认为这种人不是我的合作伙伴，因为我是为了做一件事再赚钱。”

在董明珠的心目中，格力营销模式的选择必须要达成两个方面的统一：一是公司的发展目标与经销商的发展目标一致，二是厂、商之间的利益与消费者的利益要一致。董明珠认为，如果厂、商之间没有共同的发展目标，不坚持向社会提供最好的产品和服务，是不可能走到一起的；而厂、商之间如果只将自身利益视为最高利益，忽视消费者的利益，也无法结成营销同盟。

董明珠的这两个统一，道理其实非常简单：只有长期的、全局性的利益，才能满足持久、长远的发展利益；只有满足消费者的根本利益，才能在市场上立于不败之地。

所以，在董明珠合理化营销思维之中，处处能够看到“多方共赢”的理念。如格力对自己上游供应商、下游生产商、终端消费者，都力争处处兼顾，并拒绝损害任何一方的正当利益。

就像本书前文讲述的，格力早期区域性销售公司成立后，第一年很好。但是，一年后董明珠就发现了一个很大的问题，由于区域性的垄断，销售公司出现了暴利的现象，而底下的经销商们却赚不到钱。如此情景，明显违背了董明珠在格力建立的营销准则。格力成立区域性销售公司的目的，绝不是为了让几个人赚钱，而是为了让所有的经销商能够赚到钱。出于此种信念，董明珠随后就采取了调整措施，促成了共赢格局。

得益于这种理念的坚守，董明珠主导下的格力，10多年来，以自身的经营思路、企业精神、营销文化，创造出了良好的经营业绩，进而锻造出了格力模式的市场奇迹。于是，如今的中国商界，也公认了这么一个事实：专卖店不是格力起点的地方，也不是市场终点的地方，却是市场选择的最佳结果。格力渠道是一条适合格力自身、适合中国国情的商业成长道路。

无论如何，董明珠和格力在退出国美销售体系后，用结果证明了自己模式的正确性，也证明了董明珠眼光的前瞩性。他们的执着，自然引起了同行们的关注和思考。

2001年、2002年，长虹公司就分别在川渝地区大规模地开展了空调“仓储直销”和“百城千店”实践。由于这种新的营销形式降低了经销商的经营风险，使消费者得到了更多的实惠，促成了长虹空调的品牌知名度和市场销量得以大幅提升。

在笔者查阅的当年有关数据中，长虹空调2002年实现销售116万套，在当年整个空调行业十分危困的境地中脱颖而出，继而成为中国空调行业中一匹强劲的黑马。

如此格局之下，就连习惯了霸气、强势的黄光裕，也一度对董明珠表示出了难得的认可——我会好好观察格力的销售模式！

2014年初，一条颇有意味的消息被众多主流媒体刊发在显著位置上，题目很是炫目——《国美低头：10年后，国美与格力再次握手》。

2014年3月21日，在国美2013年业绩说明会上，国美高级副总裁何阳青面向媒体公众，发出了2008年底黄光裕被刑拘以来最为高亢的声音：“我们完全超越对手，事实证明国美不是千年老二。”

国美的高调，凭借亮丽的业绩在作支撑。

2013年，国美摆脱了2012年的亏损危机，营收564亿元，净利润8.92亿元。如果再加上510家非上市门店，营收数字会超过千亿元，利润约有18亿元。这一局面的形成，被业内公认为“让老对手苏宁面子上有些不好看”。

在亮丽业绩的背后，更是国美尝试向掌握定价权的“商品经营”模式转型。

事实上，从2013年起，国美就开始进行合作模式的调整，改变了单一的返利模式，增加了对供应商更有利的直接采购、包销定制模式。按业内权威人士的解读，“国美尝试让自己与供应商的业务、账目更清晰，承担的责任也更明确。只有能主导产品价格的时候，才能保持低价优势。”

而时任国美负责人的王俊洲则说：“现在国美要做一个真正的零售商，掌控商品的定价权，承担库存管理责任。”

于是，没有永远的敌人，有的是永远的利益。“消费者需要格力空调，国美就要提供消费者想要的产品。”换句话说，消费者的需求，是国美打破与格力10年不合作僵局的根本原因所在。

就这样，10年后的今天，昔日傲慢的姿态变成了主动合作，“霸气”的国美主动与格力“重修旧好”。借用业内人士的一句话说：“不管怎样，国美终究是转变了姿态，十分谦虚地当起了厂家和用户的服务商。”

也是在2014年上旬，格力电器董事长董明珠造访了国美，并宣布了百亿元级别的合作计划。双方决定在渠道拓展、产品定制、市场推广、增值服务等方面全面展开深入合作，并且一同在节假日进行“空调大促销”。国美成为与格力战略合作的唯一连锁卖场，格力产品也逐渐从苏宁撤出。

撰写本章时，笔者意外读到了如下内容：

有消息说，2013年黄光裕曾对国美电商战略做了四次表态：一是大力发展移动客户端，称“这没有什么可多说的”；二是对国美电商的亏损现状很不满意，称“我没做过亏本的生意”；三是国美要在网上卖字画，进军线上艺术品投资领域；四是要求加快对O2O领域的布局。

而针对上述消息，舆论也纷纷给予了解读。其中有种说法如下：

如果这是真的，一句“我没做过亏本的生意”，让国美现在的所作所为看起来像不求有功但求无过，保守地等待强人的归来。2014年，京东已经在美上市，阿里上市在即。借助资本市场的融资，谁知道他们会做出什么事情来？

当然，这些消息与解读，也都是本书内容之外的闲话了！

第10章 霸道同行，真假『冤家』

在英文词汇中，有一个单词『co-opetition』，直译是『合作竞争』，意译可以是『小冤家』。无独有偶，中国也有一句『同行是冤家』的俗语。众所周知，现代市场经济成形于西方。然而，中国自古便有『三十六行行行出状元』的商业哲理。而所谓『同行是冤家』，便是一种中国式的经济学语言，字语虽简单，内涵却极为丰富。它所表达的，是同行间的两个经营主体所形成的某种剪不断、理还乱的市场竞争关系。

按此逻辑，本书主人公董明珠和她主导的格力，在同行间又会是怎样的呢……

一 为何同行乃“冤家”

“同行是冤家”，在中国社会可谓是一个共识，且历史悠久，被相当数量的人奉为经营从商的一大准则。

所谓“同行”，就是同一个行业，是指使用相近的设备或相近的生产方式，生产出同类产品的企业的集合。而在中国，自古即有“三十六行”之说。随着现代市场经济的发展，如今的行业早已数倍于古代，可谓是五花八门。

至于“冤家”，其含义在古代中国有两种：一种是指仇人，另一种则是指伴侣或情人。

唐朝的《朝野佥载》一书，是最早记载“冤家”一词的史籍。书中有这样的句子：“此子与冤家同年生。”这里的“冤家”，指的便是仇人。由此可知，“冤家”的最初含义应是指仇人。然而，随着文明的发展和社会变迁，不知从什么时候开始，唐诗、宋词、元曲、明清小说中的“冤家”一词，慢慢演变成对“伴侣”或“情人”的称呼了。

那么，“同行是冤家”又有什么样的渊源呢？

有这么一个小故事：

一个山村里住着两个木匠，年幼的叫小木匠，年长的叫大木匠。巧的是这两个木匠都姓袁，所以村里人便喊他们为“同行袁家”。

大木匠特别会制作框子，凡是他做的框子都十分平整匀称，算是一种绝活。而小木匠却不行，他做的框子总是要比大木匠的差一点。所以，村子里的人都爱找大木匠做东西，只有那些大木匠没空做的东西，村里人才会让小木匠去做。

大木匠和小木匠表面上看起来关系挺好，可实际并不是这样。小木匠心里十分羡慕大木匠，很想跟大木匠学习制作框子的本领。可是，每次小木匠拿着礼物去拜访大木匠的时候，大木匠总是表面上满口答应，心里却是另一种想法，并不愿意真心去教小木匠。对此，小木匠当然也明白。

一次，大木匠进山里砍木头，不小心掉进了猎人设的陷阱里，无助的大木匠急喊“救命”。可是，直到天快黑了，也没有人来帮助大木匠。

忽然，陷阱上面传来了一个人的声音：“大木匠，是你在下面吗？”

“是我！好心人，请快救我上去吧！”大木匠急忙回答。

不一会儿，一根绳子被扔了下来，大木匠顺着绳子就攀了上去。此时，大木匠才发现，原来是小木匠救了自己。此后，大木匠时时会觉得自责，为自己平时对小木匠的虚情假意感到惭愧。一段时间后，大木匠决定收小木匠为徒。后来，大木匠还把自己的女儿嫁给了小木匠。

由于人们习惯了把夫妻称为“冤家”，而大、小木匠又都姓“袁”，于是“同行袁家”便被人们传成了“同行是冤家”。

人们之所以习惯认为“同行是冤家”，无非是同行间存在着竞争。因为大家都在一个圈子里刨食，难免眼红嫉妒，相互摩擦。笔者勉强算得上半个文化人，但文化圈中也早就有着“文人相轻，艺人相贱”的说法。就连京剧大师梅兰芳和程砚秋，虽然同列“四大名旦”之中，但为了争个第一，他们两位也曾有一番竞争。

据记载，1946年在上海，梅兰芳和程砚秋就是为了争个同行第一，甚至唱起了对台戏。他们在唱戏比拼的同时，两派人马也在各大报章展开唇枪舌剑，一时间好不热闹，成为各种舆论关注的一大风景。用一些评论家的话说，纵使双方是一番艺术上的对决，但掀起的气氛却是火星四溅。

然而，大师终归还是大师。梅兰芳和程砚秋又都是气量宽宏之人，戏台上一争高下，不输的是追求的事业；而在台下，他们两位却从来不露声色，依旧保持着业界的和谐景象。如1933年，梅兰芳40大寿，程砚秋特前往拜寿，因程砚秋曾拜梅兰芳为师，当时还行了叩头大礼。再看梅兰芳，也一派大气，接待十分周到，令在场之人十分钦佩。所以，后来的文艺圈内，并没有因为梅兰芳、程砚秋唱过什么“对台戏”，就称二人是“同行冤家”。

此类例子并不鲜见，尤其是现代市场经济在全球深入发展的今天。

2013年10月，国内媒体聚焦的一次热点事件，便是“同行冤家”的典型表现。据《新快报》10月23日报道，该报记者陈永洲因涉嫌损害商业信誉罪于10月19日被长沙警方刑拘。

此消息一出，迅速成为舆论关注的焦点。因为此一事件的背后，隐现出来的便是国内两大名企“中联重科”和“三一重工”的所谓恩怨情仇。

当时，接近中联重科的有关人士曾对媒体直言：“记者联合竞争对手，恶意发布中联重科负面报道，已经严重影响到公司股价，使得公司正常经营活动受到影响，二级市场投资者蒙受损失”。

后据媒体披露，陈姓记者自2012年9月至2013年8月间，连续发表了10余篇关于中联重科的报道，直指中联重科“利润虚增”“利益输送”“畸形营销”“涉嫌造假”“股东减持”等，而大多报道的信息来源都是“匿名提供”。

2013年7月，中联重科董事长秘书高辉即曾在个人微博上多次发布针对此事的回应，公开指责《新快报》和该报记者发布负面新闻、屡次恶意举报，造成公司股价下跌，是有偿新闻和利益同盟策划，幕后有黑手。中联重科相关负责人在当时也多次表示，接连的恶意举报，已经让中联重科受到了来自投资者方面的巨大压力。

后来，一些媒体跟进报道显示，陈永洲实名举报的内容，正是3起“间谍门”事件中中联重科失窃的销售数据。而3起所谓的“间谍门”事件，被认为均指向三一重工。

根据媒体的披露，三一和中联重科的恩怨已有10年。早在2006年，中联重科的泵车在无锡施工时发生臂架断裂事故。其官网发布信息称，某些竞争对手就此利用短信对产品客户群体传播消息，蓄意扩大负面影响。此处的“某些竞争对手”，在当时即被指向三一重工。

后来，《三一恨别长沙》一文出现。其中提及，在与中联重科“交手”的过程中，三一重工遭对手监听，无法进行正常工作，高层会议不得不远赴昆山进行，且有电话的地方都不敢谈及公司机密，以防泄露。甚至有三一重工人士对外表示，类似情形已经影响到了梁稳根家人。“梁稳根之子遭莫名绑架、海关突然稽查，这些都直指对手中联重科。”

2013年6月，中联重科发布了一份由董事会主导调查的《独立董事关于媒体报道相关情况独立调查的声明》，对上述指责进行了否认。但随后双方的口水战竞相升级，各自高层在社交平台互相指责。

其实，早在2011年8月，湖南省政府为协调中联和三一之间的恶性竞争关系，还曾组织了一个签署行业自律公约的座谈会。在时任湖南省省长徐守盛的见证下，三一重工董事长梁稳根和中联重科董事长詹纯新签字并握手。

但是，事与愿违。如同业内公认一样，在市场紧缩、蛋糕变小的情况下，工程机械企业的规模却一天比一天大，激烈的竞争在所难免，在这过程中采用一些不当手段，是预料之中的。

如此情形发展，从湖南省委宣传部后来发出的感慨亦可见一斑："湖南省政府就像是拥有两个好邻居，但这两个邻居关系很不好，省政府夹在中间也很难做。"

在撰写本节内容的时候，笔者从资本市场获得的数据资料显示，2015年，三一重工和中联重科两位曾经风光无限的工程机械行业"大哥"，净利润均下滑了80%，成为名副其实的"难兄难弟"。直至2017年初，受国家"一带一路"战略的推进实施影响，这两位"同行冤家"的窘况才开始回暖。

同行如此，沿古至今，而置身于家电行业的格力，又有没有冤家？冤家又该是何种情形呢？

二 "行业第一"的是与非

如前所述，既然有行业，必然会有竞争，无非是良性竞争或同行冤家罢了。那么，又为什么要有竞争呢？根本原因，市场的运行规律和自我作用。

显然，董明珠深谙其理。所以，在面对市场规律及其作用时，格力也就无法独善其身了。

只不过，能与格力面对面竞争的同行，并不多。其中，久居中国电子行业品牌榜中的"美的"，最为董明珠和格力关注。

打开美的官网，很轻易就能看到下面一段话：

美的是一家领先的消费电器、暖通空调、机器人及工业自动化系统的科技企业集团，提供多元化的产品和服务，包括以厨房家电、冰箱、洗衣机，以及各类小家电的消费电器业务；以家用空调、中央空调、供暖及通风系统的暖通空调业务；以库卡集团、安川机器人合资公司等为核心的机器人及工业自动化系统业务。

美的坚守"为客户创造价值"的原则，致力创造美好生活。美的专注于持续的技术革新，以提升产品及服务质量，令生活更舒适、更美好。

美的于1968年成立于中国广东，迄今已建立遍布全球业务平台。美的在世界范围内拥有约200家子公司、60多个海外分支机构及10个战略业务单位，同时为德国库卡集团最主要股东（约95%）。

由此可知，美的称得上是与格力并驾齐驱的又一个中国家电巨头。这里不妨先简单回顾一下美的发展历程。

1968年，何享健带领23位顺德人，筹集5000元资金，创办了街道办的北滘塑料生产小组，以生产自救的方式开始了创业之路。1975年，该生产小组更名为“顺德县北滘公社塑料金属制品厂”。1976年，“顺德县北滘公社塑料金属制品厂”又更名为“顺德县北滘公社汽车配件厂”。经过10余年的苦心打拼，1980年，该厂开始生产风扇，正式进入家电行业，厂名变更为“顺德县北滘公社电器厂”。1981年8月，该厂正式注册“美的”商标，“美的”也就此诞生。1984年6月，为谋求新的发展，原厂名变更为“顺德县美的家用电器公司”。1985年4月，公司成立“美的空调设备厂”，开始了窗式空调机的组装生产，成为当时国内最早生产空调的企业之一。

1988年，美的取得了国家机电产品进出口基地资格，获得自营进出口权。当年，美的电器公司即实现产值1.2亿元，成为当地较为知名的企业之一。1990年，美的引进国外设备和技术，开始自主研发、生产分体式空调，并在较短的时期内形成产品的系列化。

1992年后，随着中国市场经济体系的不断完善，美的完成了股份制改造，逐步建立起现代企业制度。1992年3月，广东美的电器企业集团成立；同年8月，广东美的集团股份有限公司成立。1993年11月12日，美的电器股票在深圳证券交易所挂牌，成为中国证监会批准的第一家由乡镇企业改制而成的上市公司。

2001年4月，美的实施ＭＢＯ，政府成分退出，以何享健为核心的管理层自此成为公司第一大股东。其后的10余年时间，美的通过建立武汉生产基地、收购合肥荣事达、建立重庆生产基地、收购广州华凌集团和春花吸尘器、建立越南生产基地、收购无锡小天鹅、建立白俄罗斯生产基地等大动作，完成了产品的多元化，形成大小家电产业群，品牌知名度极大提高。2010年，美的实现了跨越式发展，销售收入首次突破了千亿元大关。

2012年，美的创始人何享健卸任美的集团董事长，由方洪波接任。这标志着美的完成了职业经理人和企业创始人的正式交接，开创了中国现代企业传承的先河。2013年9月18日，美的集团实现整体上市。

2013年，美的集团整体实现销售收入1210亿元，其中外销销售收入达74亿美元。在同年“中国最有价值品牌”评价中，美的品牌价值达到653.36亿元，名列全国最有价值品牌第5位。

到2014年，美的集团员工人数达到了13万，旗下拥有美的、小天鹅、威灵、华凌、安得、美芝等10余个品牌。主要家电产品有家用空调、商用空调、大型中央空调、冰箱、吸尘器、取暖器、电水壶、烤箱、抽油烟机、净水设备、空气清新机、加湿器、灶具、消毒柜、照明等和空调压缩机、冰箱压缩机、电机、磁控管、变压器等家电配件产品。

与此同时，美的集团在国内建有广东顺德、广州、中山、安徽合肥及芜湖、湖北武汉及荆州、江苏无锡和苏州、重庆等15个生产基地，并在越南、白俄罗斯、埃及、巴西、阿根廷、印度等多个国家建有生产基地。

2015年，美的成为首家获取标普、惠誉、穆迪三大国际信用评级的中国家电企业，评级结果在全球家电行业以及国内民营企业中均处于领先地位。2016年，美的集团在《财富》世界500强排名中位列481位，利润排名第216位。

截至2016年12月31日，美的年度合并收入超过1500亿元，在全球拥有数以亿计的用户及各领域的重要客户与战略合作伙伴，并拥有约13万名员工。美的于深圳证券交易所上市，为现代公司治理的企业。其多元化的股份结构显示，超过20%股份为国际机构投资者所持有。

那么，近两年的格力，在发展数据上又会是一幅什么样的风景呢？

根据格力公布的相关年报数据，2014年被业界称为格力的巅峰之年。当年，格力实现了1400.05亿元的营收，净利润为141.14亿元，两年实现增长200亿元的目标。2015年，格力实现营业总收入1005.64亿元，同比下滑28.17%，实现归属于上市公司股东的净利润125.32亿元，同比下滑11.46%。正是因为与2014年的数据相比出现了下滑，业界对格力的相关观察在2016年出现了唱衰的声音。笔者在查阅相关资料时，甚至还看到“格力要溃败了”“格力遭遇滑铁卢”等悲观论调。

在本书即将付梓之际，笔者获得的相关数据显示，2016年格力营收约为1100亿元，利润约为150亿元。虽然总营收依然低于2014年，但格力在净利润方面较2014年已经取得增长。

如果再稍作微观地比较一下格力与美的的产品数据，业界依然承认这样一个事实——格力行业“老大”地位仍难撼动。

如从空调产品比较研究，2015年格力空调实现营收837.18亿元，美的集团以645亿位居第二，而立志要做第三的志高空调仅实现营收77.74亿元。与此同时，相关统计资料还反映出，美的集团空调品类毛利率为28.25%，远低于格力的产品毛利率36%。从这一点可以发现，格力的盈利能力仍然是最强劲的。

“格力无论是品牌关注度，还是市场占有率、市场销售额上，都大幅领先行业，格力在空调业务上的‘霸主’地位仍然难以被撼动。”业内权威研究者、第一营销网营销研究院院长于建民即如此认为。

基于近年来行业的竞争格局，无论是在学者、业内人士，还是在普通大众们的眼里，格力和美的的业界地位如同天平的两端——此升彼就降。所以，不管是“格力怼美的”，还是“美的怼格力”，或者谁为“行业第一”的话题，自开始出现的那一天，似乎就不会结束了。

关于格力与美的“同行冤家”之说，笔者综合了《北京商报》、新浪财经等媒体数年来的相关信息，发现最早的记录应始于1997年。

如同前文所述，1997年前后的中国空调市场，正处于一波接一波的营销大战之中。有媒体披露，美的现任董事长方洪波就曾回忆，在1998年之后的空调大战里，美的与格力场场参战，殊无遗漏。“竞争最激烈时，两家公司的员工曾爆发肢体冲突，造成恶性事件。”

2007年，美的在宣传品中指格力等同行空调产品的铜铝连接管是“黑心管”。后经中国家电协会等澄清，证实铜铝管并非“黑心管”，美的也被指恶意攻击竞争对手谋取利益、误导消费者。

2008年后，美的、格力主推产品同时转向变频空调市场，争夺“变频第一”的头衔。美的抢先高调推出变频空调产品，但产品面世即被格力指出是偷换概念的“假变频”，并控诉美的侵犯专利。2012年，广东省高级人民法院判格力胜诉，美的赔偿侵权费200万元。其后，此类所谓的侵权事件曾不间断地上演着。

2009年，广州市政府采购中心发布的番禺中心医院“门诊楼变频多联空调设备及其安装”采购项目中，中标企业广东石化（美的空调代理商）报价金额为2151.1887万元，比格力高出400多万元。格力由此质疑此次招标的公正性并最终诉至法院。

同年，美的空调召开新闻发布会称，格力发布的“3天格力空调销售突破15万套，市场占比达81%”的广告与公告数据不符，涉嫌虚假宣传。为此，美的向重庆市第五中级人民法院提起诉讼，并向市工商局进行了投诉。是年8月24日，法院判美的胜诉，格力赔偿3万元并登报声明。

2009年3月，安徽新兴格力销售有限责任公司状告合肥美的制冷产品销售有限公司“广为散发恶意攻击原告销售的格力空调产品的书面彩色宣传单”，认为美的的行为构成了不正当竞争，并要求赔偿。

2013年，格力又以美的在同一种商品上侵犯涉案“五谷丰登”注册商标专用权为由，向珠海市中级人民法院提起诉讼。该案最终以判定美的不得再生产销售涉案的空调型号而告终。

2014年，格力董事长董明珠公开指出美的广告“1晚1度电”是欺骗消费者，随后引来了美的的强烈反击，一时引发了舆论的广泛关注。

2015年4月30日，格力电器董事长兼总裁董明珠在珠海市工业转型升级工作会上称，“去年曾经有一家国内知名家电企业的领导，带来一个班子来珠海驻扎挖我们的人。知道这件事后，格力电器派人去将对方打了一顿。”“你若是像足球球员公开转会一样，我们无话可说，但不要这样偷偷摸摸来挖人。”只不过，“铁娘子”当时并没有指明具体是哪家企业。一时间，很多业内人士都猜测董明珠暗指的对象就是美的。

同年8月，美的集团董事长方洪波在接受媒体采访时表示：“只要是珠海那家企业的人，我们绝不会用。”对此，董明珠在面对记者团集体采访时再次公开回应，“他们有没有到珠海挖人，到北京酒店一查便知。上次开会时给他们面子没有点名，其实就是他们。”

中国市场空调分品牌零售额占比

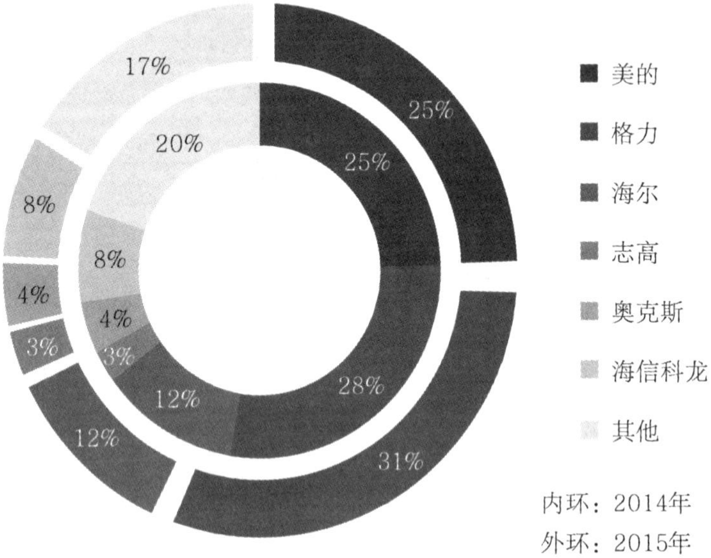

资料来源：中金公司研究部

在格力与美的所谓的恩怨过程中，时间最近且最具代表性的，要数“小偷事件”和“学术造假事件”了。

2017年3月4日，正在北京参加全国两会的董明珠在“格力智能装备全球首发暨高峰论坛”上表示，“我从来不认为买一个技术，能让一个企业成长壮大。一个企业如果是一个小偷，它永远只能是小偷，不可能当领导，因为它没有多大的胸怀，没有高瞻远瞩的思想，只能逐利而行。”

董明珠这里所说的买技术，指的就是2016年5月美的集团以292亿元收购德国机器人公司“库卡”一事。

德国库卡公司是世界几家顶级为自动化生产行业提供柔性、生产系统、机器人、夹具、模具及备件的供应商之一。1996年，库卡机器人有限公司成为独立企业。1996年1月，KUKA Schweissanlagen + Roboter GmbH（库卡焊接设备和机器人有限公司）分成两个在市场上独立运作的公司，即KUKA Roboter GmbH（库卡机器人有限公司）及KUKA Schweissanlagen GmbH（库卡焊接设备有限公司）。

2016年5月18日，美的集团正式对外宣布向库卡发出全面要约收购，收购价格为每股115欧元。当时预计，收购总价将达到292亿元人民币。美的集团希望最低持股比例在30%以上，但强调收购不以库卡集团退市为目的。

然而，美的提出的此项收购需要经历多项程序批准。如德国联邦金融监管局的批准，中国、欧盟、美国、俄罗斯、巴西、墨西哥及其他地区反垄断审查，或其他有权政府部门的同意等。

计划收购初期，市场一度传出德国方面阻挠美的集团收购库卡的消息，包括德国经济部长在内的部分官员甚至呼吁在欧洲寻找其他收购对象参与此次竞购。直到2016年6月15日，德国联邦金融监管局审核通过了要约收购文件，上述消息才随之化解。

2016年10月13日，美的发起的本次收购相继满足了中国、美国、俄罗斯、巴西、墨西哥、欧盟等地区的反垄断审查的交割条件，但仍面临着美国外资投资委员会(CFIUS)和国防贸易管制理事会(DDTC)的最后一道关卡。

由于库卡是全球性跨国上市公司，又在美国拥有子公司和业务，美国相关机构针对中国企业的并购向来有着特别的考量，所以在后续审查过程中，来自美国方面的审批耗时最长。此前，美国外资投资委员会已经多次否决过中国公司在美国的投资，这在全球并购市场上并不是什么新鲜事。

2016年12月底，让美的满意的消息还是传来了。美国外资投资委员会及国务院防务贸易管制事务处最终批准了美的针对库卡的收购交易。至此，这场历时7个多月的中企并购案，终于在美国的放行之下得以圆满收官。

2017年初，美的董事长兼总裁方洪波公开表示："我们很高兴已完成与库卡深化合作的最后一步。我们十分重视库卡在所有产品及服务的优势，以及其对探寻创新智能解决方案的承诺，美的将会与库卡杰出的管理团队及监事会紧密合作。我们期望通力合作，协助库卡把握中国及其他地区机器人市场的机遇，并进一步扩大投资。"

不过，美的上述并购，反响并不一致。

“铁娘子”董明珠除了继续着“小偷”的评论外，还坚定地表示：“只有通过创造才能彻底改变中国制造，格力的未来，以智能制造定位，并将借力智能制造推动工业整体升级。”

除了“铁娘子”董明珠的上述评论，中央财经大学财经研究所研究员刘姝威似乎也不看好。在一个公开场合，她不点名批评了美的对库卡收购的模式：这次收购是一件很糟糕的事情。其一是把收购价格抬得非常高，其他的中国企业要去国外收购机器人企业就以这个为准，人家还以为中国企业有钱；其二，收购模式是收购股权，经营权和核心技术不能碰，不能做战略投资者，如果做人家不能接受的业务，这家企业的核心人员都会退出，就是个空壳。但财务投资者价格又如此高，没有财务投资的空间，给其他企业造成了很大的困难。

以上这些只是“小偷事件”的最新发展，而如果把时间再往前推移一段，引发舆论热议的“小偷事件”，其实还要追溯到2014年12月举行的“中国企业家领袖年会”上。

由《中国企业家》杂志社主办的2014年“中国企业领袖年会”，于当年12月12日～14日在北京举行。当时，统领着格力集团和格力电器的董明珠在导师论坛上不改锋芒，霸气依旧：

我希望作为中国的企业，我希望雷军的企业走出国门，但是很遗憾刚刚走出去就被封杀了。你偷了人家的专利，一个偷别人东西的人还称为伟大企业？要是我的话我就不好意思说。

昨天，我在网上看了一篇文章，上面讲听说小米和美的合作了，董明珠有点急。我急什么？美的偷格力的专利，法院判你赔我200万，小米和美的，两个骗子在一起，那就是小偷集团。如果有一天你的专利比我多，你的质量比我好，那我就真的有点急了，我得改变自己，我要加油了。

“铁娘子”此话一出，瞬间引爆业内和坊间。

到此，话题回到2017年3月初的“格力智能装备全球首发暨高峰论坛”。正如媒体所言，这是格力电器首次在京举行智能装备发布，也是美的宣布完成对库卡机器人收购后格力的一次正面回应。

在此次发布会上，格力的智能机器人表演了舞蹈、弹钢琴、切胡萝卜等动作。而一向不愿输人的董明珠，也利用这一场合，不失时机地又让格力炫耀了一回。

“所有的机器人，支撑运作的核心技术都是我们自己研发的。我不评价别人几百亿收购别的公司的产权。一个企业是小偷，永远都是小偷，不可能当领导，因为它没有多大的胸怀，没有高瞻远瞩的思想，逐利而行。这不是中国制造业——特别是在供给侧改革的时代，我们的定位。”

如此一来，作为中国第一、第二大空调制造企业，不管曾为了知识产权对簿公堂，还是因为“挖人”“布店”成为“冤家对头”，而今又都高调地进入了智能制造的领域。

再来看看沸沸扬扬的“学术造假”事件。

2016年1月20日，名为“陈进1982”的网友发出举报微博：“美的在2014年度国家科技奖励项目《房间空气调节器节能关键技术研究及产业化》申报国家科技进步奖项目中，忽悠国家奖励办，欺骗消费者，所谓节能效果不可信，存在学术造假行为。”

陈进在微博中表示，美的牵头申报的《房间空气调节器节能关键技术研究及产业化》项目获得国家科学技术进步二等奖，奖项主要创新点描述为“……与国内外同等级空调器相比，耗电量减少64.1%”，该执行标准不合法，节能效果造假，项目存在学术造假，请求国家科学技术奖励办公室撤销该奖励项目。

该篇举报微博发出后不久，一位自称是空调专业工程师“李猛”的人，也在自己微博上实名举报“格力变频技术严重造假”。李猛在微博中指出，格力在《变频空调关键技术的研究及应用》项目中多处关键数据及创新内容存在严重造假现象。

如此两篇微博，再次将格力和美的的所谓恩怨，拉进了大众的视线，也引得各路媒体闻风而动。

2016年1月25日，《财经网》写道：日前，国内空调两大对头格力和美的再掀口水大战，双方先后公开指责对方存在学术造假行为。这两家企业之间的宿怨由来已久，已经陆续上演过多次口水战和专利战，并从暗战发展到明撕。业内人士认为，当前空调市场的规模萎缩以及市场竞争程度加大是诱发厂商之间矛盾的主要因素。

2016年1月23日的《21世纪经济报道》刊文："董明珠告诉记者，不仅格力员工，格力公司也已经向科技部举报，要求撤销美的空调相关技术奖项。过去一年，价格战未能有效拉动消费，空调行业最终量额齐跌，包括格力、美的等空调厂商的库存压力不容小觑。因此，有分析认为，此次爆发的学术造假风波与激烈的市场竞争有关。"

而2016年1月22日的"新浪科技"则如此写道：

格力刚指责完美的在2014年国家科学技术进步奖的项目学术造假，美的又说格力在2011年申报的这个奖项中的项目造假，还能不能友好地玩耍?

在专利积累方面，格力电器截至2015年底累计申请专利20738项，其中发明专利6811项；美的集团截至2015年12月，专利申请39978件，其中发明专利申请11431件，发明授权1452件。在专利上双方都互有牵制。所以，这次"学术造假"风波还是希望从舆论层面向对方施压，过过嘴瘾而已。

面对舆论如此高的关注度，格力方面很快做出了回应：举报者陈进系格力珠海员工，举报为员工个人行为。

而事后媒体的调查核实，美的所申报的项目在2014年年底送到国家相关部门进行评审，2015年1月9日评审结果公布并在国家科技部网站公示。对于为何时隔一年后才举报，当事人陈进对媒体表示，其实在2014年他就发现了这个情况，之后及时反映给了公司领导。"公司据此反映到了国家科学技术奖励工作办公室，但直到现在还没有任何回复。眼看2016年的奖项都出来了，我只能通过其他渠道来让行业内的专家听到我们的声音。"

与格力的回应相对应，美的如此回应被举报一事：美的空调《房间空调器高效节能关键技术的研究及应用》项目，历经了由国家科学技术部奖励办公室组织的“提交申报材料”—“受理项目公示”—“项目网评”—“初评答辩”—“初评公示”—“颁奖大会”等环节，最终获得“国家科学技术进步奖二等奖”。该评奖结果于2015年1月9日在国家科技部网站公示。“在整个评奖过程中，美的空调提供各项申报材料真实、合规，并严格按照评奖的有关规范、流程，配合评奖机构工作。”

2016年3月8日，《中国经济周刊》进一步跟踪报道了双方掀起的“学术造假”事件。

2016年1月29日，格力电器宣布，为维护名誉，已在总部所在地珠海香洲区法院起诉美的工程师李猛。不久之后，美的也宣布，在佛山市顺德区法院对格力举报人陈进提起诉讼。当事人陈进随后在接受《中国经济周刊》记者采访称，美的此举是对格力进行报复。

撰写本部分内容时，笔者查阅相关资料发现，美的获奖的空调节能关键技术研发及产业化成果，正是支撑美的空调“1晚1度电”、“1晚低至1度电”节能效果的核心支撑技术。而格力电器方面也曾多次在公开场合抨击过美的空调“‘1晚1度电’是欺骗消费者”，是格力投诉美的的主要依据之一。这一点也被格力方面所证实，他们的投诉不是随意性的，而是请了专家做评估后才进行了投诉。

在查阅相关资料时，笔者还发现这样的报道：

有购买美的“1晚1度电”空调的消费者，以美的空调广告涉嫌虚假宣传、欺诈消费者为由向北京市工商局投诉举报，同时起诉到法院要求美的赔偿。后经法院审理认定，“1晚1度电”广告属于虚假宣传，构成欺诈，判令支付原告空调价款1倍的赔偿金3459元。北京市工商局也认定“1晚1度电”广告构成虚假宣传，罚款10000元。

后来，有媒体进一步联系了美的，美的方面则统一回应称：美的严格遵循评奖程序申报和评选。在科技奖项被举报的最终结论出来之前，不再就此系列事件接受媒体采访。

这样的回复没有消除舆论的关注，令不少媒体纷纷转向了国家奖励办、科技部。只不过，当时媒体获得的信息要么是“未经科技部同意，拒绝采访”，要么就是没有任何回复。

2016年3月，时任格力电器副总裁的望靖东在回应《中国经济周刊》的访谈时表示：有人让我们放美的一马，我们相信政府会“对学术造假无限期追究”。

同年3月9日，美的集团董事长方洪波在上海美的经销商大会上首度回应了“学术造假”事件：“国家科技进步二等奖这件事，在获奖之前已经被多次举报，进行了多次评测，最后还是获奖了。我们持开放态度，欢迎国家任何机构、全世界任何机构来进行论证，我们不惧怕。”

三 真假“中国第一赌”

自古商界不乏赌，中外商业成功者，皆有对赌的经历。只不过，这里所说的“赌”，可不是人们日常意识里认为的“赌”。

董明珠也不例外。无论是她辞公职南下打工，还是前文所述的只身讨债，以及开家电行业先河独创格力专卖模式……无不透露出了“铁娘子”骨子里不怕输、敢赌的一面。然而，这些经历与2013年12月董明珠创纪录的一场赌局相比，显然又不是一个重量级的。

说起这场特别赌局，先得了解一下中国商界的另一位翘楚式人物——雷军。

雷军，1969年出生，武汉大学计算机系毕业。1992年，雷军与同事合著了《深入DOS编程》一书。随后，他写过加密软件、杀毒软件、财务软件、CAD软件、中文系统以及各种实用小工具等等，并和王全国一起做过电路板设计、焊过电路板，甚至还干过一段时间的黑客，解密各种各样的软件。

看起来有点不务正业的雷军，却在两年的时间里结识了武汉当时各电脑公司的老板，继而成了武汉电子一条街小有名气的人物。

1992年初，雷军加盟金山公司。先后出任金山公司北京开发部经理、珠海公司副总经理、北京金山软件公司总经理等职务。1998年8月，雷军升任金山公司总经理；2000年底，金山公司股份制改组后，雷军又出任北京金山软件股份有限公司总裁。直到2007年12月20日，雷军辞去金山CEO职务。至此，雷军在金山服务了整整16个年头，期间更完成了金山的IPO上市。

离开金山之后，雷军换了个身份——天使投资人。在此期间，他投资的企业不在少数，投资的项目包括卓越网、逍遥网、尚品网、乐讯社区、

UC优视、多玩游戏网、拉卡拉、凡客诚品、乐淘、可牛、好大夫等20多家创新型企业。

2011年8月，在竞争激烈的手机市场上，一款名为“小米”①的手机横空出世，并以市场未曾见过的方式畅销起来。此品牌手机的创建者，正是雷军。

或许是计算机的深厚背景，加上长时间的行业一线实践，雷军独创了一种被业内赞誉的“饥饿营销”模式，让“小米”品牌在短短几年内便迅速扩张。如今的小米公司，产品已形成系列，并畅销国内外，成为一家享誉国内外的中国科技型企业。

2013年，雷军当选为全国人大代表。2016年3月，在十二届全国人大四次会议上，雷军表示：“专利是整个手机行业的游戏规则，小米会按市场游戏规则处理有关专利侵权的事情。”

那么，同为当下明星企业家和人大代表的董明珠，是不是也和雷军有着什么“过结”呢?

2016年10月，《观察者网》刊发了一篇采访，采访人是著名媒体人胡舒立，被采访人便是董明珠。其中，两人有着下面的一段对话：

问：提到您之前和雷军的赌约，这一年雷军的日子不太好过，您是不是轻松一些?

董明珠：其实他不好过我挺难受的，我不会因为他死掉了，我很轻松，我很快乐，我觉得不能这样去看。其实人与人之间还是有感情在里面，只是我们在针对一件事情的时候，他有自己的观点。

我为什么认为雷军当时不行?就是因为他轻资产。很多人说董明珠注

---

① 北京小米科技有限责任公司成立于2010年4月，创建者雷军，是一家专注于智能硬件和电子产品研发的移动互联网公司。小米公司首创了用互联网模式开发手机操作系统、发烧友参与开发改进的模式。2014年12月14日，美的与小米签署了战略合作协议，小米12.7亿元入股美的集团。2016年7月27日，小米笔记本正式亮相；2016年9月27日，小米电视发布；2016年10月26日，小米正式推出了小米概念手机。2016年5月，小米以450亿美元的估值成为全球估值第二的创业公司。

重制造是不行的，现在这个时代是互联网时代。所以我觉得我们很多观念还是不一样的。

而这篇访谈稿的标题则是——《董明珠：雷军不好过其实我挺难受的》！如此，若还要说董明珠和雷军有什么“过结”，除了成心杜撰，便是人为传说了。

话题回到两人特别的赌局上，究竟又是怎样一回事呢？

事情还得从2013年度的“中国经济年度人物”[①]颁奖盛典说起。

这一年的12月12日，中国经济界最有看点的人物评选揭晓，中央电视台财经频道照例进行了现场直播。结果显示，获奖人员名单如下：

第十四届中国经济年度人物评选·终身成就奖

厉以宁　北京大学光华管理学院名誉院长

第十四届中国经济年度人物评选·年度人物奖

雷　军　小米公司董事长兼首席执行官

林左鸣　中国航空工业集团公司董事长

董明珠　格力集团董事长、格力电器董事长兼总裁

张玉良　上海绿地集团公司董事长、总裁

陆益民　中国联合网络通信集团有限公司总经理

阎东升　渤海商品交易所董事长、总经理

刘明忠　新兴际华集团有限公司董事长

祁玉民　华晨汽车集团控股有限公司董事长、总裁

① “中国经济年度人物”评选被誉为“中国经济界的奥斯卡”，是中国国内最具专业品质、最有影响力的一项评选，是中国认知度最高、最受社会各界推崇的一个品牌。该评选是由中国中央电视台主导，每年设有10个年度人物奖，奖励积极推动中国经济发展和社会进步的企业家、经济学家或者政府官员。在已经进行的14届央视年度经济人物评选中，100多位获奖者涵盖了李嘉诚、柳传志、王健林、马云等商界领袖，周小川、李金华、李毅中、苗圩等政界精英，以及吴敬琏、厉以宁、林毅夫等经济学界翘楚。2014年，已经连续举办14年的“CCTV中国经济年度人物”停办。

孙　亮　山东高速集团公司董事长

刘庆峰　科大讯飞信息科技股份有限公司董事长

第十四届中国经济年度人物评选·创新奖

蛟龙号团队

正是在这次颁奖盛典的现场，同为获奖人的雷军和董明珠站在舞台上，面对现场和镜头前的亿万央视观众，做出了一个惊诧众人的约定——10亿元的赌约！

说起两人的赌约，还得提到上一年度的颁奖盛典。也是在同一个舞台，当年身家并驾齐驱的王健林和马云也进行了一次对赌，只不过他们两人对赌的金额只有1元人民币。所以，晚会的现场因其二人的对赌，不仅引出了一些深远的经济话题，还添进了一些欢娱的成分。

以下为2013年度颁奖现场对话摘录：

主持人：让我们掌声欢迎小米科技董事长兼首席执行官雷军，格力电器董事长董明珠。当然，我们也要特别请王健林先生跟马云先生稍稍留步一下。刚才雷军先生跟董明珠女士走出来的时候，我觉得突然间舞台上出现了型男和美女的组合，这个是比较少有的。所以，我们要请你们两位跟型男美女多待一会儿。但是需要把你们分开，让他们在舞台上更光芒一点。我听说雷军先生最近有点烦，因为粉丝太多，因为小米卖的太火。烦吗？

雷军：还好吧。

主持人：董明珠女士，你刚才也看到，在双“十一”的时候，他们在那马云那儿卖的速度极快，几分钟。

雷军：3分钟突破了1亿。

主持人：3分钟突破了1亿，你烦吗？看到这个数字？

董明珠：我觉得很正常。因为我觉得现在这个大数据的时代，我们的电商模式也是新型的商业模式，所以它和实体经济的实体店同步发展，是很正常的。

主持人：所以你们两个身上代表了两种完全不同的发展模式。两位，我们请你们留在台上，也希望你们加入一下讨论。如果用一个词语来描述一下董明珠女士的模式，你们更愿意用什么词？

王健林：实体和实业。

主持人：您描述一下雷军先生。

马云：营销。

主持人：我们在两位身上发现了很多不同，我们把这些不同也呈现在屏幕之上，大家来看看小米和格力电器到底有哪些不一样的地方。如果从工厂的数量来说，小米是0，格力是9；员工数量小米是0，格力是7万以上；专卖店小米是0，格力是3万以上；营业总收入小米是300亿，格力是1007亿。这个非常明显，我非常认同王健林先生刚才说的实业。马云先生，您看到雷军从0、0、0，一直创下了300亿的应收，我觉得他好像是虚拟加虚拟的创新。不认同？

马云：格力有多少年了？

董明珠：23年。

马云：如果小米23年以后，还能够拿这张图那才叫本事。

主持人：所以雷军你有没有信心，23年之后，前面所有的都是0，而后面的总是会翻番。

雷军：我觉得差不多。

主持人：你的信心来自于哪里？

雷军：小米的盈利模式最重要的就是轻资产。第一，它没有工厂，所以它可以用世界上最好的工厂；第二，它没有渠道，没有零售店，所以它可以采用互联网的电商直销模式。这样的话没有渠道成本，没有店面成本，没有销售成本，效率更高；第三点也更重要，因为没有工厂，因为没有零售店，就可以把注意力全部放在产品研发，放在和用户的交流之上。所以，小米4000名员工，2500人在做跟用户沟通的事情，1400人在做研发。

主持人：我突然发现，其实你们两人在今天的现场，也许会有一个世纪之争。也就是你们两人所代表的生产模式，对中国的企业，对我们的转型升级来说，到底谁的后劲更足。不过，你们的竞争跟去年两位的竞争不一样，他们是在终端上的竞争，在互联网时代，传统和虚拟之间的一次竞争，这次你们的竞争应该是在生产环节上的竞争。刚才雷军先生已经迫不及待地说，他有多么大的信心，他的模式有多好，那我想请董总发表下看法。

董明珠：我想问雷军，当然我们俩都是来自珠海，我们俩是朋友，但今天不能不在这儿掐一下。

雷军：我绝对掐不过董总。

……

董明珠：我觉得雷军做得虽然不错，雷军刚才台后就跟我杠起来了。他说我相信5年以后我超过你，我就没回应他，我现在在台上说不可能。

主持人：那您跟他打个赌。

……

董明珠：这两个老总便是大家敬佩的老总，他们去年在舞台上赌了一场，其实都没输。其中有50%、50%，格力把这两个50%加在一起，你说输没输。

……

雷军：董总你讲完了吗?

董明珠：你讲完我再说。

雷军：其实女士优先，董大姐你还是先讲。

董明珠：我是老大姐。我觉得真的赞扬他是多数，确实他有一种精神。但是我觉得任何一个企业的发展，我们要兼顾的不是简单的个体的发展，或者三五年之内我追求的是利润，或者追求一个数据的变化。但是我觉得一个企业在发展过程当中，确实要考虑到现在是枝繁叶茂，快速成长，去年100多亿，今年300多亿，这种增长速度确实令人震撼。但是我觉得有必要想下枝繁叶茂的底下根在哪里，可能会绿叶长青3年，以后能不能永久，我觉得还是值得思考。

主持人：董总，您的架势会让很多米粉很伤心，雷军可是他们心中的

“雷布斯”，您现在这么说，他只能一直点头，所以您可以稍微温柔一点跟他说。

雷军：所以我觉得跟董总PK，我压力很大。

主持人：你怕你的米粉。

雷军：要不我还是说半分钟，刚才我的时间全被董总抢去了，所以董总绝对营销比我好。我简单地总结一下，我觉得第一个，格力是我非常尊重的企业，董明珠也是我非常尊重的企业家。她在传统制造和传统的消费电子领域做得非常好。但是今天在互联网时代，用互联网的基因重新做消费电子的时代已经开始了，小米就是这个方向的典型代表……我最后总结一句，小米模式能不能战胜格力模式，我觉得看未来5年。请全国人民作证，5年之内，如果我们的营业额击败格力的话，董明珠董总输我1块钱就行了。

董明珠：我告诉你说，1块钱不要在这说。第一，我告诉你不可能；第二，要赌不是1亿元，我跟你赌10个亿。为什么？因为我们有23年的基础，我们有科技创新研发的能力，而且我们保持了过去传统的模式。把马总请进来，世界就属于格力，你只有一半，不行的。马总你说呢？

雷军：刚才董总跟我挑战10亿人民币，你们觉得打不打赌？好，我们请马云担保，请支付宝担保。

雷军：我们用的是世界上最好的工厂和最好的管理。

董明珠：最好的工厂也是别人的，不是你的。我们是中国制造，中国创造。

雷军：我们是中国创造，你是中国制造。所以10亿人民币，我们必胜。

主持人：这个时候我要不站在中间，不然他们俩就会打起来。10亿元的赌局，跟去年相比……

雷军：关键是支付宝不敢担保。

董明珠：不要说马总不敢担保，我相信两位老总都敢担保。

马云：我觉得我一定要选择的话，我选择站在董总边上。

马云：一个企业，我在董总身上看到的是企业家的精神，互联网创业的思想。所以，雷总，确实小米这两年进步非常了不起，像我们这样的新经济企业，不仅成长快是必须的，但做得久才是最艰难的。数字经济、虚拟经济，没有实体经济强大的支撑是没法走出来的。所有的数字都是因为有实体，只有实体成长了，数字才会好看，这些数字才是扎实的。

王健林：我还觉得奇怪，我们两个颁奖嘉宾，为什么颁完奖不让我们两个走，站在旁边？我在想，让我们旁边看下他们在演戏还是在斗嘴？还是有点用处的，让我们评判一下。

王健林：不过小马哥往往出乎意料，我让他先选，他居然选了明珠。所以雷军兄弟，没的选，我就选你这部手机吧！

雷军：抱一下，抱一下。

主持人：在进入这轮争论之前，雷军和董明珠女士，你们互相看对方3秒钟，来。请问雷军先生，你在董总的眼中读到了什么？

雷军：杀气，董总杀气惊人。

董明珠：我没有看到什么，我看到的就是很正常的眼神。

董明珠：我觉得雷军嘴上不服输，而且王总最后为了考虑关系问题，站在他那儿去了，所以他自己心里有一种胆怯，说我是杀气。

马云：我自己更喜欢看到对方，就是小米的营销确实做得不错，但是营销是很容易学的。第二个，我也相信3年小米很有机会超过格力的销售额，假设格力不跟我合作好的话。第三个，咱们要有志气，即使销售额超过我们，不等于他企业模式比我们好。

王健林：我觉得企业竞争就是没有终点的马拉松。在长途比赛当中，最重要的就是创新，创新尽管大多数会成为先烈，少部分会成为先进，但是创新是企业竞争最重要的法宝。

雷军：我觉得是被董总误导了。小米专注于自己擅长的东西，然后把自己擅长的与别人最强的部分相结合。董总所有的事情是自己做的，所以董总这个模式有问题。

主持人：看他们两人的争论还会继续持续下去。其实今天的现场，我觉得完全看不出你们两人谁更占上风。要不请马总和王总再赌一下，他们俩未来谁能够走得更长久。

马云：董总跟我合作好了，就会走得更长久。

王健林：他们都赌了10亿，我俩不行了，还赌什么。

……

随着这场盛典的落幕，“中国第一赌”瞬间燃爆中国舆论场，董明珠和雷军又一次把公众们对中国商界的好奇心吊到了天上。

2015年广东人代会期间，列席会议的全国人大代表、珠海格力集团有限公司董事长董明珠一出现，就引来了众多媒体的追堵。面对各路记者，董明珠有问必答。然而，在谈到2013年底与雷军的“10亿赌约”，董明珠表示，随着小米涉足房地产业，“10亿赌约”已经取消。

话虽这么说，有关“中国第一赌”的戏说故事，却依然在流传。

四 开先河叫板政府

“经过了近1年的折腾，经历了一系列的质疑、投诉、复议以及不同专家小组的‘再审’，格力状告广州市财政局的案子似乎又回到了原点。但是，无论结果如何，格力空调状告财政局无疑成了2009年一道独特的风景。毕竟，这是企业状告政府的第一例。此前，还没有哪一家企业，因为不中标而敢向政府机关‘叫板’”。

这是2010年3月《新财经》上的一段话。与此相关的话题，在其他众多媒体上更比比皆是。这个又因格力而起的所谓“状告政府”第1例，究竟又是怎么回事儿呢?

事情还得从2008年说起。

2008年，举世瞩目的北京奥运会过后1个月，广州市政府采购中心对外公开发布了“广州市番禺中心医院空调采购项目”的招标信息。按照工程预算，该项目最高限价2220万元。此时，因美国次贷危机引发的金融风暴已席卷欧美。为了尽可能减轻这一风暴带来的影响，格力决定参加此一空调采购项目的投标，并在第一时间组织人员撰写了投标方案。

2008年11月4日，上述医院空调采购项目进行了开标、唱标，格力以1707万元的投标报价及其他方面的综合实力位列第一预中标供应商。11月5日，格力接到了广州市政府采购中心发出的“中标候选供应商”的通知函。这样的结果在业内人看来，也就意味着格力空调中标似成定局。于是，格力便按照中标程序提交了有关投标资料原件与采购人核对。

然而，就在所有人都认定格力功成之际，2008年11月21日，广州市政府采购中心在其官方网站上却发布了中标供应商是广东省石油化工建设集团公司，其同时公示的中标报价金额为2151万元，比格力报价足足高出了400万元。而原先位列第一、投标报价最低，且为众人看好的广州格力，却令人意外地被排除在外了。

这样的结果显然也大出格力所料。作为全国销量第一的空调品牌，格力显然需要弄清楚，究竟是什么原因导致了自己的最终出局。

面对格力发出的质疑，当时番禺中心医院回应表示，虽然格力空调质量不错，但是“格力空调投标的设备实质上不能满足招标文件打星号标记的条款”。

对于番禺中心医院这样的回应，格力方面在当年11月12日主动作了书面回应，并对相关质疑的问题一一进行了解释，认为自己投标设备完全满足招标文件星号标记的内容。

很快，格力被踢出局的消息，也激怒了董明珠。而据了解当年此事的一位内部人士披露，激怒董明珠的还有另一个原因。

原来，在格力投标前几日，广州格力空调投标代表李强接到了某投标单位代表的电话。对方在电话里提出，格力可以“开个价码，放弃投标”。这一要求，自然被格力断然拒绝了。听说此一事后，董明珠认为，该采购案中“围标串标”[①]的迹象比较明显。

面对疑似围标与串标的行为，格力不服，于当年12月22日向番禺区财政局进行了投诉，要求行政复议，恢复中标候选人资格，取消广东石化中标的资格。

针对格力的不服，2009年1月22日，广州市番禺区财政局驳回了格力的投诉请求。其在答复中称：“格力空调侥幸在预选中标排名第一，是因为评审专家不够认真，广州格力的投标文件不符合招标文件中有星号标记的一些具体技术参数。”

番禺区财政局这样的回复，显然进一步刺激了格力方面。于是，格力又向广州市财政局提出申诉。

---

① 围标称为串通招标投标，是指几个投标人之间相互约定，一致抬高或压低投标报价进行投标，通过限制竞争，排挤其他投标人，使某个利益相关者中标，从而谋取利益的手段和行为。串标，顾名思义就是串通投标，即投标人为获取中标而互相串通、损害项目业主利益，或是投标人与发标人、代理机构互相串通，损害其他投标人或项目业主利益，是招投标领域常见的一种企图非法获取中标的手段和行为。

经过相应调查，广州市财政局做出了行政复议决定，结论是“番禺区财政局仅以原评审专家第2次评审结果作为认定事实的最终依据，推翻了原评审结论，认定事实依据不足且有失公正”。

2009年4月22日，广州市财政局做出裁决，撤销番禺区财政局的处理决定，并责令番禺区财政局重新做出行政决定。

2009年6月8日，番禺区财政局在政府采购专家库中抽取7人，组成评标核实小组，重新审核格力的投标文件，启动了第3次专家评审。

在第3次评审过程中，6人认为格力空调的投标文件不符合招标要求，1人认为基本满足要求。按照少数服从多数的原则，核实小组最终得出结论：格力空调的投标文件不满足招标文件要求。

于是，番禺区财政局于当年6月16日发布投诉处理决定，认为广州格力“不能满足争议本次采购项目招标文件的实质性要求”。据此，番禺区财政局再次驳回了格力空调的投诉，维持了原有的意见。

这样的结果自然不能令格力信服，他们再次向广州市财政局申请复议。

2009年9月18日，广州市财政局做出了不同于前一次的复议决定——维持番禺区财政局的决定。

就在格力再次申请行政复议的时候，发生了一件令格力方面无法容忍的事。

或许是为了避免夜长梦多，防止事情可能反转，中标供应商广东石化迅速组织施工，很快就把所中标的空调全部装上了。用当年不少人的话说，“形成了既定事实，你格力能奈我何？”

“我们在复议的过程中，这个工程就动工了。就是说，虽然有这个程序，但是虚设的，没有意义的。”当年的董明珠即曾气愤地向媒体如此表示。

于是，格力一气之下便将广州市财政局推上了法庭，索赔金额6万元，“只为讨个说法。”

此消息一经传出，随即引起了媒体的极大兴趣，各种声音迅速汇集。其中，就有着“格力是招投标潜规则的破坏者”，董明珠也被扣上了“敢和政府叫板”的大帽子。

面对并不一致的舆论声音，董明珠曾对《南方日报》表示：“格力状告广州财政局不是要叫板政府，更不是跟政府作对。相反，恰恰是和政府站在一起。格力就像医生，把事情说出来是为了治疗政府肌体的脓疮。”

在董明珠的意识里，“格力与政府利益是一致的，都是努力推动阳光政府采购，维护人民的根本利益。”她显然不能同意，明明1700万元的项目，凭什么比拼不过2000万元的标书？反而要浪费纳税人的钱？

其实，早在2007年全国“两会”期间，已为全国人大代表的董明珠就曾对政府采购表示过自己的意见。

“在国家政府机关、国家重大工程、大型垄断国企、地方政府及相关部门的中央空调集中采购招投标过程中，即便民族品牌的价格比国外品牌低1/3，这些单位的集中采购仍然倾向于国外品牌。”

2009年11月2日，广州格力与广州市财政局的官司在广州天河法院开庭。然而，结果却出乎格力的意料。12月31日，广州市天河区人民法院以广州市财政局并非格力废标案的“适格被告”为由，驳回了格力的上诉。

对于这个出乎意料的判决，格力方面表示惊讶。根据当年广州格力法务部的意见，法院是在确定该案的原告、被告、诉讼请求、证据等各方面都得到满足的情况下才立案的。“当时我们与立法院的法官经过电话、当面等多次沟通，才确定了被告。同一个法院出现这样的情况，在程序上是有问题的。”“立案阶段已经讨论过的问题，没想到会作为驳回的理由被翻出来。”

格力不服广州天河法院判决，于2010年1月9日在上诉期限最后时刻，按《行政上诉状》递交广州市中级人民法院，再次提出上诉。格力方面要求，责令原审法院依法受理、继续审理格力公司在原审中的诉讼请求。

就这样，事件进一步升级，各路媒体的兴趣则越来越浓，网络上也充满了关于此事的各种评论。其中，有相当数量的主观声音认为，财政部门的人有猫腻。一时间，关于此事件的各种版本，盛传于业内外。尤其是“政府采购‘只买贵的，不买对的’”之说，更成为社会舆论一时的焦点。

笔者梳理并归纳了当年双方围绕此事件的第一手资料发现，格力方面与广州市财政局的争议主要在以下几个方面：

一是为何价高者却能中标？

据当年代表格力的律师谷辽海在广州天河法院庭审时所说，广州石化报价金额2151万元，超出广州格力所报价格444万元。而评标委员会第一次评审结果也表明，格力空调的产品质量和技术参数是符合番禺中心医院要求的。“政府采购招标为何是‘价高者得’？这完全是暗箱操作的结果。”

再回顾一下广州市财政局方面的代理人在法庭辩论时的回应，并没有关于差价的问题。他们只是强调，招标文件中明显要求，如果供应商的投标文件没有对有星号标记的内容做出响应，将被视为无效投标。

二是格力被指“技术不达标”，为何能以1707万元的最低报价成为预选中标供应商？

对于这一点，时任广州市财政局局长的张杰明曾回应：格力招标书不能满足该次采购项目招标文件的实质性要求，因为规则要求这些项目是必须要实质性响应的，而格力空调的标书当中没能满足这要求，“如果没有响应就作为踢出局的依据。”所以格力虽然在预选中中标，但最终也只能算是个废标。①

三是此次政府采购招标是否存在潜规则？

时任广州市财政局局长张杰明在一次全省会议上曾如此表示：“我要求他们（番禺财政局）用最苛刻的眼光看这个问题，发现任何瑕疵、任何错误，不要不敢承认。经过我们局政府法规处等反复研究，要求番禺财

① 格力被认定为无效标的关键点，便是财政局所说的“实质性条款”，也就是投标文件中带有“★”号的条款。按招标文件要求，应满足带有“★”号的室外机模块化设计至少拥有5种不同规格模块（8P、10P、12P、14P、16P)，并可任意搭配，最大能做到四个模块组合，冷量以2P为单位递增，单套系统制冷量应满足设计图纸最大系统要求。对照格力的投标标书，虽然在此项条款上写了“满足”二字，但在其紧跟的表格中只标明了2个8P，未单独写出16P。这便是最终采购人认为格力未满足标书中“★”号条款的直接原因。

政局重新抽取专家组织评选。考虑到用同一批专家评2次，可能会存在一些利害关系，所以番禺方面再次随机抽选了数位专家再复议，但是专家们仍然认为格力不行。这个结果报上来后，我们觉得没有不妥，就维持了决定。格力仍然不服，把广州财政局高调地告到天河法院。当时在法庭上我也表明了观点，法官也调查了，最终驳回了他们的诉求。可是格力仍然不服，再次上诉到中院。”

也正是在那一次的会议上，广州市财政局做出了强硬的表态：“因为政府采购告广州市财政局的案子，还没有一单赢的；不是说我们做事厉害，是我们做事有原则。”

2010年2月，广东省“两会”召开期间，身为全国人大代表的董明珠再次就空调采购事件表达了自己的愤怒，还向时任广东省委书记的汪洋面对面倒出了苦水。她一度话语鲜明地指出，一些政府采购存在着不公平。

至于广州市财政局认为格力借此进行炒作的指责，董明珠更表示出很可笑。她针锋相对地做出了回应：“南非世界杯中央空调用的都是格力的，奥运会媒体村里，有价值1个亿的格力空调。这些要求非常苛刻的地方，格力都进去了，我需要借机炒作吗？”

写到这里，当年董明珠面对时任广东省委书记汪洋所说的一段话，很是令人触动。

我们格力去年缴税交了26个亿，在全国家电行业里已经第9年排名第一，一个企业税收有贡献才能体现对社会有贡献。但我希望政府能够给我们支持，最大的支持是一个公平的环境。

就像去年的政府采购，我1700万第一标中标，而且是自主产权的技术。而对方竟然找了个理由，说你的文字错了一个字要把你废标，选了个2100万的，多了400万。这家的产品质量肯定没有我好，我在这里可以这样说。

我作为政府的纳税人不禁要问一句，你把这400万弄哪里去了？所以我认为政府给我们最大的支持不是给钱，给钱有什么用？钱从哪里来？还不是靠我们企业纳税？所以政府要给我们的是公平公正的环境，让我们去竞争。

特别是我刚才说的自主品牌，没有自己的技术是要被别人打垮的。你有自己技术，自己人都不来支持你，消费者终端零售中老百姓买我的空调占了50%，而一个政府采购却不要我的产品，理由何在？

“铁娘子”董明珠如此感慨，在今天看来依然掷地有声。

面对火气冲天的董明珠，当时的汪洋书记给予了安抚，并乐呵呵地告诉董明珠：“告他。”

书记的这句话，似乎给了董明珠更足的底气。

“我就是告他，我现在就去告他，但是告了以后，广州市天河区法院给我的回答是我们告错了对象。当我们还在走程序的时候，医院就这么目中无人已经在装空调了，《政府采购法》还有没有意义？”

细心的人看到了汪洋眉头一皱，说：“义愤填膺啊！这些事情我估计广州的书记、市长都不知道。”

董明珠依旧气愤地说：“我这不是跟政府叫板。个别人的行为不能代表政府，这是破坏政府形象。”

“我到广州市问问。”听到汪洋这样的回答，董明珠马上接话，“太好了，我在这里先感谢一下。既然我们在走程序的时候他们已经装了，我无所谓，但最起码我要帮政府把这400万的损失找回来。这是政府的，大家的，不是个人的财产。”

“铁娘子”顺着杆子往上爬的意味，让汪洋连忙补充说：“我过问并不表示你胜了。关键是要有公理，也可能你认为你的质量比竞标对手好，而对手的质量的确比你好。”

“不可能。中国唯一一个世界品牌不是从天上掉下来的，国家的技术研发中心全中国就一个，就在我这里，这就是实力。如果没有竞争就会落后，竞争是正常的，但是我希望政府给我一个能够充分公平竞争的环境。我们和日本大金合作生产空气净化器，这种产品对消除室内的甲醛是非常有效的，我们要把第一台送给您体验一下。”董明珠转而郑重地说。

再看汪洋书记，一派乐呵呵地：“你要告诉媒体没真送给我哦，只是说说而已。”

而董明珠也不失时机地向汪洋表态：“我们曾经向总书记保证去年达到400个亿，而去年达到了430个亿。所以请汪书记也放心，我们格力电器代表珠海的企业，不会给你们丢脸，只会给我们广东增光。”

“相信你说到就能做到。”汪洋十分高兴。

董明珠面对省委书记的话，瞬间成为各大媒体竞相报道的话题。至于媒体刊发出来的标题，更多的便是“董明珠发飙了”。

如《中国企业家》当时即有着这样的评论：“格力董明珠PK广州市财政局，纵使输了官司，也要赢了气势。”

格力电器总裁董明珠怒了，这次，她直接把状告到了“封疆大吏”、广东省委书记汪洋那里。直言格力空调在广州市政府招标采购中遭遇“不公平”。

……

政府采购招标是否存在潜规则？

省人大代表、律师朱列玉表示，他一直很留意这个案子的进展，但从来没认为财政局或者哪个领导一定有问题。但是他赞成大家都来关注这个案件，因为社会的民主法制进步要靠着一个个事件去推动。“比如说政府采购，我们都希望它更阳光，不要搞出些鬼名堂。格力废标案对社会的发展是有推动的。”

媒体的如此反应，终于让被格力告上法庭的广州市财政局忍耐不住了。时任局长亲自表态：“以很苛刻的眼光来看，广州市财政局在这件事情上没有任何不妥，都找不到一点瑕疵。格力空调本身的价格并不低，甚至比对方的报价还高一点。但格力后期服务这一项的报价只有4万元，而对方是400万元，差价主要在这里”。

格力举起了法律武器状告广州市财政局，既引起了反响，也引起了深思。

俗话说：“民不与官斗。”董明珠为何追着财政局不放？她难道不懂得这需要冒很大的风险吗?

作为一个历经世事沧桑的女强人，董明珠显然要比常人更懂得这一切。而之所以较劲儿，则是“格力要做有责任感的企业公民，也对政府采购环境越来越阳光充满着信心”。在董明珠的意识里，这是让“中国创造”走向世界的一个重要条件。

不妨把话题扯远一点儿。

2003年，在一部关于“政府入世”的著作中，笔者曾就“政府采购”有过专门详述。

政府部门的采购体制进行改革以来，舆论便有声音认为：政府采购是除直接拨款外，政府派给民营中小企业最直接的“大红包”。有这样的声音，还是因为此类企业规模普遍较小、能力有限、获取信息的成本明显高于其他类企业。而政府采购进行阳光改革后，便被寄予能大大降低中小民营企业的交易成本。

然而，真能享受到这个所谓“红包”的，又有多少人呢?

2002年6月12日，浙江省金华市益迪医疗设备厂因为对政府招标行为的公正性存有质疑，并认为自己遭遇侵权，将农业部全国畜牧兽医总站和农业部畜牧兽医器械质量监督检测中心告上了法庭，从而引发了媒体称之的“政府采购第一案”的诉讼。该案在北京市朝阳区法院正式开庭审理。

这起案件，虽然要求侵权损害赔偿的标的额只有15万元，但时值我国《政府采购法》即将出台，还是引来了舆论的广泛关注。广大媒体之所以对此案如此关注，最主要的原因，还是此官司的诉讼内容——对“阳光交易”透明度存在的一般性质疑。这种质疑，正是因为社会上对曾经寄予厚望的“阳光采购”出现了不少失望之声。

最终，北京朝阳区法院审理的“政府采购第一案”也以被告胜诉结束，但从媒体报道的招标过程看，招标采购程序、准入资格审查等方面确实存在许多问题。如“机构设置没有实现分权制衡”“有法不依尚未有效遏止”“相应的监督力量还不够强，投诉举证存在不少困难”等等。

这些问题在10多年前虽然不少见，但10多年后的今天，似乎依然存在着。

话题再回到格力诉广州市财政局。

2010年5月20日前后，董明珠发飙、挑战广州市财政局的事件，传来了另外的消息：相关诉讼撤销，双方都得到了各自想要的东西。

据当时《羊城晚报》消息：格力代理律师谷辽海透露："收到了广州中院的撤诉裁定书，得到了双方都想要的结果。预计广州荔湾区法院的撤诉裁定也将很快寄到。"

而媒体后来披露的行政裁定书中有着这样的内容："上诉人广州格力空调销售有限公司因诉被上诉人广州市财政局行政复议决定一案，不服广州市天河区人民法院(2009)天法行初字第91号行政裁定，向本院提起上诉，本院已依法受理。在审理过程中，上诉人广州格力空调销售有限公司于2010年5月8日自愿向本院提出撤回起诉的申请。"

原来，当年4月28日那天，广州市中院召开了"格力废标案"协调会议，由该院领导亲自主持，内容包括格力起诉的行政案和民事索赔案。就是在此次协调会后，格力代理律师才向外界表态，涉案的各方"言谈欢畅，并达成互谅"，格力方面决定在当年"五一"假期之后撤诉。

这样的一幕，与此前广州天河区法院和广州荔湾区法院分别开庭的现场中，当事双方剑拔弩张、据理力争的情景，形成了180°的大转弯，双方"皆大欢喜"。

至于格力想借此案进行炒作的质疑，直到撰写此书时，笔者也没看出董明珠团队有什么特别的理由和需要。

一段时间后，董明珠在回应《中国第一经财》专访时表示："很多网友的评论都在力挺格力。其实公道自在人心，零星的声音是必然存在的，因为这是那一部分人的声音，是很正常的。每个人都有自己的观点，都有一个评价是非的标准。你不能因为好人多就认为所有人都是好人，坏人肯定也是存在的，这个事情没有必要去跟他较这个真，自有公论。"

"你破坏了一些人的既得利益，他肯定怨恨你，但你失去1%，可以得到99%的信任。"

五 “死亡代言”的魔咒

所谓的“代言”，顾名思义是“代他人而言”。而“代言人”则是一个宽泛的概念。广义说，它是指为企业或组织的赢利性或公益性目标而进行信息传播服务的特殊人员。所以，代言人可以存在于商业领域，如众多公司企业广告中的名人；也可以出现于政府组织的活动中，如公益大使等。

在商业领域，代言人如果再进行细化，可以分为企业代言人、形象代言人和产品代言人三个类别，它们是一种包含与被包含的关系。从这个意义上考察，代言人无疑是随着现代市场经济和社会开放性发展而发展的，是原始广告模式逐步升级换代的结果。

在笔者的印象里，能清晰想起来的最早一则电视广告，要数20世纪80年代中期的那个“燕舞，燕舞，一曲歌来一片情”了。可惜，如今都只能属于记忆中了。

不同类型的代言人，自有其不同的职能与要求，其中最普遍的要数“形象代言人”了。形象代言人的职能包括各种媒介宣传、传播品牌信息，扩大品牌知名度、认知度等，并参与企业公关及各种形式的促销，在最广泛的层面上促成市场认知和购买行为的发生，最大化地帮助企业建树品牌美誉及市场忠诚范围。

所以，渴望发展、心怀大志的格力，自然也少不了这样的“形象代言人”。

2010年2月，中央电视台播出了一则广告，广告中的人物第一时间就吸引了观众的眼球，他便是中国百姓再熟悉不过的一位知名人物——成龙。再看广告中的企业和产品，正是格力电器。在这则新的广告中，成龙骄傲地伸出大拇指：“格力掌握核心科技，成为世界名牌！”

原来，格力打破了原有的广告模式，改用形象代言人了。自此，成龙正式代言格力电器，成为格力企业广告宣传的主角长达4年。

在成龙代言之前，格力的广告被业内人称为“没有下功夫”。如格力的广告册即曾受到广告业的一致批评，被认为不会包装自己、塑造自己，“显得保守和不够丰满，不够充分，没有体现自己的特色，资源优势和第一品牌的力量并没有塑造出来。”

而同行的美的、海尔等，持续发动着强烈的广告攻势。如美的2010年广告费用就达到10亿以上，如果再算上其他的品种就更不得了了。不仅仅是央视，全国的卫视、网站、地方的媒体、户外等等，都显露出美的疯狂砸钱的强势。而其背后代表的，正是美的想做空调业王者的战略意图。

所以，在2010年前后，国内空调品牌格局也呈现着悄然的变化，美的关注度仅次于格力，在业内便有着“双寡头的局面”之说。而就在不久前，空调排名第二的还是海尔呢！

在成龙代言的广告出来后，格力的形象被誉为“耳目一新”，得到了广告人士的好评。按权威者的说法，两者核心内涵吻合度极高。“成龙代言”不仅可以发挥其健康积极的国际形象，还能让全球消费者更深入了解格力的品牌价值和创新能力，符合董明珠“中国制造”的特别使命。

这种说法确有其道理。成龙身为当今的国际巨星，已成为中国人走向世界舞台的典型代表，也是中国人的骄傲；再看格力，从名不见经传的小厂，到坚持自主创新、以精品品质代表“中国制造”的全球最大空调制造商，两者拼搏向前的精神和务实可信的形象自成一体。

2014年初，巨星成龙代言的格力广告，突然间淡出了人们的视野。取而代之的，则是一条由格力电器董事长董明珠亲自出马、万达集团董事长王健林共同携手出镜的广告片，频频出现在各地荧屏之上。

当时广告业内即有消息传出来，成龙和格力方面并没有什么矛盾或纠纷，双方是“合同到期的和平分手”。至于双方为什么没再续约，还是事后董明珠揭开谜底的。

2014年6月，在接受多家媒体专访时，董明珠谈到了成龙代言格力的话题。她对双方没再续约，给出了“可以节约成本”的解释。董明珠表示，动辄花几千万元请一个明星代言“是一种浪费”，正因为如此，格力终止了与成龙的合作，“1年毕竟还是节约了1000万元”。

当然，并非所有舆论都认可董明珠的省钱之说。

因为在不少业内人士看来，成龙代言格力的几年时间里，格力呈现出了非同一般的增长率。以营收为例，2013年格力电器实现同比增长19.44%，其2012年营收同比增速为19.43%，2011年该项数据为37.35%，而2010年成龙代言当年，格力实现了高达42.62%的同比增长。再看成龙代言的前一年即2009年，格力电器的总营收额还只有426.37亿元，与上一年同比几乎是零增长。

或许是因为看到了格力业绩节节攀升的实际情形，业内外不少人士都对格力放弃明星代言的做法一度表示了不解。

如同一位长期关注格力电器的资本权威学者所说：“请明星做广告肯定是要花钱的，但为什么还有那么多企业要花这个钱，肯定是看中明星代言的效果，否则那么多企业家也不是傻子。”

于是，更多站在一旁的人，开始谈论起了明星代言的“双刃剑”话题。

关于明星代言的“双刃剑”话题，其实坊间早有议论。至于成龙的代言，甚至在娱乐圈早有了一些调侃的段子。

细心的读者都会记得，成龙代言的企业或产品并不少，如霸王洗发水、爱多DVD、小霸王学习机、汾煌可乐……不过，一些段子手们正是从这些代言中制造出了一个段子。因为代言的霸王洗发水等产品相继出现争议，代言的爱多、小霸王、汾煌可乐等品牌也未能获得成功，有的甚至破产倒闭，舆论间便有声音“呼吁”——让成龙代言中国房地产，好让买不起房的人看到希望。

这个段子调侃的，便是成龙的“死亡代言”话题，其实也是明星代言的“双刃剑”表现。然而，类似的调侃早在成龙代言格力之前就已存在，显然不是格力不再续约的真正原因。

就像一位资深广告人所说：“一般情况下，企业终止与明星的合作，要么是觉得二者的定位不太一致了，或者找到定位、价格更合适的人选了，要么就是原来的合作对象自身出了问题，比如有了什么争议，已不适合继续代言了……”

要是按此说法，2014年前的成龙还真有过一系列争议性的舆论话题。

2013年初，成龙无意间一句“我会想看到部分国家出现灾难，像是大海啸或者是大地震”出口，迅速上了各路媒体。因其国际知名人物的特殊身份，这一言论更是被国际舆论放大，进而遭到密集的口诛笔伐。

同年4月，成龙又因一个举动，引得大部分国人极为不爽，舆论指责之声不断。原来，成龙通过微博，公开宣称向新加坡某大学捐赠徽派古建筑，并表示“让全世界的学生了解我们中国的传统文化和古建筑”。

尽管随后成龙又诚恳地表示：“不会做犯法的事，更不会做对不起民族的事。”但因此事引发的轩然大波和争论却持续发酵。

不久，成龙之子房祖名在长沙宣传新片《意外的恋爱时光》时，又力挺父亲成龙的捐赠，更透露成龙因为不能在香港修复这些古建筑，而“有一点点生气”：“他原名就叫陈港生，当然很想为香港做点贡献，但香港政府一直没有特别支持，只把它们当成房子而已，没有任何规划和空间去收藏，所以他只好捐给同样有华人的新加坡。”

房祖名同时还透露，如果香港特区政府没有特别支持，“余下的几栋搞不好还会送给别的国家。”

这样的公开表态，犹如火上浇油。

一些权威人士即表示，虽然成龙自认为是在传播中国文化，但假如这些建筑都是文物，他的捐赠行为可能违法——根据新的《文物出境审核标准》，凡在1949年以前(含1949年)生产、制作的具有一定历史、艺术、科学价值文物，原则上禁止出境。

就此，故宫博物院古建修缮中心的李姓主任就曾公开表示，目前徽派、晋派古建筑一般都不允许出手，更不要说出国了，何况拆建送往他国。“中国的东西，还是应该留在原来的地方。离开本地以后就失去了它本身存在的价值，意义也没有原地保存大了。”

“尽管国内古建筑保护或许尚有不足，但希望曾演绎‘文物侠盗’

的成龙能将本国瑰宝留在国内。”发表此类话语的国人，在网络上则不计其数。

不管如何，成龙代言格力毕竟已成过去。2016年3月，北京全国两会期间，董明珠接受采访时再次表示：“原来成龙代言企业，但哪个企业给他代言都死掉了。格力也给他代言了2年，但格力没死。”

“只要我认为我做的是对的，就不会有压力，你不能强求每个人都认同你的观点。你觉得对，别人换个立场觉得不对，这没有关系，用时间来检验，没有必要去争执。”

“铁娘子”依旧不改的，还是她那直露心声的霸气。

第11章 马云要少，董明珠要多

2015年9月底，中国国家主席习近平访问美国，一家中国企业在《纽约时报》发表了整版广告，用一句『让世界爱上中国造』轰动了当地舆论。几乎就在同时，这家企业在中国国内各大城市也投放了自己的形象广告——鲜红的背景，董明珠的头像。几个月后，又是与这家中国企业密不可分的一句话，引爆了各路媒体、大街小巷——『不能没有马云，但不能有太多马云。至于董明珠嘛，越多越好。』

再看各路媒体上，都有董明珠在那儿开怀大笑……

一 “铁娘子”的“工业精神”

企业家常见，优秀的企业家并不常见。至于既有理想、又有智慧的企业家，则如同仙草灵芝般稀有珍贵。

如今，翻阅一些已经出版的著作或文章中，提到董明珠时，往往都会与“营销女王”连在一起，并将格力今天的巨大成功归功于董明珠创造的营销精神。而在笔者看来，董明珠虽然出自营销一线，并长时间主导着格力的营销队伍、市场，但如果就此认为她带给格力的只有营销，未免过于偏颇。

其实，如同前文所述，自从负责格力一方市场开始，董明珠便有意无意地关注上了格力产品的质量和技术。为此，即使是一个普通的业务员，董明珠也曾多次就产品质量面陈朱江洪。而在担任格力营销部长后，她更是无数次告诫自己的部下，“再优秀的营销技巧也不如产品本身质量过硬重要”的发展道理。

本书写到这里，该是专门讲述一下非营销的董明珠了。非营销的董明珠自然包括多个方面，但笔者这里专门想说的，还是制造的董明珠。

提起董明珠对于“制造”的另类情结，话题还得从1994年说起。

这一年，董明珠结束了3年的业务员生涯，回到珠海格力电器总部出任经营部部长。也就是从这个时候开始，关于格力产品的品质意识，便坚定地生长于董明珠的脑海里。自此，被喻为开创了中国工业史先河的“工业精神”，在格力悄悄生长起来。

所谓的“工业精神”，是相对于“商业精神”而言的。就本质来看，“商业精神”和“工业精神”都需要追求利润，只是各自获取利润的方法和路径存在着明显区别。而在董明珠看来，“商业精神”更注重结果而非过程，“工业精神”则是科学精神的实际延伸。同时，“工业精神”更讲求信用，讲求公平竞争和长远利益，被公认为是一种“吃亏精神”。所以，董明珠才会感慨：“在制造业中，如果‘商业精神’占据了主导地位，就会更富于投机性、更短视和产生更多的不正当竞争。这种状况会使企业的生存发展远离‘工业精神’，使得工业家们也像商人一样行事，其结果必然是工业行为的短期化和商业化。”

2013年8月的一天，在格力办公大楼一层重新装修的格力展厅里，董明珠亲自上阵，如数家珍地向众多媒体介绍格力每一件产品的技术特点和研发过程。当时的董明珠依然有些得意地表示，“我要是搞技术，一定是一个非常棒的技术人员，我对技术有一种天然的热爱。”

笔者在翻阅当时媒体的文字时候，也读到了这样的话：“此时的董明珠不像那个传说中的‘营销女皇’，而更像一个专业的技术人员。”

如果就此再向前梳理到2003年，便是董明珠在格力正式倡导“工业精神”的年份。此间，董明珠反复强调，不需要售后服务的产品才是真正好的产品，企业的营销必须以产品为核心，而不能单纯地以营销谈营销，为销售而销售。这些话被业内认为是董明珠开始倡导“工业精神”的前兆。

不久，下面这篇文章便在媒体上传开。

我想我是寂寞的，至少在中国的制冷工业界。我一直把踏踏实实做事的“工业精神”作为格力的发展信条之一，但真正读懂其中含义的人又有多少？

……

最近开始读《亨利·福特自传》，是的，就是那位给美国“装上了车轮子”的福特先生的自传。因为扉页上的一句话——“消费者是我们工作的中心所在，我们在工作中必须时刻想着我们的消费者，提供比竞争对手更好的产品和服务。”这句话，让我颇有觅得知音之感，于是我决定好好地读读福特，读读他的人生。

《亨利·福特自传》写的是福特事业的起起落落，从他的出生一直到他第一辆汽车的诞生，福特经历了许多艰辛，也体味了许多常人无法理解的快乐。我喜欢书中执着得有些傻气的福特——他不断地离开一个又一个稳定的工作，离开父亲的农场，不断地研究、实验、再研究、再实验……如此的艰辛只是因为他喜欢机械，因为他有一个不需要马拉的车的梦想。在许多人看来，只有傻子会放弃安逸的生活去追求一个无法承诺财富的梦想。或许也是性格使然，我总觉得事业是实实在在干出来的，至于宗旨和理念是人人都可以说的——有点偏执的感觉，或者说有点傻。但我想，不太聪明也许正是成功的开始。阅读《亨利·福特自传》后，我的这种想法得到了更确切的验证。我想，也是基于同样的原因，很多人无法理解格力坚持只做空调不搞多元化的战略，无法理解仅因为理念的不同便向国美公开叫板的做法。

……

所以，在聪明人居多的美国，只有一个发明汽车的福特。而同样，在快速发展的中国工业界，也很难找到与格力惺惺相惜的同行知音。

福特生活的年代，许多人都从杂志上知道了“自动发动机”，但这只引起了人们的兴趣而非热情。没有人对它进行研究和实验，除了冒点傻气的福特。福特先是弄清了发动机的原理，然后有了制造双缸发动机的构想，之后在1892年成功造出了他的第一辆汽车——他的执着精神造就了他成功的开始！

我可以想象年轻的福特如何在自己的小车间里不断地研究、实验，就凭借着不多的资料，摸索着将一个个别人从来没想过的构思变为现实，我可以体会他的快乐和艰辛，这也是每一个从事工业的人必经的心路历程。

工业与商业是不同的。这是一座用思想与汗水、一个零件一个零件构造起来的大厦。大厦的高度，取决于地基的牢固程度。因此，侥幸与投机在这里都不管用，只有秉承一种“工业精神”，朝着理想一步一个脚印地前进，才能走向未来。

100多年前，福特因为执着的“工业精神”而成功。100多年后的今天，做企业、做事也同样需要“工业精神”。

格力这么多年的发展历程，让我深刻体会到，企业的发展不仅要具备核心竞争力，更需要一种灵魂性的东西来充实企业的精神文化。从我个人的实践来看，尽快推动企业发展的精神动力从“商业精神”到“工业精神”的转化，就是当前中国企业发展的一项灵魂性的支撑，也是企业需要迫切实现的任务。

改革开放至今，中国的大部分企业长期用“商业精神”来指导企业和市场的发展，什么赚钱做什么，完全用利润的标尺来衡量企业发展。但这把“利润的尺子”把企业推向了追逐利润的沼泽，价格战、同质化、产能过剩等都是“商业精神”带给中国制造企业无法逃避的后遗症。

纵观世界经济发展的历史，我们不难发现，那些长期领导行业发展的领袖企业，从表面上看似乎是在“商业精神”的指导下，实际上，其发展核心动力就是一股“傻劲”和“吃亏的精神”。如果没有当年福特坚持只做汽车不做金融的“傻劲”，就不会有今天的福特汽车；如果没有比尔·盖茨放弃房地产暴利不赚，专心于软件产业的“傻劲”，就不会有今天的“微软”。所以，真正能支撑一个企业走向未来的，不单是技术，还有精神。这种精神就是“工业精神”。

与传统的“商业精神”不同，我所理解的“工业精神”，应该是指少说空话、多干实事，全心全意关注消费者需求，主动承担社会责任，用企业的力量推动社会发展，所有行为都必须抱着对未来负责任的精神，简单说，就是“吃亏精神”。有了这种“工业精神”，就可以把人的力量和智慧无限地聚合起来，实现最大程度的自主创新，创立民族品牌，推动中国的制造推动中国的制造业和经济向前发展，并与世界接轨。

在我心中，真正的从事工业的人，必定是“工业精神”的实践者，即有理想、有抱负、有社会责任感，愿意为了这些而放弃眼前的利益。真正的从事工业的人，会把推动社会进步作为自己事业的核心，而非简单地赢取利润。当代中国要发展，需要的就是这种真正的从事工业的人和他们的“工业精神”他们获得利润，但并不仅仅为了获得利润！他们的利润来自于自主创新而实现的核心技术的发展。

我自认不是一个聪明的人，不太会衡量所谓的得失，只一味朝着认定的方向前进。对我而言，格力的方向就是我的方向，就是制造出中国乃至世界的好空调的方向。我希望格力空调能成为世界上叫得响的牌子，能让中国的空调业在国外同行面前挺直腰杆。为了这个目标，格力只做空调，不给自己留一点后路；为了这个目标，格力建起了中国最大的空调实验中心……

我不知道还要放弃多少、付出多少，才能完成格力的梦想。但我明白，只有坚持“工业精神”，勇敢地走下去，才有可能到达彼岸，因为福特就是这样开启他成功的第一章的。

这篇文章即出自董明珠之手。就是这样一篇文章，一经刊出，便吸引了各个层次的读者。业内外各种舆论，则就此掀起了关于“工业精神”的大讨论。10余年后，当笔者再次完整呈现这篇文章时，依然被“铁娘子”内心深处那种强烈的“工业精神”深深地感染着。

如前所述，在董明珠看来，“工业精神”在本质上有两点表现：一种是“吃亏精神”，这也是不变的精神；第二种就是“挑战精神”。前者意味着格力不投机取巧，不能弄虚作假，所以格力空调比其他品牌要重，冷气要强，十年磨一剑，十年做一件事。而后者则意味格力代表的中国制造业，应携手赶超德国制造、日本制造、瑞士制造，赢得中外消费者的信任。

笔者亦曾亲耳听到，董明珠曾表示，早期的中国制造更多是一个代工的名词，就是一个加工厂，基本没有什么技术含量。就像2005年前，中国空调业还没有能效概念，仅相当于风扇的升级。

而自“工业精神”公开倡导之后，格力便演绎出了一个民族品牌跨越式成长的传奇。如在“工业精神”的践行下，格力为世界贡献出了高品质的产品，获得全球首张环保空调证书；而不用电费的光伏空调推出，更让格力在业内一路遥遥领先。2012年，格力更成为中国第一个销售额突破1000亿元的家电品牌上市公司。而在全球市场上，格力空调则连续多年保持着市场销量第一的位置。

格力电器跨越式发展的历程，仅从其自创的广告语就可见一斑。如由“创造良机”到“好空调格力造”，长达20年；2010年，格力又提出了“掌握核心技术”；2年后，又提出“让天空更蓝，大地更绿”……这些广告语的背后，都是格力企业发展的一个个缩影。

所以，董明珠后来表示："一个企业做到一定的时候，一定是和国家的利益相一致，你要有社会责任感。中国制造走向中国创造，我们看到的更多是责任，格力后10年发展，主要是提高质量，创新技术。2006年前，我们虽有专利，但不是突破性专利，最主要的是我们思想没有解放。这两年强调自主开发，突破很大。比如磁悬浮技术、永磁同步变频离心机技术等，都是我们自主研发的。有这么多技术后，便一发而不可收，又开发了不用电费的空调。这些具有颠覆性的技术突破，使得格力成为有含金量的企业，能够站起来的企业。"

二 “让世界爱上中国造”

2017年5月4日在深圳会展中心，中国深圳电子消费品及家电品牌展正式开幕。进入会场，每一个人都会被一幅油画吸引。然而，驻足下来的人们却发现，它并不是一幅简单的油画。它11.2cm至薄机身、拥有蒸发器自洁技术、配备PM2.5智能检测……原来，它是格力新研发的高科技产品，颜值担当的艺术空调——格力·画时代。这种新产品突破了传统空调单一的外观，与众不同的造型让人眼前一亮，被媒体惊呼为“高颜值的实力派”。就在这台新产品的上方，“让世界爱上中国造”8个红色大字，分外夺人眼球。

此前的2013年，为进一步提高国际竞争力，抢占新工业革命制高点，德国率先推出了“工业4.0”战略，希望以信息物理系统为基础，在生产系统及过程中形成“智能工厂”，在生产物流管理上实现“智能生产”，整合物流资源上实现“智能物流”。

无独有偶，工业实力强大的美国也有着自己的“工业4.0”，将自己强大的互联网技术融入传统制造业，将发展先进制造业上升为国家战略，试图保持美国的长期竞争力，表现出了“工业互联网”的特色。德、美两国“工业4.0”的叫法虽有不同，但终极目标显然是一致的。真正的战略家们都明白，国家制造能力的强弱，决定了自己在新一轮工业革命、军事与国防竞争中所处的地位。

面对新一轮全球竞争的复杂环境，我国政府也早就有意布局，并在2015年提出了《中国制造2025》。“中国制造2025”将中国的制造提到了“智造”的高度，自主创新、技术原创，成为中国优秀制造企业的必然追求。所以，“中国制造2025”也被誉为中国政府实施制造强国战略的第一个十年行动纲领。[①]

“中国制造2025”的提出，在国内外引起了关注。尤其是全球化金融危机洗礼后的中国企业界，犹如巨石落水。

“中国的企业家，应该更多地聚焦实业。没有实体经济，就不会有中国经济的未来，没有中国制造，就不会有国家的全球尊严！”说这话的，正是格力格力电器董事长董明珠。

时隔不久，2015年9月22日，中国制造业界的众多企业家们齐聚珠海，一起见证了格力电器发布的新品牌口号——“格力，让世界爱上中国造”。

在董明珠看来，中国企业家精神与国家命运、国家战略正在重新会聚。“让世界爱上中国造”8个字，正是我们这个国家，和这个国家的企业们，多少年来的心愿和追求，也是国家工业精神的重新凝聚。

董明珠是这么想的，她领导的格力也早就这么践行着了。

2004年，与国美决裂之后，格力决策层便意识到了国内市场竞争的激烈程度，企业利润将会因此越来越受影响。为了提前应对可能的不利局面，提高自己抗风险的能力，格力管理层统一了共识，必须加快开拓国际市场。

对于开拓国际市场与巩固国内市场，董明珠有这么一句话：“不是鸡蛋放在一个篮子里有风险，而是风险随时都存在，问题是有没有抗衡和预防风险的能力。因此，格力只做空调，从家用空调到中央空调，必须不断向前，不断进步。”

董明珠的宣誓，意味着格力“走出去”、谋求全球化发展之路正式铺

---

① 《中国制造2025》提出，坚持“创新驱动、质量为先、绿色发展、结构优化、人才为本”的基本方针，坚持“市场主导、政府引导，立足当前、着眼长远，整体推进、重点突破，自主发展、开放合作”的基本原则，通过“三步走”实现制造强国的战略目标。第一步，到2025年迈入制造强国行列；第二步，到2035年中国制造业整体达到世界制造强国阵营中等水平；第三步，到中华人民共和国成立100年时，综合实力进入世界制造强国前列。围绕实现制造强国的战略目标，《中国制造2025》明确了9项战略任务和重点，提出了8个方面的战略支撑和保障。2016年4月6日国务院总理李克强主持召开国务院常务会议，会议通过了《装备制造业标准化和质量提升规划》，要求对接《中国制造2025》。

开。而在此之前，格力也有着更为久远的全球化故事。

20世纪90年代末，朱江洪去欧洲考察市场。一次，朱江洪途经法国海关，刚开始工作人员对他很是恭敬后倨，后来发现他是中国人时，不但蒙娜丽莎般的笑容没了，还故意刁难起来了。原来，法国海关工作人员开始把朱江洪误认为日本人了，才会表现得一派恭敬。

这次不寻常的欧洲之旅，深深地刺痛了朱江洪，也激发了他要把格力打造成世界品牌的决心和勇气。

此后，随着格力在国内市场的攻城略地，朱江洪和他的管理层也开始谋划着格力的“走出去”战略。

就此，朱江洪曾如此表示：“在经济全球化的大潮中，企业很难找到一个避风的港湾。中国企业在未来的舞台上想要立足，就必须主动和勇敢地走出国门，积极参与国际竞争和角逐。只有这样，我们才能建立自己的全球竞争力，中国才能诞生真正的世界品牌。”

经过反复讨论，格力管理层就“走出去”达成了如下共识：是否能持续获得消费者的认可，在有市场需求的情况下，再考虑投资建厂。

在这个共识的指引下，格力把自己“走出去”的首站选在了巴西。

巴西即巴西联邦共和国，是南美洲最大的国家，享有“足球王国”的美誉。其国土总面积居世界第5，总人口超过2亿。巴西拥有丰富的自然资源和完整的工业基础，国内生产总值位居南美洲第1。巴西是全球发展最快的国家之一，是重要的发展中国家之一。由于国民经济持续增长和扩大，巴西后来与中国、俄罗斯、印度、南非一起，被称为“金砖国家”[①]，也是里约集团创始国之一，南方共同市场、20国集团成员国，不结盟运动观察员。

---

① 2001年，美国高盛公司首席经济师吉姆·奥尼尔首次提出了“金砖四国”的概念。“金砖四国”引用了俄罗斯（Russia）、中国（China）、巴西（Brazil）和印度（India）的英文首个字母，即BRIC。由于该词与英语单词的砖（Brick）类似，故被国际经济学界称为“金砖四国”。2008—2009年，“金砖四国”举行了系列会谈并建立了峰会机制，拓展成为国际政治实体。2010年，随着南非的加入，“金砖四国”的英文单词也变为“BRICS”，并由此改称为“金砖国家”。“金砖国家”以5国国旗的代表颜色做条状围成的圆形为标志，象征着“金砖国家”的合作与团结。

1998年，格力开始谋划进入巴西市场。经过1年的调研摸底，1999年格力决定在巴西建厂。然而，当这个决定公布后，不少质疑的声音也随之而来。其中，最大的质疑声便是“格力电器怎么不去美国、欧洲等发达国家设厂？”

面对这样的质疑，以朱江洪为首的格力管理层坚持认为：“空调是劳动密集型行业，只能在工资收入较低的发展中国家生产，才会有竞争力，才会有优势。”

1999年底，4名年轻的中国人不远万里，第1次来到巴西西北部亚马逊河腹地的玛瑙斯市，开始了格力电器巴西生产基地的筹建工作。在此期间，筹建的格力人克服了语言上的隔阂、饮食上的巨大差别，还经受住了当地枪支管理松散的不安环境。至于众所周知的湿热的热带雨林气候、不同的思维方式、缠人难眠的乡愁……就更不是一段文字能描述到位的了。

2001年6月11日，格力发展史上具有里程碑意义的日子——巴西生产基地正式投产。

接下来短短的3年，巴西生产基地就走出了发展的困境，并在2004年实现了首次盈利2500万元，成为中国企业在加入WTO后“走出去”发展的一大典范。

也是这1年，格力空调荣获巴西最高节能认证——“A级节能标签证书”和“节能之星”奖杯。而在当年参与角逐此奖项众多的国际品牌中，也只有中国的格力、美国的开利和惠而浦获得了这一荣誉。

2年后的2006年，巴西最权威的市场调查机构——巴西国家民意调查局——组织实施了一项大规模公众调查中。在这次公众调查中，格力再次脱颖而出，赢得了“最满意品牌”奖。正是这一荣誉，让格力不仅在巴西，在整个南美地区都产生了相当的品牌影响力。

在格力空调进入巴西前，当地市场已被西方空调企业经营多年。作为第一家进入巴西的中国空调企业，格力以开拓者的勇气，为中国空调进入巴西市场进行了不懈的探索。随着巴西老百姓的普遍喜欢，巴西社会各界名人也都信任格力。如巴西著名的球星罗纳尔多，就使用了格力一款9000元人民币的壁挂机。

特别值得一提的，2016年里约奥运会举行，格力更是作为官方供应商走进了各大赛场，也走进了海内外媒体的广泛视线。

本届奥运会上，格力空调是覆盖项目类型最全的中国空调品牌，从包括开闭幕式场馆——马拉卡纳体育场在内的比赛场馆到奥运村、媒体村以及附属配套设施都有涵盖。作为以完全自主品牌进入本届奥运会的中国空调企业，这一成绩的取得，足以让格力成为里约奥运上的中国骄傲。

回顾走过的16个年头，格力根据巴西空调市场的需求、巴西消费者的习惯，研发符合当地市场的产品、打造熟悉本地环境和文化的经营团队，用品质和服务赢得了巴西经销商和消费者的广泛认可，也奠定了格力在巴西空调市场中地位。

如今，格力品牌在巴西当地已经被很多经销商和消费者所熟悉，无论是安装公司还是经销商都非常喜欢格力。在他们眼里，巴西品质最好的空调品牌就是格力。

于是，当里约奥运会落幕后，《人民网》便刊发了如下的报道：

坚持自主创新也是“中国制造向中国创造转变、中国速度向中国质量转变、中国产品向中国品牌转变”的必然要求。本次奥运会，格力销售给里约奥组委的空调均100%为“格力”自主品牌，没有一台是贴牌的产品，是名副其实的“中国造”。

格力全球化发展的第二站，选在了中国的近邻——巴基斯坦。

巴基斯坦位于南亚次大陆西北部，南濒阿拉伯海，东接印度，东北与中华人民共和国相邻，西北与阿富汗交界，西邻伊朗。21世纪以来，巴基斯坦国民经济快速增长，且长期与中国真诚友好，同属于发展中国家。

2006年3月27日，格力正式公开宣布，第1台在巴基斯坦生产的格力空调已经下线。这标志着经过近1年的精心筹备，巴基斯坦格力空调生产基地正式投入使用，并实现了批量生产。

此消息一经公布，业内外纷纷称奇，这是继南美巴西之后，格力空调第2个海外生产基地的正式诞生。

该生产基地位于巴基斯坦空调市场重镇——旁遮普省首府拉合尔市，全部生产“格力”品牌的空调产品，年产量规模达10万台，是当时巴基斯坦产能规模最大的空调生产基地之一。

当然，格力管理层并没有僵化地复制巴西生产基地模式。在巴基斯坦生产基地，格力与巴基斯坦当地最大的专业空调销售商之一——DWP公司合作建设，由格力提供全程技术支持。2006年，巴基斯坦空调市场容量大约在60万台左右，格力空调很快便获得了大批订单，并很快成为在巴基斯坦市场份额最大的中国空调品牌。

值得一提的是，格力并没有像当时“走出去”的一些中国企业那样，热衷于低价、恶性竞争。自进入巴基斯坦市场后，格力即坚持稳扎稳打的发展战略和中高端的产品定位，采取了自有品牌与OEM[①]有机结合的方式，进行市场拓展，凭借优异的产品质量、精美多样的款式，赢得了良好的口碑，并在较短的时间内成为当地畅销的高端中国空调品牌。

如今回头去看，10多年前格力之所以在巴基斯坦建立生产基地，进行全球化的布局，最关键的因素还是格力决策层对市场的前瞻性把握。

很显然，巴基斯坦所处的南亚地区，20世纪末至今都是全球最具发展潜力的市场。早在上世纪末，日本、美国、欧洲等国家的各大国际知名品牌电器产品，已经纷纷进入该地区，竞相争夺这一地区的市场份额。处于这一地区的巴基斯坦，是一个拥有1.3亿人口的国家，且经济增长水平较快，对于空调等电子产品的消费也处于快速增长时期。这一特点，很像空调市场刚刚起步的中国。正是看到了当地空调市场每年20%左右的增长速度，格力决策层才下定决心，把自己第2个国外基地选在了巴基斯坦。

2年之后，格力又一份公告引起业内关注。2008年4月，继巴西、巴基斯坦之后，格力在越南的生产基地建成投产，第一台越南生产的“格

---

① OEM生产，也称为定点生产或代加工生产。通常是指品牌生产者不直接生产产品，而是利用自己掌握的核心技术负责设计和开发新产品，控制销售渠道。至于具体的加工任务，品牌生产者以合同订购的方式委托给同类产品厂家进行生产。之后，品牌生产者将所订产品低价买断，并直接贴上自己品牌商标。经济学上将这种委托他人生产的合作方式简称为OEM，承接加工任务的制造商被称为OEM厂商，所生产的产品被称为OEM产品。

力”牌空调正式下线。

越南生产基地位于胡志明市著名的新加坡工业园区内，总占地面积约1.1万平方米，全部生产“格力”品牌的家用空调产品。当年生产规模10万台，是越南年产规模最大的空调生产基地之一。

目前，格力空调在当地经销商和消费者中已建立了良好的口碑，成为越南市场主流空调品牌之一。而格力越南生产基地的设立，则进一步巩固了格力在国际市场上的龙头地位。

2009年2月18日，是全球空调制造业界一个特别的日子。在这一天，当时世界上最大的2家空调专业化企业——珠海格力电器股份有限公司与大金工业株式会社，在珠海举行了盛大的全球战略合作发布会。

根据双方的协议，格力电器和日本大金将在精密模具、变频压缩机等一系列合作项目展开全面合作，实现在空调尖端技术开发方面的合作升级，从而推动高效节能的变频技术在中国的应用和发展。双方就大金委托格力生产面向日本市场的变频家用空调，在珠海合资建立生产变频压缩机电控器的工厂和制造精密模具的工厂，联合采购空调的原材料、零部件，以及联合开发面向全球市场的更加节能环保的新型变频家用空调的5个项目达成了共同意向，这些项目构成了双方的合作版图。双方透露，此次合资成立的压缩机电控器厂、精密模具厂，均由格力电器控股。

格力电器股份有限公司董事长朱江洪和大金工业株式会社会长兼CEO井上礼之在签约仪式上均表示，格力电器和大金都是国际一流的专业化空调制造商，具有雄厚的技术实力和规模优势。双方在空调核心技术方面开展合作，将为全球消费者提供更环保、节能的专业产品，推进变频技术在世界范围内的普及和升级，为开启亚洲乃至全球的空调节能新时代贡献力量。

这一战略合作的达成，在国内同行业中产生了连锁反应。

多数人都认为，不同于以往国内其他空调企业单纯引进国外技术的合作方式，格力此次是让世界顶级空调厂家首次在产品设计和零部件开发阶段选择与中国企业开展强强合作，所以在中国空调业发展进程中具有里程碑式的意义。

而在国际权威学者们眼里，格力正是凭借着多年来积淀下的深厚技术研发实力，掌握变频空调的核心技术，严密而值得信赖的质保体系，庞大的生产规模和国际市场话语权，赢得了也堪称国际领先的日本大金工业株式会社的青睐。所以这2个行业领先者的合作，自然是强强联合、优势互补，必将改变全球空调制造业的格局。

的确，此时的格力已是世界上最大的家用空调专业制造商，是集生产、研发、销售一体的跨国企业，其自主品牌“格力”空调则远销全球90多个国家和地区，是当时中国空调行业唯一的“世界名牌”产品。

自2005年第一次问鼎家用空调世界冠军后，格力用自己的产品赢得了全球人民的喜欢与尊重。随后，在国内外多个生产基地的布局下，格力空调连续多年蝉联世界第一，并在2010年突破了2000万台/年的生产规模。

所以，董明珠在2010年由衷地表示：“企业的国际化，其实是技术的国际领先，是品质的国际领先。对于国际化，我们不能有投机心理，必须做到诚信，这样才能长久。”说这话时，董明珠已身为格力副董事长兼总裁。

董明珠的话，在某种意义上正是她内心关于“中国制造”的深远反映。显然，自主品牌决不仅仅是某种产品的符号表现，更代表了一个国家民族工业的整体实力，也是一个民族人文底蕴在当代生活中的载体。所以，当人们提起“GE”的时候，会自然想到美国；而提起“索尼”，则会想到日本。

说到这里，有一件趣事有必要回味一下。

那是在2009年3月7日，全国“两会”期间，北京人民大会堂东大厅。时任国家主席胡锦涛参加广东代表团审议，并会见了广东代表团的女代表们。这些代表中，即有格力电器股份有限公司副董事长、总裁董明珠。

于是，胡锦涛和董明珠间便有了下面的一段对话：

胡锦涛：“上次我到非洲访问，当地人说格力空调做得都很好，就是有一条不好，他们说下班的时候老忘了关空调！”

董明珠一时没明白，有点儿愣了。

胡锦涛话锋一转：“他们说，你们格力空调的噪音太小了，根本没想到是开着的！”

顿时，全场一片掌声。

这一趣事引起了不小的反响。当时还担任着格力电器董事长的朱江洪就曾面对媒体表示：“总书记对我们产品的评价，是对格力电器18年坚持专业化道路的首肯。格力电器将一如既往实施自主创新和精品战略，为全世界的消费者提供一流的空调产品。”

随着格力国际化之路的日渐成功，格力背后的中国品牌效应也开始为全球瞩目。2009年8月7日，美国《商业周刊》刊载了国际投资银行家库恩的一篇文章，题目是《透视广东：打造中国未来》。

在这篇文章中，库恩对中国的华为和格力赞扬有加，并预言它们已经凭借技术创新，成为中国乃至全球行业的领先者。库恩认为，格力凭借自主研发、科技创新，稳居世界最大家用空调生产商的交椅，短短十几年的发展成就令人惊叹。他在文中引用了朱江洪的一句名言：“一个没有创新的企业，是一个没有灵魂的企业；一个没有核心技术的企业，是没有脊梁的企业；一个没有脊梁的人，是永远站不起来的。”

2010年3月，北京春暖花开，为了更好地亮出“中国创造”这面旗帜，格力在北京举行的“中国创造与消费者权益大家谈”会上发布了中国企业界首份《中国创造之路倡议书》。

董明珠在此份《倡议书》中提出，要让13亿中国人实实在在地享受到“中国创造”的发展成果。保障民生是“中国创造”的重要责任，要共同努力，为消费者提供更多的商品和服务；自主创新是“中国创造”的重要基石，在知识产权的应用、保护和提升中，切实提高科技创新能力，追求环保、节能、低碳和全面协调可持续发展；诚信自律是“中国创造”的重要条件，积极营造和谐消费环境，切实保护消费者合法权益，努力拓展企业发展空间，不断提升企业创新能力。让更多的中国企业加入“中国创造”的行列，加快实现国民经济增长方式从要素驱动向创新驱动转变。

对此，业内外舆论当时一致认为，由于中国创造风行世界的产品仍寥寥无几，正是基于对走中国创造之路的强烈信心和社会责任感，格力由“制造”到“创造”的一词之差，给国家和企业界带来的价值却是截然不同的。

再看董明珠，她发出的呼吁似乎更为坚定：“没有中国创造，就没有出路！”

到了2011年6月，在美国加利福尼亚州工业市，格力电器美国分公司正式成立。在成立仪式上，董明珠高调宣誓，在节能环保的时代，格力电器希望在环境保护方面发挥积极作用，“我们的产品不仅要大量出口，而且要被国外当作高档产品。”

董明珠的这份自信，来得底气十足。

仅2011年上半年，格力海外销售额已达到92.9亿元，同比增长达61.78%，占格力全部销售额的24.39%。与此同时，格力中央空调还得到了众多高规格国际赛事的青睐，连续中标了2010年南非“世界杯”主场馆、2014年俄罗斯索契冬奥会配套工程等。

2012年，格力电器年报显示，其国内和海外销售收入分别为755亿元和158亿元，国内外的销售收入比为5：1。所以，2013年5月20日格力的股东大会上，董明珠信心满满地表示，此前格力出口几乎没有利润，但是这种状况已得到改变，两三年时间内，格力可以得到一个截然不同的自主品牌在国际市场中的地位。

到2015年的时候，格力在全球的用户数量突破了2亿，其自主品牌空调产品远销全球100多个国家和地区。在董明珠的强势拓展下，格力渠道建设也从未示弱，在海外开设的销售公司及专卖店超过了500家。

2016年，当舆论惊诧于国人赴日抢购电饭锅和马桶盖之时，格力大松IH电饭煲随即横空出世。身为格力电器董事长的董明珠则表示：“提升中国造的水平是我一生的追求，为了让中国人不用到国外去买电饭煲，格力始终坚持核心科技和原创设计，用品质卓越的产品打动消费者，让国人爱上中国造，才能让世界爱上中国造。”

董明珠的话有着硬实的数据支撑——2016年，格力在中国中央空调市场占有率高达16.2%，稳居行业第一。

2017年4月26日晚间，格力电器公布了本书问世前的最新一次年报：2016年公司营业总收入为1101.13亿元，较上年同期增长9.50%；利润总额185.31亿元，较上年同期增长24.29%；实现归属于上市公司股东的净利润154.21亿元，较上年同期增长23.05%；净利率14.10%，基本每股收益2.56元。

至于业内外对格力电器2012年至2016年累计分红超过363.96亿元的评论，最有说服力的便是“最有良心的上市公司”一词了。

这一话题，自有后文详述！

三 “心狠手辣”的格力品牌

现代市场经济活动中，一个快速成长的企业，首先依赖于其所处的市场地位。这种市场地位或份额的大小，则又与其自身的品牌相辅相成。

如知名度颇高的“《财富》世界500强”排行榜中，入榜企业均称得上是世界级公司。观察这些企业，不难发现它们具有如下5个共同特征：一是主要业务生产规模和营业收入处于全球前列；二是均具有全球化的品牌形象；三是都对行业技术或商业模式的变革创新做出了突出贡献；四是都拥有自己独特的发展战略或商业运营模式；五是各自的员工具有着非常高的职业化、专业化能力。

所以，当格力的产业规模、营业收入及各项业绩持续加速，全面占据世界前沿的时候，其品牌效应在全球引发的聚焦现象，也让立志成为“中国制造”代言人的董明珠，自然成为近年来全球商界瞩目的领袖级人物。

那么，从营销一线走上来的董明珠，又是如何在格力品牌上标新立异的呢?

关于此话题，前文中也曾或多或少地涉及过，只是不成体系。在这里，笔者将更系统、更深入地单独进行解读，以飨各位。

不妨先看两个场景。

第一个是中国中央电视台的《新闻联播》节目，时间是2015年12月19日19时14分。

随着主持人康辉说完“看看他们是如何实现突破，让世界爱上中国造的”，画面展现给观众的，即是格力漂亮、现代化的生产场面。主持人给出了这样的旁白：“今年9月23号，格力光伏直驱变频离心机获得英国制冷业年度成就大奖。这意味着在欧洲最权威的制冷业获奖项上，中国品牌终于实现了零的突破……”

随后，本书主人公董明珠出现在了《新闻联播》节目画面上。

“3年前，我在中东的时候，有个经销商跟我说，格力空调太好了，但是你不要打上‘中国制造’这4个字，总觉得有点不踏实。恰恰这句话更加刺痛了我，我就下定决心，一定要打‘中国制造’……”

董明珠在言语间表达的是一个核心——格力品牌；而影响深远的中国央视《新闻联播》给出的栏目名称，则更具有震撼色彩——中国品牌！

第二个场景是北京梅地亚中心，时间是2016年11月8日上午。

被传媒和工商业界称为“超级资源招标”的活动圆满举行。其间，中央电视台2017年黄金资源广告招标暨国家品牌计划签约活动中，来自各行各业共计20余家顶级品牌企业成功入选央视“国家品牌计划”。

在此之前，众多企业在经过数轮淘汰报名和资格审核后，共有几十家企业拿到了“国家品牌计划”商业部分的参选资格。最终，海尔、万达、格力、云南白药、美的、京东、鲁花、比亚迪等20余家企业分别成功入选“2017国家品牌计划-TOP合作伙伴”和“2017国家品牌计划-行业领跑者”。

央视无疑是中国重要、核心的新闻舆论机构，是中国当下最重要的政府喉舌，也是中国最重要的思想文化阵地，在全国传媒领域处于无形中的领导者位置。而所谓的“国家品牌计划”，则是央视基于国际环境、国内环境、国家战略和自身条件等因素，用颠覆创新式手法精心制定的特别栏目。

“国家品牌计划”是对过去的央视广告招标模式实现的颠覆性创新。除了配置《新闻联播》《焦点访谈》等王牌新闻节目广告资源外，将为入选企业定制“中央电视台国家品牌计划TOP合作伙伴/行业领跑者宣传片”和企业品牌故事，在央视各频道高频次播出；同时，在央视广告中心主办的各类线下活动、论坛上体现企业元素，为企业设立VIP专属通道，全面释放出国家平台的传播价值。

所以，当“国家品牌计划”正式实施的时候，国内外即有权威研究者评论认为：这是中国核心媒体积极响应国家提出的由“中国制造向中国创造转变”的战略目标，目的在于培育一批能够在国际舞台上代表中国的优秀品牌。

后来，相关数据也似乎证明了这一点。

2016年，《新闻联播》支撑的“国家品牌时间”稳坐每日收视制高点。如当年8月27日前，《新闻联播》并机收视率达到8.77%，份额高达30.99%。《焦点访谈》并机收视率为3.25%，份额达到9.31%。

那么，从无人知晓的海利，到20年后畅销世界的格力，董明珠和格力团队究竟走过了怎样的品牌历程呢?

自全面掌管格力的销售业务开始，董明珠即提出了一个战略性的口号——“品牌是企业最强竞争力”。

在一次格力的高层会议上，董明珠语重心长地表示：“我认为空调业的竞争要凭实力，不仅仅是资金问题，应该最终集中在品牌的竞争上。品牌是质量和技术的结合体，未来，产品的品牌效应将会越来越明显。”

而格力的创建者朱江洪更直言不讳：“中国人不缺产品，缺的是精品，缺的是在国际市场叫得响的名牌产品。格力电器的目标，就是要把‘格力’打造成为国际市场上的全球知名品牌。”

动人的口号喊出来容易，落地生根并能强力生长却非易事。

然而，与其他竞争者不同的，还是董明珠来自一线的长时间销售经历。在时任老总朱江洪的支持下，董明珠依赖自己独特的市场心得，经过缜密的思考，强有力的执行手段，最终奠定了“格力”品牌成长的坚实路线图。

第一种手段，精心于格力产品的质量关，奠定“格力”品牌成长的基础。

这一步，早在朱江洪掌舵的时候就已经开始了。格力有一个管理条例，业内称为“十四条禁令”，这些禁令基本上都是针对格力产品质量的。说起这些禁令，还有一个不得不说的小故事。

一次，朱江洪在意大利考察，遭遇到国外客户的投诉。经了解，一批出口到意大利的空调，因海绵贴条脱落，在空调风扇卷起来时哗哗作响，从而引起了用户们的不满。根据现场分析，朱江洪发现，这一问题是自己员工工作不认真导致的。他不顾场面，向在场的所有人大发脾气。从此，朱江洪常挂在嘴边的有这么一句话——“抓质量就要心狠手辣。”

1995年，朱江洪颁布了专门针对日常生产工艺环节质量的“总经理禁令”。其中规定，员工违反任何一条，都会被炒鱿鱼。而在每一次的大会上，朱江洪更是强调，一个员工如果不重视质量，违反禁令，“今天企业不砸他的饭碗，明天他就会砸企业的饭碗。”

到了董明珠独掌一面的时候，对于品质与品牌的关系，她曾言简意赅地强调：“品质取信任，品牌赢市场。”而格力的“总经理禁令”，也逐步增加到了后来的十四条。

随后，格力严格遵循并完善着这一宗旨，它的品质建设和品牌维护，在中国家电行业中独树一帜。如格力首次推行“六西格玛管理体系”①，首次提出“零缺陷”工程的理念等，这些措施在提升格力产品品质的同时，也为格力赢得了越来越多客户的信任。

后来，当有人问董明珠，格力空调产品的核心竞争力是什么的时候，她的回答才显得那么从容：“噪音、制冷量和节能这三个是空调产品本身的核心功能，是产品的核心竞争力所在。这么多年，格力从不乱炒概念，扎实做产品，因为消费者最终会明白，到底什么样的产品才是自己真正需要的。”

第二种手段，便是大力加强研发能力，实现创新制胜。

正如前文所述，早期的格力产品并不突出，在市场上几乎没有什么优势。即使有了董明珠这样的一线营销人员，格力产品在初始阶段也几乎没有什么名气。所以，20世纪90年代的国内窗机产品，华宝位居老大；而在柜机领域，则由春兰独占鳌头。

朱江洪曾有过这样的回忆：“很多70年代就开始建立起来的空调制

---

① “六西格玛管理体系”是一种能够严格、集中和高效改善企业流程管理质量的实施原则和技术，以“零缺陷”的完美商业追求，带动质量成本的大幅度降低，最终实现财务成效的提升与企业竞争力的突破。“六西格玛”概念作为品质管理概念，最早是由摩托罗拉公司的比尔·史密斯于1986年提出，其目的是设计一个目标：在生产过程中降低产品及流程的缺陷次数，防止产品变异，提升品质。20世纪90年代中期，六西格玛开始被GE从一种全面质量管理方法演变成为一个高度有效的企业流程设计、改善和优化的技术，并提供了一系列同等的适用于设计、生产和服务的新产品开发工具。随后，该管理体系在全球跨国公司得到了广泛运用。

冷企业，都在我们之上。分体式空调我们远远不如华宝，柜机我们也远比不过春兰，分体空调我们搞了一个‘冷静王’系列空调，噪音一下子降到了32分贝，远远低于国家要求。所以，这一下就把我们的分体机推向了全国，消费者一直念念不忘‘冷静王’这个名字。后来柜机方面，我们搞了一个独特的构思就是‘灯箱画面’柜机，这在全国、甚至全世界都没有的一种新型产品，也一下子把我们的柜机推向了市场。再过了两三年，我们在柜机这个领域也超过了春兰。”

朱江洪的这段回忆，突出的即是格力在研发上的后来发力。而最能体现格力创新制胜决心的，还是要数变频空调了。

业内有如下一种说法：如果变频空调是“皇冠”，那么变频多联空调技术系统则是“皇冠上的明珠”。

所谓的变频多联空调系统，是“变频一拖多可变冷媒流量中央空调系统”的简称，指的是由一台室外机和若干台室内机组成的一个冷媒循环系统。它是一种新型变流量中央空调技术（VRV技术)，克服了传统水系统中央空调的许多弊端，具有明显的先进性及独到之处。一经问世，此种技术系统立即得到了世界空调界的广泛认可。随后，经过20多年的应用及发展，该技术日益完善与成熟，并成为当今全球最先进的舒适性中央空调形式之一。

然而，作为一项国际上最尖端的空调核心技术，变频多联技术自问世以来，一度被日本企业掌握和控制。2001年底，在技术发力的追求下，格力董事长朱江洪决定实施技术攻关，要求格力拿下这套技术，而他们能够借助的，仅是一套从日本带回来的产品说明书。就这样，经过1年的技术攻关历程，格力的研发人员最终不负众望，成功研制出了具有自主知识产权、成熟的变频多联技术，一举填补了中国空调行业的技术空白。

正是在研发力度和新技术的支撑下，格力产品迅速扩张着自己的市场和知名度，并相继超越了华宝、春兰等市场知名品牌。

随着自主创新和自主研发带来的成长之力日益显现，格力管理层进一步加大了技术研发投入。一方面，格力每年用于研发的经费超过了销售额的3%；另一方面，格力还抽调了数百名技术人员专门技术攻关。这样的研发力度和规模，使得格力的专利数量和水平，很快就在中国家电行业后来居上，并显现出了向世界先进水平迈进的强劲势头。

2003年底，格力投入巨资，建成了占地近4万平方米的空调研发中心。该中心拥有170多个实验室，拥有一支包括外国专家在内的1000多人的技术研发队伍，一举成为全球最大空调研发中心。

2004年11月，格力成为中国首家获得UL认可实验室的空调企业。UL认可实验室是全球最严格和最负盛名的安全检测机构，全球家电企业没有几家能通过他们的检测。而格力之所以能通过，用UL当年一位高层人士的话说："这意味着格力电器在实验硬件和工程人才方面都具备了实力，他们对安全标准的理解要比其他企业更透彻。我们认可他们的测试结果，将缩短他们新产品的研发过程，可以更快捷地进入美国市场。"

2005年1月，格力实验室又成为国内首批获得空调测试装置数据比对认定实验室，并取得国家级权威认可第1号证书。

对于格力电器在技术方面取得的丰硕成果，业内外一度将朱江洪称为创新的"偏执狂"。

"我们感觉到、感悟到，你这个产品要打出去，你就要凭新产品技术创新这个实力。正因为我们孜孜不倦不断地研究，才创造了一个又一个知识产权。在家电行业这样一种竞争激烈的环境下，靠什么取胜？要靠技术进步。如果我们老跟在人家后面，那么我们永远也超不过人家，永远都会被动挨打。说到底，我们后来居上，靠的是不断革新、不断创新的新产品。"朱江洪的偏执劲可见一斑。

而朱江洪的这种"偏执狂"精神，则进一步深刻影响了格力的女掌门人——董明珠。她曾这样感慨："现在竞争非常激烈，格力的发展原则是根据市场的需要决定行为。在技术创新里面，每一件小事都是我们的大事。我们这10多年来，找到了一条适合自己发展的路，我们在技术创新里面定出的企业标准是高于国际标准的。还有一点，我们投巨资成立研发中心，应该说也是一个划时代的进步。一句话，在制冷系统里面，格力电器已经没有做不到的产品了，比如智能化霜技术我们是独一无二的，多联机是我们创造的。"

2015年7月，董明珠在《科技创新大讲堂》演讲时，针对格力的技术创新更有着这样一段话：

格力走到今天，经历四个阶段。第一个阶段是“格力空调创造良机”，空调使用的原材料好，产品质量好；第二个阶段是“好空调格力造”；第三个阶段时，我们提出了“掌握核心科技”；到了第四个阶段的时候，我们倡导“让天空更蓝，大地更绿”。用科技改变生活，用科技创造健康生活，那才是有价值的。打造一个产品，不是为了赚钱，是要给别人带来健康。

难怪，当董明珠在全国两会上高调宣示“现在空调行业最先进的技术在中国，在格力”的时候，如今已经听不到什么质疑的声音了。

第三种手段，管理层机智响应政府政策，积极顺应时代发展的潮流。

董明珠和格力的成功显然不是偶然的。而作为一名成功的企业掌门人，董明珠自然懂得政府政策对于企业成长的重要意义。仅以能源方面来说，以董明珠为核心的格力管理层，很早即表现出了眼光长远、政策预判断能力强的魄力，为格力率先抓住节能减排的发展大势创造了机会。

能源是人类社会赖以生存和发展的重要物质基础，能源的开发利用极大地推进了世界经济和人类社会的发展。而人类文明的每一次重大进步，又都伴随着能源的改进和更替。过去100多年里，发达国家先后完成了工业化，消耗了地球上大量的自然资源，特别是能源资源。中国作为当今世界上最大的发展中国家，随着国民经济连续30余年的快速成长，如今已成为世界上最主要的能源消费大国之一。

但是，从发展来看，我国能源不足、保障紧张的形势，在可预见的时期内呈现着日趋严峻的局面，也使得节能减排压力紧逼着中国家电企业的创新能力。这其中，尤以中国的空调生产企业面临的考验和挑战为甚。为了保证能源供应的安全和持续，为经济社会发展提供重要支撑，中国政府以科学发展观为指导，相继制定了多个5年能源发展规划、20年长远发展规划等政策文件，并把“坚持节约资源和保护环境”作为基本国策。在此背景下，空调厂商们或先或后地意识到了“节能”的重要性，并相继展开了节能竞赛。

不过，善于出奇的格力，还是率先抓住了“节能”这一发展趋势，以朱江洪和董明珠为核心的格力管理层，第一时间制定了格力“节能”新产品的研发计划，并视之为市场竞争的一大热点和焦点。为此，格力等众多空调企业都不断地建设新的空调生产基地，各品牌迅速推出各种节能新品以攻占市场。

懂得空调常识的人都知道，提高它的能效比一般有三种途径：一是改良压缩机的性能，二是增加两器件的接触面积，三是优化元器件的匹配。然而，格力却通过整合自身资源，三管齐下。为了更好地节省成本，提高研发能力，格力收购了母公司旗下生产小家电和压缩机的公司。用当年朱江洪的话说，这些都与格力电器主营的空调业务密切相关。终于，格力迅速打出了“第一炮”，成功推出了分体挂壁式空调“节能王子”。

格力“节能王子”采用国际领先的新型超高效定速压缩机，在系统不做改动的情况下，能效比至少直接提升1个等级。室内外风机均采用无刷直流电机，比普通交流电机省电20%以上。制热开机时，智能启动防冷风功能，待机体内部空气预热后才开始送风，感觉更舒适。同时，该产品采用先进独特的智能化霜模式，克服了机械化霜模式化霜缺陷，智能感应有霜无霜，霜多霜少，实现有霜化霜，无霜不化，既省电节能，又提高了制热效果。

这种技术创新设计，让格力又开创了行业首个“舒适省电模式”。按业内权威人士的解释，此种模式就是通过深入研究人体对感知最舒适的温度区域与空调的节能使用习惯，建立“人体最佳体感温度-空调自动运行温度-室内环境温度”三位一体的系统数据库。“智能+可控”电辅热功能，即保证了空调使用的安全性，又保证了空调的良好节能效果，体现了格力人性化设计的理念。

正因为“节能王子”具有如此较强的性价比，在它上市后不久，舆论界便有了如下评论：不但创下定频空调最高能效比的纪录，还在能源日益紧张之际，开创了中国空调节能的新纪元。

第四种手段，从朱江洪到董明珠，力促多管道控制生产成本。

2004年10月，格力与中国最大的钢铁企业——上海宝山钢铁股份有限公司签订了战略合作协议，一举结成战略同盟。根据协议：双方将继续坚持钢材技术联合开发，引入“先期介入”的家电用钢开发模式，在同等条件下格力优先使用宝钢钢材，宝钢在材料开发方面优先考虑格力的需要。

不仅如此，双方还承诺，在钢材延伸加工服务、供应链增值等方面加深合作，形成战略合作新模式。

格力与宝钢的合作，在业内权威人士看来，对格力空调的质量提升和成本控制都大有好处。

至于在成本上的控制性做法，朱江洪主政时即有不少。而董明珠在掌管经营部时，便给格力所有人留下了深刻印象。如从交易成本上说，格力空调的信息收集成本要低于其他同类企业，因为格力专卖店反馈回来的信息即可随时处理。而在谈判成本方面，董明珠让格力面对的是各个专卖店，通常只需要与专卖店进行谈判，不用像其他企业一样与经销商、分销商进行多轮次谈判，大大节省了时间、人力等成本。再如，通过控制管理成本与自建渠道网络，格力实实在在地节省了大量资金。仅以前文讲述过的湖北公司为例，由于吸纳了经销商640万元的资金成立股份公司，格力不仅节约了70%的成本，还消除了多个批发商之间的价格大战，防止了经销商在格力品牌经营上的短期行为。

在多管道控制成本的同时，董明珠却又有不计成本的做法。

2016年11月，格力电器根据董明珠的指示公开宣布，自下月开始，格力电器所有员工在现有月工资基础上每人每月增发1000元，只要入职满3个月的员工人人有份。此消息一经公示，不仅在格力内部引起了轰动，也引得各路媒体纷纷聚焦。

如《北京青年报》即依据获得的内部资料，替董明珠和格力算了一笔账：按照格力目前的员工规模，此次1000元涨薪涉及约7万人。这意味着格力电器从下月起将每月增加工资成本7000万元，1年下来就是8亿多元。难怪业内外有不少舆论表示，“很多企业愿意跟格力比销售、比业绩，喜欢拿格力说事儿。这回我们也希望同行们都来比一比，让员工都能有收获感！”

对于业内外的轰动性评议，董明珠在2017年伊始央视的一次访谈中曾回应，国家都有最低工资标准，她这次给格力员工加1000元钱工资，是提高了一个最低工资标准。“如果赌气，我的利润就会下滑。我加工资，我的利润并没有受到任何影响，所以我觉得很多人，他是站在他的角度，因为这1000块钱加了，对他们确实压力很大，其他企业必须加。”

如此看来，董明珠和格力的成本控制，显然不是简单的成本算计，控制与增加的选择方式，透露着浓厚的格力特色。

所以，当董明珠面对亿万电视观众说出“我一定让格力的人走出去，他觉得我是格力人，他有一种自豪”的话时，每人涨薪1000元的消息，早在格力内部交流群中引起欢呼声一片了。

格力品牌的锻造还有第五种手段，即深入人心的服务，这似乎也是格力最令同行望尘莫及的地方。

提起格力深入人心的服务，必然要提及董明珠，因为格力今天完善的服务，正是从董明珠做一线销售业务时开始的。其中的磨砺过程，前面多个篇章都已有完整交代，无须赘述。这里仅就享誉业内外的“整机免费保修6年”，即可进一步展示出格力品牌成长的“心狠手辣”来。

众所周知，每一个伟大企业的成长，都必然有着不寻常之处。而在中国家电行业里，格力善于出其不意、甚至惊天动地，则已人尽皆知。然而，当“整机免费保修6年”之举自格力推出之际，还是惊愕了整个行业，被众人称为“开客服领域之先河”，颠覆并重塑了一个行业的服务标准。

所谓的“整机免费保修6年”，还要追溯至2005年初。当年1月，“格力电器股份有限公司”公开发布了一则郑重宣示，主要内容即是：自2005年1月1日起，格力家用空调器系列产品执行整机（含所有零部件）免费保修6年的售后服务新标准。

正是这一消息，不仅震惊了整个业界，也让一些实力差的生产商“恨之入骨”。

当时，按照国家的强制性标准规定：“家用空调器整机保修1年，主要零部件保修3年”；而当时已知的国际国内空调品牌中，所承诺的整机保修期最长的也只有3年。与此对应，格力“免费保修6年”的最新标准，不仅大大超越了国家强制性标准和行业标准，也成为名副其实的领跑世界的全球最高售后服务标准了。

难怪当时有众多权威人士公开表示，按照一般空调8至10年的寿命来计算，格力空调“整机6年保修”的售后服务标准，实际上意味着是终生免费保修。当时更有行业大佬直言，“不怕不识货，就怕货比货”。

于是，笔者翻看当时舆论关于此事的评议，最多的还是如下说法：“格力6年整机免费保修的超长承诺掷地有声，震惊世人，将促使整个行业摆脱价格战、口水战等低层次竞争泥潭，再度引领空调业步入全新的发展阶段。”

董明珠在那个时候也有过如下表示：“随着空调业微利时代的到来，市场要求企业行为必须更加规范化。空调业再也不能单纯以价格战去赢得消费者，可靠的质量和深入人心的服务才是最重要的。”

再细看那个时候格力的财报数据不难发现，2005年全球制造业都遇到了原材料价格上涨、产品利润下滑的双重夹击，空调制造业也未能幸免。然而，正是凭借独有的技术领先优势、过硬的产品质量以及深入人心的售后服务，格力在空调市场上逆势高歌，拔城夺寨。

如同前文数据展示的那样，2005年格力全年家用空调销量突破1000万台，实现了销售世界第一的目标。这样的消息也让当年的中国媒体兴奋不已，各种撰文夸奖格力“全球家用空调单打冠军”，并纷纷做出了预言——“格力空调，领跑世界”的时代已经来临！

到了2015年11月27日，国内外关注的“‘中国智造·世界影响’——寻找最具世界影响力的中国品牌”揭晓活动上，格力电器不负众望，成为“2015年度最具世界影响力的中国品牌”之一。

而在一年后的2016年12月12日，随着“2016年中国品牌价值评价信息”的发布，格力电器再一次毫无悬念地获得了“轻工组”第1名，品牌价值已高达549亿元。

至此，格力的品牌之路已畅通全球！

四 有良心的上市公司

市场经济的发展，决定了企业在市场经济体系中的主体地位；反之，企业主体地位的强化又必然促进市场经济的繁荣。不过，一个企业的成功，说到底还是依赖于民众的认可和哺育。这种本质上的原理和特性，也使得企业的社会公民属性成为中西方经济社会的普遍共识。换句话说，民众用认可和哺育成就了企业，企业反哺民众和社会是其重要责任。

如今，已化蛹成蝶为全球知名企业的格力，一路上又是如何表现自己的社会责任呢?

2015年9月，喉舌媒体《人民日报》曾刊发一篇报道，其开头是这样的：

> 24年来，在不断自主创新的同时，格力人时刻把属于自己的社会责任记在心中，为国家、为社会、为全人类做研发，一直积极践行企业的社会责任，坚持诚信经营，维护客户利益，为社会提供优质产品和服务，热心公益，努力回馈社会，做一位优秀的企业公民。

当这篇文章刊发的时候，格力已连续14年位居中国家电行业纳税榜的首位。如此情景，与其他习惯于宣传销售多少产品、实现多少营业收入和盈利、却很少主动提及为国家纳了多少税的众多业者相比，形成了颇为特别的局面。这其中，相当多企业不言自明的“合理避税”之潜规则，亦不需笔者再多费言。

《人民日报》如此刊文格力，显然是有着坚实理由的。如同本书前面若干章节详细讲述过的那样。

格力自成立以来，诚信经营、依法纳税即处处可见；而壮大起来后，支持国家和地方财政、彰显社会责任之力，更是逐年提高。所以，董明珠也曾亲自表态：诚信纳税是企业社会责任的最重要表现，衡量一个企业社会价值大小最重要的硬指标就是纳税金额。从这个层面来说，纳税越多的企业，创造了越多的社会财富，同时也承担了更多的社会责任。

或许正是对这种责任的坚守，董明珠才能够在前文“叫板政府”一节中显得那充有底气，还能面陈省委书记一连串的数字吧！

2013年，珠海格力电器股份有限公司实现营业总收入1200.43亿元，同比增长19.91%；实现归属于上市公司股东的净利润108.71亿元，同比增长47.31%，成为中国首家净利润、税收双双超过百亿的家电企业。而2014年，格力实现营业总收入突破1400亿元，纳税再次超过100亿元，连续13年位居中国家电行业纳税榜首。

而在2015年格力电器的年度社会责任报告里显示：2015年度公司营业收入1005.64亿，却缴纳各种税金148.16亿元，累计纳税683.38亿元，连续14年位居中国家电行业纳税首位。

或许是感慨于这种责任，时任格力电器董事长的董明珠才有着如此总结：“格力市场占有率进一步提高，市场份额已经接近50%；格力利润3年翻了近1倍，利润率从7%的上升到了12.55%。格力在市场占有率和利润两方面的增长充分证明了格力具备强大的市场竞争力。”

就在本书即将付梓的2017年5月，央视《为中国实业代言》节目现场，董明珠自己再次亲口表示，格力从1991年成立股份制公司到2011年，21年间为国家的税收只有200亿元。但是，从2012年到2016年间，身为“中国制造”代表性企业的格力，为国家贡献的税收则超过了600亿元。也就是说，后5年的税收贡献已是前21年税收的3倍。

有幸亲临现场的人肯定记得，董明珠曾如此表示：“一家企业如果不能够为国家做税收贡献的话，第一，它没有履行它的社会责任；第二，说明这个企业没有实力；第三，格力在交这么多税收的时候，体现出来一个数字背后能支撑它的是核心技术。”

所以，董明珠的霸气也就显得很自然：“我们能创造出新的技术，所以我觉得一个企业如果它有生命力，它的产品是以消费者为导向、消费者需求为标准这样一个研发方向，它就一定有市场，一定也受到别人的尊重和欢迎。那么，你就会越做越大，也会越来越有实力。”

再来看格力的节能作为和环保责任。

节能和环保，显然有赖于企业的技术发展水平。格力在这一领域的整体表现，本章前三节中已有诸多涉及。

特别是当前，已为家电行业龙头企业的格力，在环保方面也是行业表率，是行业其他企业履行社会责任的样本。“作为全球最大的空调企业，格力电器必须承担起带领行业发展、改善人类生活环境的重任，为全球消费者提供最好的产品。”董明珠曾如此宣示。

董明珠是如此宣示的，格力也的确是这么去践行的。因为多年来，格力一直在致力绿色环保节能技术的研发和利用。

笔者在这里可以略作回顾。

在相关技术研发投入上，格力给予开放式的人力和资金支持，总体原则是“按需投入、不设上限”。在20余年的探索中，格力围绕健康、节能、环保的理念，在产品设计端坚持走环境友好型路线，其技术在家用空调和商用空调两大领域均得到了广泛运用，为建设资源节约型、环境友好型社会做出了良好的示范效应。

如在家用空调领域，2010年，格力“1赫兹变频技术”纳入“国家火炬计划”，并于次年荣获国家科技进步奖，该技术被鉴定为“国际领先”，在舒适和节能方面创造了新的技术标杆；2011年7月14日，全球首条碳氢制冷剂R290分体式空调示范生产线在珠海格力电器正式竣工，打破了国外技术垄断，并顺利通过中德两国联合专家组的现场验收；2012年12月，格力双级增焓变频压缩机被专家组鉴定为国际先进，改写了空调行业单级压缩机的百年历史，并首次实现全系列双级增焓变频压缩机产业化……。

而在商用空调领域，2011年，格力电器成功研发出全球第一台永磁同步变频高效离心机组；2013年，格力电器集成了永磁同步变频离心机技术与光伏技术，首创的“不用电费的中央空调”——光伏直驱变频离心机系统惊艳亮相，荣获国际领先认定；2014年，格力将磁悬浮轴承技术与永磁同步变频技术融合，成功研发出拥有完全自主知识产权的第四代磁悬浮变频离心机，是业界单机冷量最大、能效最高的磁悬浮离心机，处于国际领先水平；2016年3月29日，高效永磁同步变频离心式冰蓄冷双工况机组被专家组一致鉴定为国际领先；2016年8月21日，集成了环境温度-40℃可靠运行制冷技术、抗震及抗风载结构设计、高防腐和高可靠性设计等一系列关键核心技术和设计的百万千瓦级核电风冷螺杆式冷水机组，被多位专家鉴定为国际先进水平……又可谓是不胜枚举了。

其中，2016年6月底，格力自主研发的高效永磁同步变频离心式冰蓄冷双工况机组（简称“冰蓄冷”）在深圳民生金融大厦完成安装调试，并投入使用。民生金融大厦是深圳中心区重要建筑之一，整个大厦由两栋塔楼组成，地上建筑面积总共约10万平方米，空调系统如何实现高效、节能，解决供电压力是难点。

如前所述，这样的难点恰是不少国际知名空调生产者研发的一大方向，格力也在其中。虽然面临着众多国际生产商的包围，董明珠领导下的格力为了落实并推动国家发展绿色建筑的政策，充分考虑了节能性、环保性、舒适性和安全性等多个要素，自主研发了高效永磁同步变频离心式冰蓄冷双工况机组，并在深圳民生金融大厦的国际性招标中脱颖而出。

一段时间后，民生金融大厦相关负责人曾向媒体表示，采用格力“冰蓄冷”设备后，该大厦暖通空调系统全工况提升30%以上，节能效果达到国际领先水平。

格力永磁同步变频冰蓄冷离心机组，最高制冷量达到3000RT，相当于4220台1匹空调的制冷量。在-6℃出水制冰工况下COP高达4.59，在空调工况下COP高达6.6，超国家一级能效，IPLV高达11.17，全工况提升30%以上，节能效果显著，达到国际领先水平。借用专业人士的话说，采用格力高效永磁同步变频离心式冰蓄冷双工况机组、高效螺杆式冷水机组以及配套的终端空气处理设备，不仅满足了民生金融大厦的制冷需要，同时能够有效降低能耗，解决供电压力不平衡的问题。

再看深圳民生金融大厦，凭借着格力先进的技术支持，民生金融大厦成为中国绿色建筑的样板工程之一。

这里所说的绿色建筑，显然不是简单意义上的植物绿化，而是指能够充分利用地球能源的生态建筑。在高层建筑的总能耗中，暖通空调系统一直是耗能大户，其能耗约占整个建筑总能耗的50%。正因为如此，对暖通空调系统的节能技术进行优化升级，便成为当前节能环保的全球性方向。

显然，董明珠领导下的格力，已然走在了世界的前面。这种领先于人的行业地位，也让格力创造出了巨大的社会价值。

作为全球制冷行业领军企业，格力在“冰蓄冷”空调技术方面实现了巨大突破，有效地解决了用电紧张的问题：利用夜间电力负荷低的时段运行空调主机制冰，将冷量以冰的方式储存起来，在白天电力负荷较高的时段停运制冷主机，通过融冰将夜间储存的冷量释放制冷，从而满足公共建筑的制冷需要。

笔者查阅相关数据了解到，当前我国每年公共建筑新增面积约3亿平方米，如将其中30%采用格力永磁同步变频冰蓄冷离心机组，每年节约的电费可高达11.5亿元；节煤96万吨，可以减少二氧化碳排放260万吨，减少二氧化硫排放3.5万吨，新增产值35亿元以上。

格力电器不仅在研发和生产线上为国家实现节能减排，针对如何绿色环保处理废旧电器电子产品这一问题，格力还在长沙、石家庄、郑州、芜湖、天津建立了5个下属绿色再生资源有限公司，试点产品主要包括空气调节器、电冰箱、空气净化器、净水机、加湿器等，建立绿色拆解基地，倾心打造循环经济，为创建资源节约型和环境友好型社会做出不懈努力。

对此，董明珠也曾公开表示：“格力的发展不是为了盈利，也不是为了市场占有率，而是用技术改变这个世界”。“作为一个有社会责任感的企业家，回报社会是我们义不容辞的责任和义务。”

在董明珠看来，企业发展的终极竞争力不是拳头产品、专利技术、高超营销、优质品牌……而是社会责任。她特别强调：“企业具有越强的社会责任感，则其竞争力就会越强。”

至于业内外舆论声音，大多数人也都认为：格力以“让世界爱上中国造”为己任，坚持自主创新，坚守工匠精神，依靠技术领先打造国际影响力，成为“制造强国”国家使命的忠实践行者和开拓者。

格力的“良心”远不止于此，社会公益领域亦能常常看到它的身影。如格力积极参与解决社会就业、投身各类公益事业等。

仅2015年，格力就招录了近1500名职校学生，涉及机械、模具、自动化等多个专业，范围则涵盖了广东、广西、湖南、江苏、四川等省的17市、30余所大中专职业院校。而在当前，为了吸纳更多的毕业生就业，格力还进行了结构调整，成功打通了空调制造上下游产业链，已在模具开发、数控机床制造、机器人制造等方面取得成效，以实际行动为政府和社会分忧解难。

与此同时，自2014年7月1日起，格力在全国近3万家专卖店启动了“一杯水清凉一座城——环卫工人爱心加水点”的公益活动，用实际行动为一线环卫工人送上了爱心。这是格力继2013年开展“爱行动·清凉季·圆你一个清凉心愿”“关爱的哥的姐，赠送健康饮水”等社会公益活动后，又一次将社会责任爱心落至实处的真实表现。

另据笔者查阅相关资料，自1991年成立之日起，格力已累计为社会各慈善事业捐款捐物超过了1亿元人民币，资助贫寒学子人数达数十万，还为低收入者或家庭负担过重者提供免费空调等。

2003年5月，面对席卷全国的SARS疫情，尚处于成长前期的格力即捐赠了价值150万元的空调设备，由文化部统一捐献给卫生部用于全国的非典预防救治工作。笔者清晰记得，当时的董明珠有如下表示：“国家有难，匹夫有责。现在全国人民上下一心共同抗击非典，作为一个有良好社会责任感的企业公民，我们更应该以实际行动来支援医疗卫生战线抗击非典，希望格力捐赠的空调设备能为早日战胜非典贡献一点儿微薄之力。”

2008年5月12日，一个令笔者和所有中国人至今心悸的日子——中国汶川发生了新中国成立以来最强的大地震。为支援“5·12”灾区抗震救灾和灾后重建工作，时任格力电器董事长的朱江洪第一时间将850万元的善款交到了珠海市政府，是当时中国家电企业现金捐赠金额最大的一笔。随后，在朱江洪和董明珠的指示下，格力迅速成立了灾情处置工作小组，设立灾情热线，投入到灾区的重建工作。据后来公开的数据，在整个抗震救灾期间，格力向地震灾区爱心捐款总计达2052万元，引得业内外无数人士和舆论一致点赞。

格力如此实践之举，实在太多，本书无须一一罗列。

当格力壮大之后，功成名就的董明珠曾面对舆论坦言：“作为企业家，不仅要赚钱，更要有社会责任感，要尽可能地参与到公益事业中去。在保障企业稳健发展、确保广大股东利益的前提下，格力积极参与公益事业，是优秀的企业对社会高度负责任的具体体现，是格力分内之事。其实，热心公益已经成为格力的DNA，无论是教育、卫生、文体，还是扶贫、拥军、赈灾，格力人都会积极参与。”

显然，董明珠的话，道出了企业与社会相辅相生的深层关系。从这个意义上讲，没有和谐稳定的社会环境，企业要想持续协调发展必然困难重重；反之，若企业不能持续发展成长，社会的协调稳定和发展也必是枉然。

所以，董明珠在谈到格力的接班人时，亦曾这样向媒体表示：“格力电器的接班人，首先要有德，二是要有良好的思维能力。对于格力电器来说，道德更重要，需要热爱社会、奉献社会、不谋私利的人，有事业追求的人；第二是思维，不管是哪一种思维，能够让企业发展，无论是在什么环境下都能保证企业的正常发展的人。”

董明珠的话透示出，热爱社会、奉献社会、不谋私利的人才是一个有道德的人，才是一个合格的格力人。

如此，深谙责任之义的董明珠和格力，对我们生活的积极改变不会停止了。

五 “大国工匠”格力制造

2015年的“五一国际劳动节”，中国国家电视台——中央电视台推出了一档从未有过的栏目，刚一播出便引起了极为广泛的反响。

节目播出10天，便有了一份权威的统计数据：央视新媒体相关微博话题阅读量达到3664万人次，点评超过2万条，尤以“向大国工匠致敬”最多。

至于新闻业界的关注程度，更不在话下。如某媒体刊文：“大国有此‘极品’工匠，当是国家之福；而社会媒体的广泛宣传，更是让‘德技’之美，化成一种‘劳动’共识。”

而一位粉丝千万级的资深大佬更评论说：“从令人眼花缭乱的假日‘娱乐节目’中脱颖而出，成为引人注目的一部主题报道。”

没错，这个众口夸赞的栏目，就是至今仍为人乐道的央视纪录片《大国工匠》。《大国工匠》是个主题性新闻报道节目，策划精心、采制精良、运作精细，镜头对准的是几大领域最普通的工匠艺人。

随着一个个镜头的转换，一场场生动感人的画面，《大国工匠》生动具象地讲述了平凡劳动者不平凡的人生故事，浓墨重彩地展示了他们非凡的职业绝技，以鲜明的主题弘扬了“尊重劳动、尊重创造”的工业强国风尚，用鲜亮的范例礼赞了“爱岗敬业、争创一流”的工匠精神。

一句话，央视的《大国工匠》堪称“一部充满着思想深度与艺术精度，饱含着情感温度与现实锐度的新闻精品力作”。而这样的节目制作和安排，不仅可以媲美笔者在上文中讲述的“中国品牌计划”，两者更可谓相得益彰。个中详情，依然透着格力和董明珠的身影。

2017年3月，在全国两会政府工作报告部分，李克强总理又一次这样强调：“质量之魂，存于匠心。要大力弘扬工匠精神，厚植工匠文化，恪尽职业操守，崇尚精益求精，培育众多‘中国工匠’，打造更多享誉世界的‘中国品牌’，推动中国经济发展进入质量时代。”

身为全国人大代表的董明珠，则用实际行动提前身体力行了。

2016年全国“两会”期间，董明珠就在北京设了一个特别的饭局：现场用格力的电饭煲和国外3款电饭煲煮饭，大部分来宾“盲测”，结果是格力电饭煲煮出来的饭最好吃。正是这个著名的“饭局”，让格力刚推出的“IH电饭煲”立即走红。

撰写本书时，笔者经过一番了解得知，格力家电技术研究院的副院长曹嵘正是这个饭局背后的大工匠之一。研发此款产品时，曹嵘带领4名技术人员，每天用各种电饭煲煮饭几十锅，尝试了各种不同的米。到结束试验的时候，他们一共用掉了4.5吨的大米，并最终定形了“IH电饭煲”。

到了2017年全国两会期间，在前文讲述过的格力电器“智能装备全球首发式”上，格力新着力的领域——智能机器人，更在玉石篆刻、与小提琴乐手合奏《茉莉花》……与国外顶尖机器人展开了数轮同台竞技，其展现出来的速度、重复定位精度、稳定性等多个技术参数方面，皆不逊色。

难怪业内外舆论一致赞曰：“这种敢于叫板国外先进品牌的底气，来源于企业雄厚的实力和长期专注空调生产形成的‘工匠气质’。”

对此，董明珠有这样的回应：“看到一些人盲目迷信外国电饭煲，我觉得特别生气。中国这么多制造企业，没理由连一个电饭煲都做不好！”

显然，在董明珠的内心深处，自动化和智能化时代，更需要工匠精神。没有严谨的态度，设备再怎么自动化，也是枉然。工匠精神就是做好每个细节，给消费者带来最满意的产品。

如今，格力的专业化定位已由过去家用空调、中央空调扩展至空气能热水器、智能机器人等多个系列产品，已由单一的整机提供商演变为上游核心材料如电机、电容、压缩机至整机一体化的供应商、甚至系统集成商。更令人骄傲的，从2010年开始，格力开始布局冷链行业，做食品加工行业的深冷设备，同时给远洋大轮、军舰提供制冷设备和技术。

用业内资深者的话说，一个制冷业的工业帝国已在董明珠和格力面前展开了画卷。

2015年10月，董明珠在一次公开课上，就国务院制定的“中国制造2025”做出庄重宣示——格力一系列打着明显“中国造”标签的品牌塑造，并非一时兴起、师出无名。

原来，2015年4月，国家发改委为编制好“十三五”规划，组建了一支由55人组成的豪华智囊团，来自经济、金融、科技、环保、能源、城市规划等各领域的顶尖学者和企业家名列其中。其中，有3位来自实体经济的企业“委员”，时任格力集团董事长的董明珠便位列其中。

据了解内情者后来披露，董明珠之所以能够位列三人之一，是因为较高的公众关注度以及业界声誉，使得业内众多人士已将其奉为“中国制造2025”的正当代言人。而在笔者看来，诸如格力对技术创新与产品质量的追求，背后蕴藏着的“工业精神”，正是“中国制造2025”规划得以实现的基石。

如前所述，《中国制造2025》被誉为中国版的“工业4.0”规划。而“工业4.0”规划，来自于老牌工业国家德国。但无论是德国“工业4.0”还是“中国制造2025”，其本质都是制造业不断迈向信息化、智能化的过程，而且政府主导色彩强烈。

然而，在董明珠看来，政府支撑企业发展并不是一个合理的逻辑。“因为真正的实体经济才能支撑一个国家的发展。如果靠国家财政来支持实体经济发展，这是发展不起来的，只有创新才能改变我们的实体经济。”

董明珠所说的实体创新，正是央视高调展示的那种“大国工匠”精神。

关于实体的创新，董明珠有过如此一段论述：“在哈佛大学有一个关于中国企业的案例。案例中说某企业的售后服务好，可我觉得中国制造需要售后服务吗？如果中国制造把社会服务作为自己的支撑点和发展，还有市场吗？我们中国早已从物资匮乏的时代走到了物资丰富的今天，我们最怕的是买一个空调坏了怎么办？但是内心不是需要单纯的买了坏了人家给我修，消费者最期盼的是不要修。”

基于此种想法，董明珠强调，“大国工匠”的最好证明，就是要树立“不需要售后服务是最好的服务”意识。“作为卓越的制造企业，强调的是消费者内心真正的需求就是企业要做的事情，而不是要将消费者需求作为利用的一个概念来放大和欺骗消费者。”

2017年4月，董明珠在接受《中国企业家》的专访时，本能地又为格力2代手机做起了宣传。而她宣传自己手机的底气，亦如同宣传格力的空调一样。

“我们对手机的理解长期以来和很多人不同，觉得这不是一个快消品，所以我们致力打造一个可以随时升级的智能手机，后台可以不断输入新的技术、新的功能。这样不需要频繁换手机，对环境还有好的作用。而且，我觉得格力手机的质量是最好的，是物有所值的。”

董明珠在说这话时，格力第1代手机已于2015年3月发布，打出的质保口号则是业内无人敢言的“3年不用换手机”。按董明珠的想法，这种诚信承诺可以消除消费者的后顾之忧。

而1个月后的2017年6月，格力新的3代手机公开发布。“如果我们追求短期的市场快消品，马上收购一个企业，兼并一个企业或者买一个技术，可能马上就会有市场反应，但后劲在哪里？其实我们要更多考虑一个企业的可持续性发展。”董明珠这话，也是其工匠精神的不间断表现。

当周围有人调侃起“粉丝经济”和小米手机时，董明珠依旧不改自己鲜明的观点：所谓“粉丝经济”并不如诚信、品质更令人信服。

她甚至面对媒体开起了玩笑：“我曾经跟马云说过，脱离了实业，互联网什么都不是，他表示了赞同。所以我觉得，不能没有马云，但不能有太多马云。至于董明珠嘛，越多越好！”

于此，笔者想借用一位颇有分量的评论家文字作为本章的结束语——

其对于实业不可否认的坚守与热爱，对于质量与创新的追求，令人对这位民族企业家心存敬意！

后 记

行此“后记”时，本书前后跨过了2个年头，一些同道损友不无嘲讽：“慢工出细活嘛！”

友人说笑的当然是表面，个中究竟，只有我自己明白。

自应邀为企业大师们撰文成书，至今已成数部。其中，有被人揶揄“替人立碑”的，也有被读者鼓吹为“好书”的。甚至不少读者还给我写来了私信，希望能就企业运营与管理垂询一二。受宠若惊之余，我也尽力一一回应，但成书却不得不更加谨慎。

了解企业管理和产业财经的读者都明白，解构标杆企业或管理大师，虽然不需要像政经课题那样步步据理、调研求实，却也必须剖析有据、说理纪实，且益智衔承地气。如此，研读者们才会不厌不弃。

更有我不敢懈怠的，董明珠既为中国当下最具代表性的企业管理者之一，还是新时代的网红名人，粉丝者众。她集“全国五一劳动奖章”“全国杰出创业女性”“全国三八红旗手”“世界十大最具影响力的华裔女企业家”“全球商界女强人50强”等多种荣誉于一身，也是我咬文嚼字以来，唯一用心研读的超级女企业家。所以我不得不小心提醒自己，董明珠的内心世界和她所执掌的格力，究竟懂得够不够呢?

基于如上的顾虑，每当我想要结文付梓之时，似乎总能听到一个声音——你可能漏掉了最为精彩的那一笔!

就这样，直至2017年的全国两会，已专掌格力电器的董明珠，又一身清爽地亮相于媒体和国人面前。而在我的眼里，她刚刚用自己智慧的抉择，诠释了久传的一则寓言。

在暴雨中开着车，碰巧遇到三个人站在路边：一个是体弱多病，看起来接近崩溃的老太太；一个是曾经救过自己性命的朋友；第三个则是自己的梦中情人！可惜，车上只有一个空位。该让谁搭车呢?

似乎，选择任何一位，都有充分的理由，但也都会是一种遗憾和不甘。

董明珠给所有人奉献了一个最为智慧的解决办法：她让那个老太太搭车，然后把车钥匙交给了朋友，自己则留下来与梦中情人等公交!

于是，进入2017年后，各路媒体和舆论难得地发出了相同的声音：有时候，退一步风平浪静，跳出来海阔天空。

而我也自认为，时代“铁娘子”的话题必将继续翻新，但跨时2年的本书，到了该敬献给广大读者的时候了!

本书作者于北京奥运村寓所

（信箱：weixinyy75@sina.com）

参考文献

1. 魏昕. 格力真相[M]. 重庆：重庆出版社，2010.

2. 魏昕. 中国企业跨国发展年度报告[M]. 北京：社会科学出版社，2010.

3. 中央电视台财经频道. 创业：我们的故事[M]. 北京：北京出版社，2011.

4. 马云，周鸿祎，冯仑等. CEO来信：《中国企业家》杂志最火的专栏[M]. 上海：上海财经大学出版社，2011.

5. 刘志坚，张吕清. 董明珠：中国工匠精神杰出代表[M]. 北京：北京联合出版公司，2016.

6. 郭宏文. 董明珠：倔强营销的背后[M]. 北京：中国言实出版社，2015.

7. 张绛. 董明珠：让世界爱上中国造[M]. 北京：时事出版社，2016.

8. 张廷伟. 营销女皇董明珠[M]. 北京：中华工商联合出版社，2007.

9. 魏昕. 马云的真实世界[M]. 北京：人民日报出版社，2014.

10. 董明珠. 棋行无悔[M]. 珠海：珠海出版社，2006.

11. 董明珠. 棋行天下[M]. 广州：花城出版社，2000.

12. 乔洛. 格力管理模式[M]. 杭州：浙江人民出版社，2012.

13. 房煜. 董明珠：我的字典里没有“天花板”一词[J]. 中国企业家，2014.

14. 郭芳，邹锡兰. 董明珠：从来不犯错[J]. 中国企业家，2011.

15. 黄钦. 格力电器的销售模式以及引发的思考[N]. 中国营销传播网，2002.

16. 陈福. 格力模式之鉴[N]. 新财富网，2009.

17. 主要报纸和期刊：

《南方人物周刊》《第一财经周刊》《三联生活周刊》《中国新闻周刊》《财富（中文版）》《财经日报》《凤凰周刊》《中国日报》《英才》《中国新时代》《计算机世界》《中国青年报》《深圳特区报》《巨人报》《重庆晚报》《华商时报》《北方市场导报》《珠海特区报》《投资导报》《智囊》《解放日报》《中国经济时报》《中国经营报》《南方周末》《新民晚报》《北京青年报》《21世纪经济报道》《新民周刊》《深圳商报》《环球企业家》《北京商报》《中华工商时报》《财经》《重庆商报》《证券日报》《新商报》《中国企业家》《经理人》《世界商业评论》《当代经理人》《证券时报》《中国商界》《新世纪周刊》《牛津管理评论》《欧洲金融时报》《商业周刊》《国际商报》《福布斯》《哈佛商业评论》《经济观察报》《经济导报》《第一财经日报》《公关世界》《国际财经时报》《商学院》《中国证券报》《中国基金报》等。

18. 主要网站：

http://www.southcn.com（南方网），

http://www.people.com.cn（人民网），

http://www.sina.com.cn（新浪网），

http://www.qq.com（腾讯网），

http://www.ifeng.com（凤凰网），

http://www.sohu.com（搜狐网），

http://www.emkt.com.cn（中国营销传播网），

http://www.hexun.com（和讯网），

http://www.docin.com（豆丁网），

http://www.news.cn（新华网），

http://www.163.com（网易），

http://www.yesky.com（天极网），

http://www.cntv.cn（央视网），

http://www.yulutx.com（语录天下），

http://www.umiwi.com（优米网），
http://www.iceo.com.cn（中国企业家网），
http://www.qingdaonews.com（青岛新闻网），
http://www.hc360.com（慧聪网），
http://www.eastday.com（东方网），
http://www.duowan.com（多玩游戏网），
http://wallstreetcn.com（华尔街见闻），
http://www.ynet.com（北青网），
http://www.enet.com.cn（硅谷动力），
http://www.eastmoney.com（东方财富网），
http://company.ch.gongchang.com（世界工厂网企业库），
http://www.cnbm.net.cn（中华品牌管理网），
http://www.caixin.com（财新网），
http://www.cnstock.com（中国证券网），
http://cn.wsj.com（华尔街日报网），
http://cn.reuters.com（路透网），
http://www.asiafinance.cn（亚洲财经网），
http://www.people.com.cn（人民网），
http://www.eastmoney.com（东方财富网），
http://www.chinanews.com（中国新闻网），
http://www.100ec.cn（中国电子商务研究中心网），
http://www.inewsweek.cn（中国新闻周刊网），
http://www.ce.cn（中国经济网），
http://china.cnr.cn（中国广播网），
http://www.21ic.com（中国电子网），等等。